善美なる神への愛の諸相

『フィロカリア』論考集

土橋 茂樹［編著］

善美なる神への愛の諸相

『フィロカリア』論考集

目　次

第１章　テオリアのトポス
――ヌース再考――

大森　正樹

はじめに

周知のように『フィロカリア』（一七八二年、ヴェネチア）は、神に向かう人間の心を養い、育てる糧である。すなわち『フィロカリア』の目指したことは、人々への「観想」の促しであった。しかし現代人は、この書を具に読み砕いてみても、実際の観想実践はもとより、『フィロカリア』の中核にもなかなか至りえない。往昔の修行者が到達し、そしてそれを後続の者に伝えようとする内容は、あまりにもわれわれの精神的現状から離れている。なかでもわれわれを当惑させるのは、彼ら修行者が使用する「言葉・用語」をわれわれが十分に理解できないということである。修行者はそれぞれ別個の人間であり、使用する言葉の傾向は人それぞれであるといっても、しかし同じ宗教的伝統に属する人の用いる言葉には何か共通した意識や理解の地平があって、各修行者はそれに基づいて己の見解や経験を述べているはずである。その点をわれわれがよく理解すれば、上記の問題も解決するのではないだろうか。

その予測に基づいて、たとえば「観想」に照準を当ててみよう。そのとき「ロゴス・ヌース・魂」という極めて使用頻度の高いものと、これと重なる形で使われる「プネウマ・カルディア」という言葉群から「観想」を考察してみたい。もちろんこれらの用語は、表面的には、彼ら、修行者より遥かに先代のギリシアの哲学者たちが使用するものと変わらない。その意味で、これらの言葉の内実は往昔の哲学者によってすでに語り尽くされている感がある。しかし当該の霊的修行者はギリシア哲学的観念に基づいて著述したとは思えない。彼らはすでにあった言葉を用いたのではあるが、それに彼らが賦与した意味は彼ら独自のものであった、と考えられるからである。従って今回はギリシア哲学的な領域のことは置いておいて、修行者が語っている文脈においてのみ考察していくことにしたい。

『フィロカリア』中に見られる霊的用語の中でももっともわかりにくいのが「ヌース」である。筆者はかつて「ヌース」のみを取り出して、考察を加えたことがあり、[1]それなりに得るところがあったが、しかしヌースの意味は単独にそれを論じても核心のところはやはり不分明なままに残ったように思われる。むしろヌースは先述の、ロゴスや魂等の用語の複合体（complex）において考えるべきなのではないかと思う。当然といえば当然であるが、一つの語は単独で存在しているわけではなく、いくつかの言葉群の中で有機的に、あるいは力動的に影響を及ぼしつつ働くものであって、それ一つだけを取り上げてみても、その語の姿は十全には現れてこないのである。

もちろん霊的師父たちはこのような用語を哲学者のように、常に定義を意識しつつ使用しているわけではないし、言葉への知的反省が十分見られるとも思えない。しかし彼らの使用する言葉は霊性をこととする世界では、何人が使用しようとも、共通の理解のうちにあったと考えられる。

一　ロゴスについて

それでは問題の各用語についてアントニオス、マクシモス、パラマス、カリストス・カタフィギオティスという代表的な霊的師父の言葉からその意味するところを探っていこう。まずは「ロゴス」を問題とする。

a　アントニオス

砂漠の師父を代表するアントニオス（ca.251–356）の人間観は基本的に、「理性（λόγος）」を尊重する者が賢い人間である[2]と考えるところにある。その意味で、「優れた人（ἐλλόγιμος）」は神の意に従う人であり[3]」、理性的な人（λογικός）は自分の魂にとっての益、不利益を識別する。[4] また「人は理性的なものに基づいてかの言い表しえない神的な力と結びつく……[5]」のである。つまりここでは「ロゴス」が「理性」という意味で使用され、それを用いることが神に向かう人の基本であることが述べられている。

b　マクシモス

ついでマクシモス（ca.580–662）の場合はどうであろうか。彼にあっては、アントニオスが「理性的」という意味で用いた「ロゴス」という語は、主として「根拠」とか「理法」とか「御言葉」という意味において、『フィロカリア』所収の文書で使われることが多い。従ってマクシモスにおいてはアントニオスのような「ロゴス＝理性」

にすることにする。の観点はあまり表立っていないと考えておき、今後他の語との関連で必要性が出てきたときに適宜取り上げること

c　パラマス

次はグレゴリオス・パラマス（ca.1296–1359）。『フィロカリア』に収められた論述的書である『百五十章』では、アントニオスで見たような「理性的」「御言葉」「言葉」といった意味での用例が見られ[6]、そのかぎりそれまでの理解を引き継いでいる。つまり単独で「ロゴス」だけに焦点が当てられるのではなく、ここで問題とするような他の語との関連でこの言葉が用いられている。

d　カリストス

次いでカリストス・カタフィギオティス。彼については『フィロカリア』邦訳第九巻の註（一三頁）に説明されているが、どのような人物であるか確かなことは不明である。その註によると彼は、カリストス・ティリクディス（一四世紀）や総主教カリストス（?–1363）やカリストス・クサントプロス（一四世紀）と同一人物とされていたようである。

いずれにしても彼は一四世紀の人である。邦訳第九巻所収のものを見ると、そこにはほとんどの章に「ヌース」という言葉が頻出し、さながらヌース辞典のようであるが、かといってそこを読めばたちどころにヌースについての理解が得られるというのでもない。やはり読む側が熟慮してヌースの本義を掴む努力が必要とされる。ではそこ

で「ロゴス」についてはどう言われているか。

彼にあっても「理性」や「万物のロゴス」(7)という言葉で、すべてのものの根拠としてのロゴスへの言及はあるが、何よりも特徴的なのは後述の「ヌース」との対比で「ロゴス」が語られることであろう。たとえばヌースが至高のものとの霊的な合一に至るという文脈において、「ヌース」はその「考えうるものを超えたところに至り、あらゆる思考（νόημα）から外に出て、概念を超えて上にあるように、裸でそこに留まった後で、〔ヌースは〕何を言うことができるだろうか。というのも、もしまだ何か言わねばならないならば、ロゴスが思考に従っていて、〔ヌースが〕まだ考えているということが明らかだからである(8)」と言われている。するともしヌースが霊的合一をなしとげたならば、考えるということはないのである。もしヌースがなおも考えているとすれば、それはロゴスに引きずられているからで、そのかぎり考えることを本領とするロゴスの支配下にあることになる。従ってヌースは考えることを放棄できるものであり、他方ロゴスは必ずしもそうは言えないものである。

さらにヌースを超え、理解を超える存在についてはロゴスは語ることはできず、「ロゴスが述べることのできない可知的存在（τὸ νοητόν）について、ヌースは、観念（ἔννοια）を超えた単一なる方法によって、言葉で表さず、口にすることなく、黙って、神秘として凝視し（ἀφορᾶν）、……(9)」というところからも、ロゴスはヌースとは異なることが示される。単一なるものと一致するヌースに比べ、ロゴスは多と接触し、言って見れば月下の世界の住人でもある。

二　ヌースについて

a　アントニオス

アントニオスによるとヌースにも二通りあって、一つは「神を愛するヌース」で、もう一つは「普通のヌース」である。前者は「徳の生」に与るが、後者は現世的で優柔不断、善にも悪にも傾くとされる[10]。またこう言う、「ヌースは魂でなく、魂を救われる神からの賜物である。そして神の意にかなうヌースは、魂に先行しており、魂に……助言する[11]」。つまり「ヌース」と「魂」は別のものであり、ヌースは魂を導くものとして、神の賜物である。そしてこのヌースが人間に「天的なことがら、神に関することがら、そして同時にすべてのことがらを、ヌースを通して思惟し観想するように教える[12]」。従ってこのような性格をもつヌースは、目が「見えるものを知覚する」のに対し「見えないものを理解する」。そしてこのようなヌースは「魂の光である[13]」。

b　証聖者マクシモス

マクシモスは、アントニオスと同じように、ヌースは情念から解放されなければならないこと、そして情念に満たされたヌースは驕ったものであると言う。ゆえにヌースは情念に駆られないよう、「迷いなく祈り（τὸ ἀπερισπάστως προσεύχεσθαι）」を捧げねばならない[14]。この「迷いなく祈る」ことをマクシモスはまた「純粋な祈り」と言っており、その「純粋な祈りの最高の状態」に、「実践的なものにかかわるもの」と「観想的なものにかかわるもの」の二つの種類を認め、[15]「前者は、神への畏れと善き希望」により、後者は「神的な愛と最高の浄化」によって魂に生じるとする。しかし前者だけでは、ヌースを様々な情念から解放するのに十分ではなく、後者の霊的観想が付け加わらなければならない。[16]「観想的な祈り」については「〔観想的祈りは〕祈りのまさに始まりにおいて、ヌースが無限の神的光によって奪い去られ、自己自身をも他のあらゆる存在者をも、もはや全く感知することがない[17]」と言って、ヌースの自己離脱の状況を語る。このようなヌースをまた「観想的なヌース（θεωρητικὸς νοῦς）」[18]とも言う。従ってそのようなヌースは「聖なる場所、神の宮[19]」であり、「神的なもの」を把握するのである。[20]

従って望ましいヌースの働きは次のようになる。すなわちヌースの自然・本性に即しての働きが十全なのは、「諸々の情念を制御し、諸存在物のロゴス（根拠）を観想し、そして神とともに在るとき[21]」である。かくて「ヌースが諸々の存在物について自ら抱える多くの臆見をふるい落とすとき、真理のロゴスがヌースに明瞭に顕現してくる。その際ロゴスは、真の知の礎を与え、視覚からうつばりを取り除くかのように、ヌースの最初の先入見を取り除く[22]」。

だがここで頻出する「ロゴス」とは何なのだろうか。別の箇所では、「ヌースは、諸存在物の原因へと欲求のみによって（κατὰ μόνην τὴν ἔφεσιν）、知られざる仕方で動かされており、単に求めている（ζητεῖ）。しかし、ロゴスは、諸存在のうちなる真実のロゴス（根拠）を多様な仕方で探っており（ἐφοδεύων）、まさに探究している（ἐρευνάω）」と言われている。この場合、ヌースは無自覚的に諸存在物の原因を求めているだけであるが、ロゴスは諸存在物に内在する根拠（ロゴス）を偵察するごとくに探っていて、それを称して探究と言っている。するとこの最初のロゴスはやはりアントニオスのような「理性」に相当するのだろうか。確かにそのように読める。ヌースはこの場合やや直観的であるのに対し、このロゴスは反省的判断をもったもののように考えられるからだ。また「求めること（ζήτησις）」、「探究（ἐρεύνησις）」、「さらに求めること（ἐκζήτησις）」、「さらなる探究（ἐξερεύνησις）」

という分類をしながら、マクシモスは、そのときこの「さらに求めること」は「固有の原因に向かっての、ヌースの知識的な、何らか熱い（ζεούσης）欲求を伴った〔知的な〕動きである。またさらなる探究（ἐξερεύνησις）とは、固有の原因についての、ロゴスの、諸々の徳の働きに即した、何らか思慮のある賢明な思惟によって生じる判断である[24]」と言っている。すなわちヌースがさらに求めるとは、何か沸き立つような（ζεούσης）熱さを伴う動きだとされていることは大変興味深い。それに対しロゴスには〔冷静さをともなった〕思慮ある賢明な判断が当てられているのである。

さらに「ヌースはロゴスを介して、自然・本性に即して（κατὰ φύσιν）感覚を自らに結合させ、自然・本性的な観想によって真の知（γνῶσις）を集める[25]」。もとより「自然・本性的な観想」をなすことが主たる目的ではない。自然・本性というかぎりにおいて、それはもともと人間に与えられた何らかの能力による観想であって、神との一致に至るような深い観想ではない。だからそこに感覚の介在が述べられている。人間である以上感覚を考慮せずして、人間の営みは考えられない、たとえそれが究極の事態に比べ劣るものとしても、感覚を備えた人間のあり方はどこまでも感覚が基本になる。感覚を出発点とする人間の認識は言ってみれば感覚的なものと非感覚的なものの中間に存することになる。それゆえマクシモスは「感覚物の知は、思惟的な（νοερᾶς）力から完全に切り離されてはおらず、それゆえ感覚的な働きに完全に依存しているのではないからだ。かえってそれは、あたかも感覚に対するヌースの結びつき、またヌースに対する感覚の結びつきであって、感覚物の知を通してそれら両者の互いの結合が生じる。すなわち、そうした知は、感覚に関しては、感覚物の形（σχῆμα）を形相的に（κατ᾽ εἶδος）感覚に刻印する。しかしヌースに関しては、感覚物の形のロゴス（本質）へとそれぞれの原型を変容させるのだ[26]」と言う。感覚とヌースはその働きの身分が異なるとはいえ、互いの領分において物の認識に寄与しており、その際感覚の働きはヌースの働きにとっても基礎をなすということなのである。だがしかしこのヌースにも注意しなければならない点があって、「もしヌースが、見えるものの現われに際してそれらに捉えられ、それらと結合した感覚を自らの自然・本性的働きだと思ってしまうならば、ヌースは、自然・本性的に思惟的なものから落下する」[27]。自己の本源の姿を過つなら、それは落ちるしかない。ヌースは感覚物の形の根拠としてのロゴス（本質）を把捉するのが役目であって、それは見えるものを通して見えないものに至るものであるが、ヌースにはその役目を真っ直ぐに果たさないことがある。そうなるとヌース本来の業から転落していくのである。ここにヌースのある種の可動性がある。

しかしながらこのヌースには「神の生きた記憶」があると言う。その記憶を土台にして、ヌースは掟を守るという実践を通じた「観想を通して、主を探し求める」[28]。こうしてヌースは憧憬として神を求める。すなわち「キリストによって分別のある強い視力を与えられたヌースは、つねに主の顔を欲しかつ求めてゆく」[29]のである。この場合、「主の顔」は「徳による神的なものの真の観想と知」であり、「霊的な知」であると説明される[30]。真の観想によって自分が探し求めているものが神であると、あたかも誰かの顔を見て、その人であると判断するような事態が生じているというのである。

アントニオスによれば、「ヌースは魂の中にある」[31]。ゆえに魂はヌースを保護する役目をもっていることになる。ただヌースそれ自体にも「自らの自然・本性を高めるような一性を備えており、それよって自らを超えたものへと結合されてゆく」[32]のである。従ってヌースは他からの働きも受けつつ、自らに内在する能力によって一段と高められた状況に上っていく。

しかし総合的には何よりも「神的な力」によるのであって、「聖霊の恵みは」ヌースが受容して、知恵を現実化させ、「ロゴスの受容する力」によって「知が生じる」。また「信仰」は「ヌースとロゴスに即した確証」に基づいてあり、「癒し」は「自然・本性的な人間愛」によって惹き起こされる。人間の「受容する習性と力・可能性」によって様々な賜物をうることができる[33]。すべては神の根源的恵みにただ人間は無心に与るだけである。

c　パラマス

パラマスはまずヌースの本性は「神の像[34]」であると言って、伝統的な立場を表明する。さらに「知性的で理性的な魂の本性だけがヌースと言葉と命を与える霊[35]」をもつと言って、ヌースがここでは魂に帰属することを明かしている。そしてこのことが何よりも「神の像」であることの証であるとする。また認識の側面においては次のように言う。すなわち「ヌースが魂の想像能力（φανταστικός）によって運ばれ、それによって感覚と交わると、合成された認識を生み出す[36]」と。つまりヌースは魂に帰属しつつ、魂を出て感覚と交わり、外界を認識するが、その認識は魂の想像能力が基本になった感覚的認識であるから、直観的ではなく、合成的なものだとするのである。そこにヌースの多方面にわたる働きといったものが伺える。そうした感覚との近さゆえに、ヌースは欲求としての愛（エロース）をもっている。その愛は認識の原動力であるが、しかしこのエロースなる愛はけっして劣った愛の形態を表す語ではない、すなわちこの愛は御父の子に対する愛である。その愛にこの言葉が使われている。さらに御父と子は愛することによって、ともに楽しむのであり、楽しむという喜び自体は時間に先立つ聖霊であると言って[37]、いくらかアウグスティヌスを思わせる言葉をパラマスは語る。こうしてヌースに「愛・エロース」の観点が持ちこまれた。

d　カリストス

カリストスは既述のようにヌースにしばしば言及している。その内容の多くはすでに引用した師父たちと同様のことであるが、彼によるヌースは大略三つに分けられよう。すなわち、①ヌースの起源としての神的要素、②ヌースの性格、③その役目や働き、である。

①についてはこういうことが述べられている。まず人間は「ヌースの中に神をもつ[38]」。つまりヌースは「神に由来する」からである[39]。またプロティノスを思わせるような筆致で、「ある意味では、ヌースは、その本当の原型であるところの万物の至高の原因へと回帰するとき、自分自身へと回帰している……万物の原因である一者（τὸ ἕν）への回帰によって、言葉にならない喜びが豊富に生じる……[40]」と言う。この意味でヌースは「神に似ており[41]」また「神を真似る[42]」のである。こうしてヌースの神への親近性が示される。

②では、ヌースが「理性的[43]」であり、「観想的[44]」であるとされる。このヌースと超越的一者（神）との関係は「一者があらゆる存在を通して自らをヌースに映し出す[45]」のであり、ヌースは一切の存在者のうちに神の姿を把握しなければならないのである。もちろんそのためにはヌースは「観念（ἔννοια）を超えた一者によって照らされ[46]」なければならない〔照明の必要性〕。

③彼の論の中で、ヌースの働き・活動を述べるところがもっとも重要なところであろう。

カリストスはヌースの活動の特徴は「永遠」であり、「ヌースの恒久的働きは、ロゴスとそれ自身の自然本性に従って動いて向かうところの、永遠で無限の何かを必要とする[47]」と言う。ところが「ヌースは本性では一者である」ものの、「考えることに関しては多[48]」であるため、この有限的被造的世界では満足しえず、ヌースの願望そのものは容易には達せられず、この変転極まりない世界にはヌースの安住するところはない。それはヌース自身の「活動は、停止と静寂を目指して向かっていく」が、「有限で終わりある事物は、明らかに永遠に活動するヌースの自然の状態とかけ離れ」、ヌースが最大の満足を得るのは「超越的一者たる神において[49]」のみだからである。そこでこの目的に達したとき、ヌースは「黙する[50]」。

ところでヌースは三つの方法によって観想する。すなわち①「固有の活動による」。これは「想像を介してヌースの意志を用いて、……神に関係する事物を観想する」のであって、古代ギリシア人に当てはまる。②「他からの活動による」。これは「超越的な活動で、ただ神の意志と霊的照明による。そしてヌースは神に捉えられてあり、言い表せない神秘を味わい、未来の出来事の結末を見る」。③「それら両者による[51]」。

ヌース自らの活動によっても古代ギリシア人程度の観想は可能と言うが、『フィロカリア』で求められる観想はその域を超える。しかしそれはあくまで神の恩恵によることである。従ってそれは「信仰によって導かれ、……神の光がヌースを捉えると、神に対する愛の宝庫」にもなる。この「愛の砦」は「広大な城塞[52]」である。ここに自然的な観想を超える状況が「愛」と言う言葉によって描き出されている。しかしさらにこうした「言い表し得ない存在を観想するために独自の想像（φαντασία）を[53]」ヌースは用いる。この「想像」とはしかし何なのか。むろんそれはいたずらな恣意的空想ではなかろう。「ヌースにあって、その自然本性は、考えること（νοεῖν）であり、そしてその考えることは、活動と移動においてある。しかしヌースが神のうちに達するとき、思惟や活動よりも上にあるので、ヌースは、神を完全に想像すること（φανταζόμενος）によって、その自然本性を超越していると正しく言われうる。……神は、どうやっても目に見えるようにはなり得ないので、彼と関係するものによって、つまり彼が作用するものによってヌースをして想像させる。……彼と関係することどもを、視覚によらず単純で直接的な凝視によって神を想像する[54]」。ある意味この想像は神にまつわることがらをよく注意して見ることによって、可能なかぎり神にふさわしくあるとはどういうことかを念頭においてその内実を思い描くこと、いわば禁欲的な想像とでも言いうるであろうか。ただしいたずらな神学的思惟も危険視されていることにも注意しなければなるまい[55]。

こうしたヌースの姿をカリストスは色々な身体的表象で語る。いわくヌースが時間・空間的認識から離れて、それらを凌駕すると、ヌースは「単一なる純粋性や単一で形なき生によって本当に丸裸にされる[56]」。「裸のヌース」は夾雑物を削ぎ取ったヌースのことであり、それは真っ直ぐに無限の存在に向かう。また「ヌースの顔が、心のなかでお辞儀をし、聖霊の輝きを目にすると、その輝きから常緑の芽が湧き出るが、そのときがまさしく沈黙の時である[57]」。「ヌースの顔が神を見る[58]」とも言う。ヌースが神に向かう様は人が誰かに会い、親しく語る場合と似ている。霊的師父はよく「神と腹蔵なく語る（παρρησία）」という表現をするが、まさにそのようにわだかまりなく神に全幅の信頼を置くところに、「裸のヌース」は幼子のようにやすらうのである。

三　魂について

a　アントニオス

アントニオスによれば、魂は「理性的で有徳」なことが要求され、そういう魂のなかに「神を愛するヌース[59]」がある。従ってここでも「理性的魂」が尊重されている。しかし魂ははじめから「理性的」であるのではないようである、つまり魂は身体から一方的に影響を受ける。師父にとってはこの影響が霊的精進に妨げをもたらすと考える。それは情念の嵐に魂が巻き込まれることである。一度そのような情念の影響を魂が受ければ、それは一種の病であり、治療しなければならない[60]。すなわち魂には何につけ「配慮（μελέτη）」が必要なのである[61]。こうした配慮を受けた魂の状況は言って見れば、「理性的で霊的な訓練に従事している[62]」のである。

そしてアントニオスは興味深いことを言う。すなわち「魂は身体の中にあり、ヌースは魂の中にあり、理性はヌースの中にある[63]」。そうすると身体という外界と接する物質の中に魂という非物質的なものがあり、その中をさらに細分すると、ヌースがあって、その中には理性があるという階層構造があることをわれわれは知る。もちろんこれを単純に場所的・空間的なものととることはできないし、魂の中でヌースや理性が截然と区別されるわけでもあるまいが、しかしこのような区分けによって、われわれはヌースや理性といったものの働きの区別を知ることができる。つまり古代哲学でも言うように、魂は身体という物質と緊密な接触があるゆえ、身体的な認識を有していると考えられる。そしてその魂という場において、ヌースは魂の働きを超えた働きをし、理性がそれをも統括することになるのではないか。つまり前述の「人は理性的なものに基づいてかの言い表しえない神的な力と結びつく……」という言葉がそこで生きてくるわけである。さらに「身体は目によって見て、魂はヌースによって見る[64]」と言って、ヌースが魂を先導することを示し、ために「魂はヌースで満たされ[65]」なければならないと言う。それは「魂はヌースを通して神化（ἀποθέωσις）される[66]」ためである。

b　証聖者マクシモス

マクシモスの場合、魂には先のヌースほど詳細な説明がないように思われるが、魂はヌースやロゴスといったものを総括する立場にあると考えられる。まず「魂は神自身の似像（エイコーン）に即して[67]」創られた。これが魂の基本である。また「魂は徳から徳へ、……知（γνῶσις）から知へ[68]」上昇し、寄留者として観想の旅をする。加えて「魂における神化」と語られ、それを「類比的に分有することにより、身体も神化する[69]」と言われる。そしてさらに「魂は思惟し得るもの、ロゴス的なものであって、思惟し言語的に考える。すなわち魂は、ヌースという力・可能性、思惟という動き、そして思惟されたものという現実・働きを有している[70]」。ここでの「ロゴス的」は「理性的」と考えてよいであろう。魂の思惟はあくまで思惟する対象を捉えるまでである[71]。その後思惟は停止する。それまでの間、魂は思惟するものとして行動し、その働きにヌースは力を貸す。

かくてマクシモスにあっては、魂という土台においてヌースやロゴスが相互に力を及ぼしあい、究極の目的である神の観想に向かうところに、人間の本然の姿を見ていると言える。

c　パラマス

パラマスもまた「魂」について伝統的な三部分の考えをとるが、それはいわば神の三一構造に倣ったところがあり、知的、理性的、霊的という区分けをしている[72]。そのようなものであるかぎりにおいて、魂は「世界を超えるものに由来し、神自身から息吹の注入を受けた[73]」のである。つまり魂の出自は高貴であって、それは「命を与える働きをもつ[74]」根源的なものである。しかしまた魂は認識にも関与し、特に「魂の想像能力（φανταστικόν）」は感覚と深く関係する。すなわち魂の想像能力はまず感覚から感覚的刻印を受けるが、その像の物体的側面を捨象して、魂によって非物体的な仕方で己のものにする[75]のである。その中身はと言えば、「この想像能力は理性的動物においてヌースと感覚の境界となる……想像能力において感覚からえた像を、物体から分離され、いわば非物体的なものとして、ヌースは眺め、……様々な考え（λογισμός）を作り出す。つまり区分し、類推し、結論づける[76]」というわけである。すなわち魂は感覚的知覚と密接な関係をもちながら、それを知的理解へと抽象していく働きをもち、その能力はそもそも魂が高貴なものに由来して存在するということに由来する。

d　カリストス

カリストスもまた魂を三つの部分に分ける。しかし彼は単純な三分法には従わない。彼はあるところで魂は「三つの構成要素、すなわち理性的部分、欲望的部分、気概的部分」[77]をもつとしているが、別のところでは神が三位格からなる一なる存在ということにならって、魂に上記の三部分があるというのではないと言う。というのはたとえば魂は「気概なしでも欲望なしでも働く」のであって、その本来的姿は「理性的であり」「知性の（νοερός）光で満たされている」とする。それは三部分というより、いわば三重のものであるとして、それは「ヌース」「理性」「霊」であると言う。[78]そしてヌースのときもそうであったが、身体的表象を使って、「魂の目がヌース」[79]であると言う。このような考えはアントニオスのそれにも似て、魂がヌースや理性といったものを包含するものであると言う考えに基づくのであろう。

四　観想の主体

これまで予備的な考察をしてきたが、いよいよ本論のテーマである「観想」について考えてみよう。すでに見てきた「ロゴス」や「ヌース」や「魂」はいずれも究極的には「観想」に収斂していくものであった。従ってそれらを別箇に扱っても、問題とする地平には至らず、それらの綜合の上に立って始めて求めるところが見えてこよう。

ところでもし「観想」を極めて広い意味である種の「認識」ととることが許されるなら、伝統的に認識は「似たものが似たものを知る」ことだと考えられるから、このとき境涯を同じくする者同士であれば、そこに水平的な認識が生じる。しかし今問題とする「神と人間」という存在的に異なる者同士の間にこのような認識が成立するということは極めて困難なことである。人間が意志的に神を知ろうとしても、その前に立ちはだかる壁はあまりも厚く、高い。そのため一方的に人間の側から神に接近することはできず、そこに神からの特別の恵みが働いてはじめて人間は神に接しうるということになる。しかしとはいっても人間のうちに何か神に似た要素、すなわち一種の「神的要素」がなければ、この「認識」は成立しない。そこで師父たちはそこにある種の認識が成立するために、「魂」等にこの資質を賦与したのである。もとよりこの認識は完全なものとは言えないが、しかし一種の〔あるいは疑似的〕同族同士の認識が成立し、それが通常の感覚的・理知的認識と異なるゆえに「観想・テオリア」と言ったのである。しかも観想には神の恵みを受けるにふさわしい心身の体勢が必要であって、それは単なる知的認識ではない。

この観想についても、先にも触れたが、ビザンティン後期に属するカリストスは詳しく語ってくれている。そこで再度カリストスの言に耳を傾けてみたい。

彼は「観想は可感的存在を通じた可知的存在の（νοητῶν）覚知（γνῶσις）である。そしてしばしば、〔観想は霊的に〕前進する者においては可感的なものから分離された、裸の〔純粋な〕可知的存在の覚知である[80]」と言う。つまり観想ははじめ感覚的な知覚的認識を必要とする。しかしそれは霊的に進んだ者にあってはかならずしも必要とされず、裸の、つまり介在するものなく、一挙にことがらの真相に至る。しかしそれ以外では感覚的なものが媒介する。それがこの世界に生きている者があらゆる存在を超える者に迫る一番確かな方法と言えるだろう。

ではこのような観想を行うのは何なのか。師父たちの言は常に理論的に首尾一貫しているとは言いがたいが、それでもこれまで見てきた師父たちの言葉からすると観想するのは「ヌース」であると言えるだろう。まず構造としてアントニオスの言葉、つまり「魂は身体の中にあり、ヌースは魂の中にあり、理性はヌースの中にある[81]」を再確認しておこう。カリストスは「言い表し得ない存在を観想するために想像を用いるヌース[82]」と言う。想像はすでに言ったように、感覚的知覚との親近性を指す。観想が生起するのは「神の恩恵・光」によるが、しかし人間の側の「信・望・愛」も必要である[83]。ただヌースは「多くの部分からなる世界と情念に向けてばら撒かれて」いるため、「部分からなる世界からの解放」が必要で、そうなってはじめて「神の理解を達成する」。そして「ヌースが生命を授ける霊に与り、助けられて一者を凝視する（ὅρασῃ）ならば、……成長を獲得する」[84]。ヌースが目指す神・一者は万物にとって一であり、「原初の原因」であるが、それへと「上昇することでヌースは、目に見える諸存在の秩序と誕生の、一における調和と合一の、始まりであり原因である存在へ達する必要がある」[85]。一者へと上昇するヌースは「極めて美しいものを指向し、すべてを超える存在……を望むので、すべての存在の外側にいる」、このようになればヌースは「情念から解放されている」[86]。もしヌースがふさわしい観想をすれば、一者へと赴き、「ヌースは本性的に、また実践的に、また観想によって、きわだった一なる原因に向け集められる」[87]。そしてこの観想には「先立つ実践（πρᾶξις）があり、観想的生活に続く実践がある」。最初の実践は「肉体の衝動を抑制するためであり、……自己のなかで〔衝動を〕自由に受け流す力をヌースに与える」ものであり、もう一つの実践は「ヌースを超えたもの、すなわち神へと集められる。……〔すると〕ヌースは一に達し、……一のなかで自らと合一し、分割しえない存在となる」[88]。ヌースは一なる一者にふさわしくそれ自身一になる。そのヌースの「凝視（ἀπόβλεψις）と運動と欲求」が一つとなって神に向かうなら、その力は強力だとも言う。それはもちろん神の愛の光に照らされて起こることであるが、ヌースの側の強い一致への欲求が基本にあると思われる[89]。考える力をもつヌースは可感的なものの把握から始めて、究極の一者に向かう。そしてこの観想に至る前に「鍛錬・行（ἄσκησις）」を必要とするのである[90]。

カリストスにあっても多くの神秘家が言うように、ヌースが観想の極みである「神聖な神秘的存在の場」に近づけば、思考が停止し、黙すると言う。そして「聖霊に与ることでヌースを超えた存在によって照らされる」[91]。そして観想は「ヌースの自然本性を超える」ことであるが、その様は「神秘の聖なる闇に向かって〔ヌースが〕凝視する」ことだと言う。ここで確かめられるのは、「観想するときには、観想する能力よりも上にあるために観想しないことを、そして〔ヌースが〕観想しないあの存在が観想されることは不可能であることを極めて清らかに観想する[92]」ことであり、それはヌースの能力によって観想が生じるのではなく、撞着語法的に、あくまで神の計らいによることが強調される。

かくヌースが「完全に神に向かい、……神秘的で無形な一者の単一性と無限性まで形作られずに高まり、聖霊の息吹による一者への上昇と凝視を通じて自分自身と一つになるとき」、「……ヌースの状態は、ロゴスを上回っているだけでなく、霊的働きをも上回っている（ὑπὲρ νοερὰν ἐνέργειαν）[93]」。ここにも通常の認識を超えた状況が述べられている。ヌースは無限の者との一致においてはもはや己の霊的働きをも超える（もちろん理性的ロゴスをも超える）境地に至っているのであって、そこには己れという意識もないのであろう。「黙する」とはそういう状態を指すのではないか。「聖霊にあずかったヌースは……正当な仕方で神の側から栄光と輝きを獲得するとき、黙らなければ」ならない。そしてもし神との間に暗雲がたちこめたら、「直ちに、輝いて、燃え立つ火のような言葉、つまり簡略に言えば神の面影を、この闇に対して投げつける」、それが効を発すると、再び以前のように神を観想し、「命を与える神の霊を受容することを通して霊的直観と関係することどもを受け、そして確かに単一になり、神にあって、真理において、霊において、すべてのこと、また神と関係する諸々のことから解き放たれうる[94]」。すなわち最終的にはこの人は一切のものから解放される。たとえ神に関して色々と思い巡らし、自身は神に結びついていると思っていてもそれには迷妄の可能性があるので、神に関わることがらからでさえ解き放たれる必要があるのである。かかる状態になるために「ヌースは細心の注意をもって自分自身の世話をして、その霊的状態を（νοερὰν κατάστασιν）、分別と知恵と義によって管理しなければならない[95]」。擬人的に語られるヌースは己が高い可能性をもつことを意識して、可能なかぎりその境地に達するよう努力しなければならないのである。さもなければ容易にヌースは手に負えない状態に陥ってしまうのだ[96]。

五　最終的考察

さてこれまで観想にかかわる精神的活動の詳細を見てきた。その結果、観想の主体はいずれにしても「ヌース」であることは明らかになった。しかしヌースだけが観想に関与するのではなく、ヌースが観想に至るための前段階には「ロゴス」があることも明らかである。そしてこのヌース、ロゴスを働かせる根底に「魂」がある。従って観想は人間能力すべてを動員して行うものであり、身体も無縁ではない。これまで触れなかったが、東方キリスト教で言われる「イエスの祈り」は祈りのときの姿勢を含めた身体的要素を強くもっている。そういうわけで観想が成立するためには、人間の全体がかかわっていると言える。

他方、「イエスの祈り」は「心の祈り」とも言われる。すると「心」はこれまで考察してきたところではどこに位置するのだろうか。どこかにそれに関し、明確な記述があるのだろうか。そのことに関して、引用した師父たちの著作中ではそう簡単には見出せないように思われる。ただカリストスにはこういう文章がある。すなわち「創造と聖書は神の言葉によって述べ拡げられ、霊的な仕方で観想され、ヌースとそのすべての力を神の検閲と理解に向け確固としたものにするので、心は霊的な仕方で前もって働きを受け、あらかじめ動かされる……」とあり、さらにダヴィデが「心」について言っていることとして、『詩編』（三二［三三］・五～六。セプトゥアギンタ[97]）に基づいて、心を「可知的な大地（ἡ νοητὴ γῆ）[98]」と述べる。この場合「心」はけっして情緒的な働きをなすものではなく、ヌースと密接に関係して働き、それゆえ「可知的」なものと言われる。従って魂と区別しがたい面もあるが、やはり「心・カルディア」という言葉が示す通り、それは人体の臓器としての「心臓」のニュアンスも含むものであり、そのかぎり鼓動をともなった神に向かう身体の営みを象徴するものとなっている。それゆえ神へと上昇していく祈りである「イエスの祈り」は、鼓動=神への旅路（itinerarium）として「心の祈り」というのはもっともふさわしいであろう。

以上から総合的に考えると次のようになろう。

まず「ヌース」はその出自として神に由来すると言われ（神の像）、魂に先行し、また性格的に「熱さ・エロース」をもつ。また魂の目とも言われる。そして魂の想像能力を土台にして感覚と交わる。また情念を避けるためにある種の制御を必要とする。

次に「ロゴス」は反省的で思惟をこととし、その意味でヌースを先導し、賢明な判断を下す。

また「魂」はヌースやロゴスを包括する立場にあるが、カリストスにあっては「ヌース」「理性」「霊」の三重のものを考え、マクシモスにあっては、魂はヌースという力、思惟という働き、思惟されたものの三つをもつとされ、ロゴス的な性格が強調される。しかし一方でアントニオスはヌースが魂を先導して、ヌースを通して神化されるとも言う。

そしてこのヌース、魂、身体に「生命」は浸透しており、それが生きたものと言われる。

ところでこのような一種のまとめをしてみれば、ある人はグイヤール（Jean Guoillard）が収録した奇妙な図を思い浮かべるかもしれない。グイヤールはその“*Petite Philocalie de la prière du cœur*”において、『フィロカリア』の番外編ともいうべき十八世紀あるいは十九世紀（しかし元のものはもっと古いものと推定されている）の写本から採録したものを載せている。[99] グイヤールはこの後に聖山のニコデモスの『エンキリディオン』第一〇章の訳と補遺としてイスラームの祈り、「ディクル」に関するイスラームの論攷を付加している。もっとも当該の無名の著者に

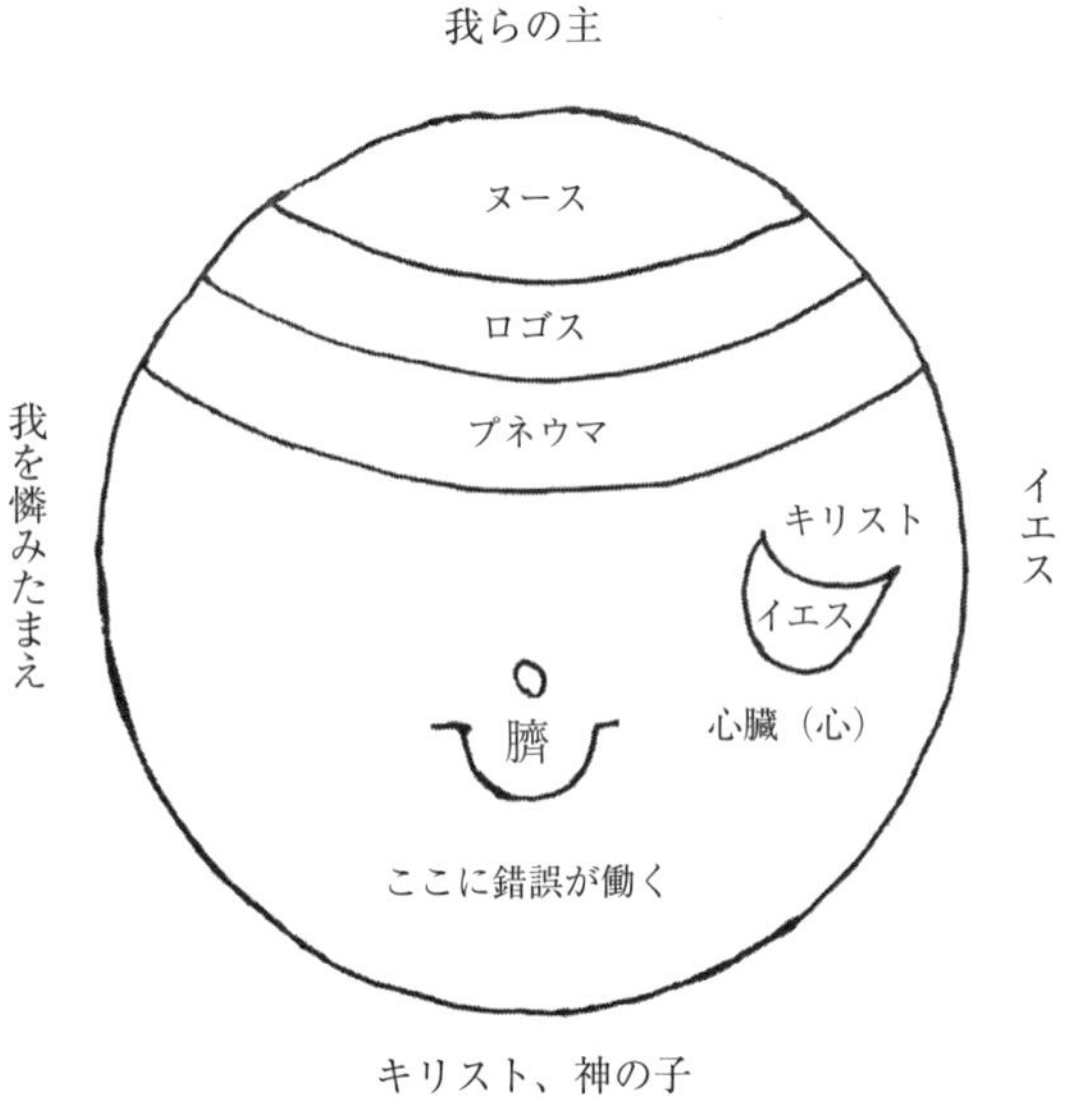

よる論攷は「イエスの祈り」を説明するものであるが、グイヤールによると全体的にこの祈りの手法の誤解への警告だという。イスラーム的な祈りを「イエスの祈り」に適用した場合、そこで現出する意識変容への警告であるとする。その当否はともかく、この論攷の始めにある図が付けられている。それによると人間の身体を表すと思しき円の中に、上半分ほどの同心円が三つ区分けされ、上からヌース、ロゴス、霊とあり、図の右側に心臓（心）のようなものが記され、中央下よりに臍が配されている〔図参照〕。

もちろんこの論攷にはヘシカズムの伝統的な祈りの真髄、すなわち注意や呼吸や姿勢等が含まれており、そこに上記のヌース以下のものが関係してくる。そしてヌース、ロゴス、霊を結びつけて、「主、イエス・キリスト、我を憐れみためえ」と叫べと指示されている。この論攷の中身は別途検討するとして、今注目すべきはこの図がグイヤールも言うように、祈りの「トポグラフィー」であることである。それはまた本論のテーマである「テオリア・観想」のトポグラフィーなのである。われわれは観想が主としてヌースにおいてなされることを確認したが、この論攷では「霊・プネウマ」が現れている。われわれが調べた「霊」は聖霊との関連で述べられているところが多く、初期教父の言う「人間は霊、魂、身体から成る」の「霊」の概念はやや背後に退いている感じがする。しかしここでは霊が表面に出て、それがヌース・ロゴスと三幅対を作っている。それがこの論攷の特徴であろう。この著者は以上の「ヌース」「ロゴス」「プネウマ」を魂の三部分と言う[100]。すなわち「注意と祈りは魂の三部分の結合である。つまり「ヌース」「ロゴス」「プネウマ」の〔結合〕で、その〔三つ〕は思考と内面的言語によって心の奥底で、沈黙のうちに発せられたわれわれの主、イエス・キリスト、救い主としての名の祈願によって遂行されるものである。この尊い方法は、恵みに助けられて、「理性的 rationnelle」「気概的 appétit irascible」「欲求的 concupiscible」という魂の三部分をアパテイアの中に沈めるのである[101]」。われわれはアントニオスの、ヌース－ロゴス－魂という三幅対概念に従ってきたが、ここでは通常の魂の三区分にさらにヌース－ロゴス－プネウマという三幅対概念がやや視点を変えながら併用されている。ところで本論とこの論攷において共通することは、人間の精神を構造的に解することによって、ヘシカズムの祈りや観想の仕組みを解き明かそうとすることである。そのことはこの論攷が書かれたときには、霊的師父たち以来の祈りの伝統がそのままでは真っ直ぐに修行者や人びとの了解に達せず、理解の困難さを惹き起こしていたことを示唆している。その事態はすでにわれわれが引用したカリストスにおいても、それ以前の師父に比べ、説明的文章が多かったことにおいて現れていると考える。ヘシカズム揺籃期や最盛期を過ぎた時代は観想の方法を的確に伝えることを困難にしていたのであり、それはこの修行の特異性と難しさを物語ってもいる。

われわれは一応「観想」の主体は「ヌース」であることを確かめたが、それにしても「ヌース」とはいったい何なのか。それは往々にして訳される「知性」といったもので尽くされるのだろうか。もちろん「知性的な」側面は有しているが、東方教父が言う場合のヌースはそれに尽きないように思われる。ではいったい本当に何なのか。

ところで観想によってわれわれが神と出会うのは、伝統的に「心」においてとされている。その際「心の中で神と出会う」というのはとりもなおさず神の光のもとで自己の根源に帰ることであり、いわば自己を十全なかたちで知ることに他ならない。「神の像」としての人間が、神を受けとめる場としての「心」を与えられているということ、まさにそのことが「神の恵み」である。そうなれば神と出会うということは、神の本質を知りえない以上、どこまでも神の像たる「己れ・自己」をいかに把握するかの問題である。そうだとすれば、観想の主体が「ヌース」であるということは、「ヌース」は「自己」、あるいはかぎりなく「自己」に近いものだということになるのではないか。[102] しかしこの「自己」はしばしば情念に翻弄されるものであり、そのかぎり極めて不安定なものであるが（それはアントニオスの言う「普通のヌース」）、他方で神よりの特別の配慮で永遠を志向するものでもある。さらにこれが「自己」である証拠に、師父たちが言うように、それは躍動する命の中にあり、「熱さ・エロース」をもち、神を熱情的に希求する。実際われわれの自己は弱さを内包しつつも、あくなき上昇志向をもち、意識するとしないにかかわらず究極の一者と合一することを最大の幸福としている。様々な位相をもつ人間の内面は、それら諸々の相が互いに他を支えつつ、原初に与えられた神の像たる本然の姿に帰り、それを維持すべく共働する。その共働のエネルゲイアが「ヌース＝自己」を発動させ、究極の一者なる神へと立ち帰らせる。かくてヌースが主体的に働き、神の恵みと配慮のうちに、あるべき己の真の姿を見出そうとする営みが「観想」なのではないであろうか。

註

（1）拙稿「ヌース考」『アカデミア　人文・社会科学編』第九〇号（二〇一〇年）六一～八八頁、参照。

（2）アントニオス『人間の品性について…』(Παραινέσεις περὶ ἤθους ἀνθρώπων καὶ χρηστῆς πολιτείας) Ph. I, (8), 5（邦訳『フィロカリア』I, (8), 58)。『フィロカリア』からの引用はまず霊的師父名、著作名、原文の巻数（ローマ数字）、章（あるいは節）、頁を挙げ、ついで（　）の中に邦訳の巻数（ローマ数字）、章（あるいは節）、頁を挙げる。以下同じ。フィロカリア原文は、Φιλοκαλία τῶν ἱερῶν νηπτικῶν, συνερανισθεῖσα παρὰ τῶν ἁγίων καὶ θεοφόρων πατέρων, τόμος I–V, Athen (1982-1984-1976) による。訳文は概ね既訳に従うが、本稿の文脈上書き換えてあるところもある。ここではこの論攷がアントニオスの真筆であるかどうかを問わない。それについては邦訳第一巻、九七～九八頁参照。

(3) 同上 Ph. I, (33), 8（邦訳 I, (33), 58）参照。

(4) 同上 Ph. I, (5), 5（邦訳 I, (5), 57）参照。

(5) 同上 Ph. I, (42), 9（邦訳 I, (42), 66）参照。

(6) 特にグレゴリオス・パラマス『百五十章』（Κεφάλαια φυσικά, θεολογικά, ἠθικά καὶ πρακτικά πν’ [Capita 150]）三〇～四〇、Ph. IV, (30-40), 5（邦訳 VII, (30-40), 288-297）参照。

(7) カリストス・カタフィギオティス『神との合一と観想的生活について』（Κεφάλαια περὶ θείας ἑνώσεως καὶ βίου θεωρητικοῦ）二七、Ph. V, (27), 16-17（邦訳 IX, (27), 38）参照。

(8) 同上三七、Ph. V, (37), 25（邦訳 IX, (37), 52）参照。

(9) 同上四五、Ph. V, (45), 30（邦訳 IX, (45), 61-2）参照。

(10) 同上 Ph. I, (7), 5（邦訳 I, (7), 58）参照。

(11) 同上 Ph. I, (94), 17（邦訳 I, (94), 79-80）。

(12) 同上。

(13) 同上 Ph. I, (128), 21（邦訳 I, (128), 86-7）参照。

(14) マクシモス『愛についての四百の断章　第二』（以後『愛について』と略記）（Ἑκατοντὰς α’ περὶ ἀγάπης）Ph. II, (4), 14（邦訳 III, (4), 36）参照。

(15) 同上 Ph. II, (6), 14（邦訳 III, (6), 37）参照。

(16) 同上 Ph. II, (5), 14（邦訳 III, (5), 36）参照。

(17) 同上。

(18) マクシモス『神学と受肉の摂理とについて　第二』（以後『神学』と略記）（Περὶ Θεολογίας καὶ τῆς Ἐνσάρκου

οἰκονομίας τοῦ Υἱοῦ τοῦ Θεοῦ πρὸς Θαλάσσιον）Ph. II, (94), 108（邦訳 III, (94), 218）参照。

（19）マクシモス『愛について　第二』Ph. II, (31), 18（邦訳 III, (31), 44）参照。

（20）マクシモス『愛について　第四』Ph. II, (1), 41（邦訳 III, (1), 90）参照。

（21）マクシモス『愛について　第四』Ph. II, (45), 45（邦訳 III, (45), 98）参照。

（22）マクシモス『神学　第二』Ph. II, (75), 84（邦訳 III, (75), 173）参照。

（23）マクシモス『神学　第六』Ph. II, (26), 152（邦訳 III, (26), 297）参照。

（24）同上 Ph. II, (27), 152（邦訳 III, (27), 297）参照。

（25）マクシモス『神学　第四』Ph. II, (80), 122（邦訳 III, (80), 243）参照。

（26）同上 Ph. II, (81), 122（邦訳 III, (81), 243）参照。

（27）マクシモス『神学　第六』Ph. II, (6), 147（邦訳 III, (6), 289）参照。

（28）マクシモス『神学　第四』Ph. II, (62), 119（邦訳 III, (62), 237-8）参照。

（29）マクシモス『神学　第七』Ph. II, (32), 173（邦訳 III, (32), 335）参照。

（30）同上。

（31）アントニオス同上 Ph. I, (98), 18（邦訳 I, (98), 80）参照。

（32）マクシモス同上 Ph. II, (66), 179（邦訳 III, (66), 346）参照。

（33）マクシモス『神学　第六』Ph. II, (13), 149（邦訳 III, (13), 292）参照。

（34）パラマス『百五十章』二七 Ph. IV, (27), 142-3（邦訳 VII, (27), 286-7）参照。

（35）同上三七 Ph. IV, (39), 147（邦訳 VII, (39), 296）参照。

（36）同上一七 Ph. IV, (19), 139-40（邦訳 VII, (19), 281-2）参照。

（37）同上三七 Ph. IV, (36), 145-6（邦訳 VII, (36), 293-4）参照。

（38）カリストス一 Ph. V, (1), 4（邦訳 IX, (1), 14）参照。

（39）同上四、一三 Ph. V, (4), 5; (13), 9（邦訳 IX, (4), 16; (13), 22）参照。

（40）同上二七 Ph. V, (27), 16-7（邦訳 IX, (27), 37-8）参照。

(41) 同上七四 Ph. V, (74), 39-40（邦訳 IX, (74), 79-80）参照。
(42) 同上七五 Ph. V, (75), 40（邦訳 IX, (75), 80）参照。
(43) 同上一八 Ph. V, (18), 11（邦訳 IX, (18), 28）参照。
(44) 同上六九 Ph. V, (69), 37（邦訳 IX, (69), 74）参照。
(45) 同上二一 Ph. V, (21), 13（邦訳 IX, (21), 31）参照。
(46) 同上三七 Ph. V, (37), 25（邦訳 IX, (37), 53）参照。
(47) 同上三 Ph. V, (3), 4-5（邦訳 IX, (3), 15）参照。
(48) 同上四 Ph. V, (4), 5（邦訳 IX, (4), 16）参照。
(49) 同上五 Ph. V, (5), 5（邦訳 IX, (5), 16）参照。
(50) 同上六〇 Ph. V, (60), 34（邦訳 IX, (60), 70）参照。
(51) 以上、同上七 Ph. V, (7), 6（邦訳 IX, (7), 18）参照。
(52) 以上、同上七 Ph. V, (8), 6-7（邦訳 IX, (8), 19）参照。
(53) 同上。
(54) 同上四四 Ph. V, (44), 29（邦訳 IX, (44), 60）参照。
(55) 同上八四 Ph. V, (84), 52（邦訳 IX, (84), 100）参照。
(56) 同上五一 Ph. V, (51), 32-3（邦訳 IX, (51), 66-7）参照。
(57) 同上五三 Ph. V, (53), 33（邦訳 IX, (53), 67）参照。
(58) 同上五四 Ph. V, (54), 33（邦訳 IX, (54), 67）参照。
(59) 同上 Ph. I, (20), 7（邦訳 I, (20), 61）参照。
(60) 同上 Ph. I, (66), 13（邦訳 I, (66), 72）参照。
(61) 同上 Ph. I, (27), 8（邦訳 I, (27), 62）参照。
(62) 同上 Ph. I, (78), 15（邦訳 I, (78), 75）参照。
(63) 同上 Ph. I, (98), 18（邦訳 I, (98), 80）。

(64) 同上 Ph. I, (118), 20（邦訳 I, (118), 84）。
(65) 同上 Ph. I, (126), 21（邦訳 I, (126), 86）。
(66) 同上 Ph. I, (135), 22（邦訳 I, (135), 88）。
(67) マクシモス『神学　第一』Ph. II, (11), 4（邦訳 III, (11), 116-7）参照。
(68) マクシモス『神学　第二』Ph. II, (77), 84-5（邦訳 III, (77), 174-5）参照。
(69) 同上 Ph. II, (88), 87（邦訳 III, (88), 179）参照。
(70) マクシモス『神学　第七』Ph. II, (81), 182（邦訳 III, (81), 182）参照。
(71) 同上。
(72) パラマス『百五十章』四〇 Ph. IV, (40), 147-8（邦訳 VII, (40), 296-7）参照。
(73) 同上二四 Ph. IV, (24), 141（邦訳 VII, (24), 284-5）参照。
(74) 同上三二 Ph. IV, (32), 144（邦訳 VII, (32), 289-90）参照。
(75) 同上一六 Ph. IV, (16), 139（邦訳 VII, (16), 280-1）参照。
(76) 同上一七 Ph. IV, (17), 139（邦訳 VII, (17), 281）参照。
(77) カリストス三六 Ph. V, (36), 23（邦訳 IX, (1), 14）参照。
(78) 以上、同上三四 Ph. V, (34), 19（邦訳 IX, (34), 42-3）参照。
(79) 同上三五 Ph. V, (35), 20-3（邦訳 IX, (35), 47）参照。
(80) 同上八一 Ph. V, (81), 45-6（邦訳 IX, (81), 90）参照。
(81) アントニオス Ph. I (98), 18（邦訳 I, (98), 80）。
(82) カリストス Ph. V (8), 6（邦訳 IX, (8), 19）。
(83) 同上。
(84) 同上 Ph. V (9), 7-8（邦訳 IX, (9), 19-20）参照。
(85) 同上 Ph. V (15), 9（邦訳 IX, (15), 23）参照。
(86) 同上 Ph. V (15), 9-10（邦訳 IX, (15), 23-4）参照。

(87) 同上 Ph. V (17), 10-1（邦訳 IX, (17), 26）参照。
(88) 同上 Ph. V (18), 11（邦訳 IX, (18), 27）参照。
(89) 同上 Ph. V (33), 19（邦訳 IX, (33), 41）参照。
(90) 同上 Ph. V (35), 22（邦訳 IX, (35), 47）参照。
(91) 同上 Ph. V (37), 25（邦訳 IX, (37), 52-3）参照。
(92) 同上 Ph. V (43), 27-9（邦訳 IX, (43), 57-60）参照。
(93) 同上 Ph. V (48), 31（邦訳 IX, (48), 64）参照。
(94) 同上 Ph. V (55), 33-4（邦訳 IX, (55), 68）参照。
(95) 同上 Ph. V (61), 35（邦訳 IX, (61), 71）参照。
(96) シナイのグレゴリオス『ヘシュキアと祈りの二つの方法について』（Περὶ ἡσυχίας καὶ περὶ τῶν δύο τρόπων τῆς προσευχῆς κεφάλαια ιε΄）「呼吸について」Ph. IV 72（邦訳 VII, 147）参照。
(97)『セプトゥアギンタ』では「5 彼〔主〕は慈悲と裁きを愛し、地は主の憐れみに満ちている。6 主の言葉によって天は強固にされ、主の口のいぶきによってそれらのすべての力も〔強固にされる〕」。
(98) カリストス Ph. V (83), 50-1（邦訳 IX, (83), 98-9）。
(99) "*Petite Philocalie de la prière du cœur*" traduit et présentée par Jean Gouillard, Éditions du Seuil, 1979, 221-228.
(100) Ibid., 223.
(101) Ibid.
(102) ここで先に示したカリストスの言、「ヌースは……万物の至高の原因へと回帰するとき、自分自身へと回帰している」（Ph. V (27), 16-7（邦訳 IX, (27), 37-8））を思い起こしてもよいであろう。

第2章　神化への道と身体性
――「善く意志すること」の可能根拠を問う――

谷　隆一郎

一　問題の提示――絶えざる生成と身体性――

「自分の欲する善は、これを為さず、欲しない悪を為している」（ローマ七・一九）。周知のごとくパウロは、自らの意志の分裂をこのように赤裸々に告白している。そしてそうした惨めな姿を嘆き、こう叫ぶ。「あゝ、この、い、い、い、体から、一体誰がわたしを救ってくれようか」と。神なるイエス・キリストによる恵み（χάρις）が語られるのは、そこにおいてであった（同、七・二五）。

実際、「弱さにおいてこそ、神の恵みがあらわになる」という（二コリント一二・九参照）。とすれば、パウロの右のくだりは、弱さの自覚がその極みにまで至ったとき、そこにおいてこそ、人間の弱さや惨めさを凌駕する神の恵み（霊の働き）が顕現してくることを意味しよう。ただそこには、さらに問いたずねるべきことが隠されている。

さしあたり言えば、神の恵みないし霊は、神がその名に値する存在であるなら、つねに（永遠に）、また時と処とを超えて働いているはずである。しかし、われわれの意志的分裂と弱さが自覚され、自らの全体が神に差し出されるとき、そうした自己を器とし場として、神の恵みが注ぎ込まれ発現してくるであろう。従ってそこには、「つねに」と「あるとき」（その都度の今）との、つまり「永遠」と「時間」との不可思議な関わりが潜んでいる。そしてそのことはさらに、神の働き（エネルゲイア）と人間的自由・意志の働きとの微妙な協働（シュネルギア）という問題に接しているのだ。なぜならば、神の働きは絶対の強制や必然としてあるのではなく、恐らくは人間の自由な応答を促すものとしてあるからである。では両者は、より具体的にはいかに関わっているのか。

そのことについて問おうとする際、パウロの次のような透徹した言葉が、先の言葉と同根源的なものとして想起されよう。すなわちパウロは、「もはやわたしが生きているのではなく、わたしのうちでキリストが生きている」（ガラテヤ二・二〇）という驚くべき言葉を発している。

そのように「自分のうちでキリストが生きている」とは、いわば自我の砦が突破されて、自己そのものが神的な霊、神的な恵みの十全に働く場となっていることであろう。しかし、それは、必ずしも単に「自由の放棄」ではなかった。この点は、人間的な自由・意志の根幹に関わることであるが、その基本線を語るものとして、証聖者マクシモスの次の表現を挙げておこう。

> 神的なパウロは、〔父なる神への全き聴従を生きた〕イエスに倣って、自己自身を否定し、自らに固有の生命を持っているとは思わないかのように、「もはやわたしが生きているのではなく、わたしのうちでキリストが生きている」と言う。しかし、こう言われたからとて心騒がせてはならない。なぜならば、パウロはその際、自由（自らに固有な力）の廃棄が起こると語っているのではなく、自然・本性に即した確かで揺るぎない姿、あるいは意志的（グノーメー的）聴従（ἐκχώρησις）を語っているからである。それは、われわれの「在ること」が実現し、〔われわれにおける神の〕似像（エイコーン）が原型へと回復する動きを現実のものとするためであっ

た。（証聖者マクシモス『難問集』、PG九一、一〇七六A—C）(1)

これは、人間的自由・意志の構造をあらわに語った言葉である。それはまた、「人間の自然・本性（ピュシス）の開花と成就」や「ロゴス・キリストの受肉と人間の神化」といった根本問題に対する洞察をも含んでいる。もとより、それらを十分に扱うことは限られた紙幅ではむずかしいが、拙稿においては、「人間の神化と身体性、そして意志的聴従」ということに焦点を当てて、問題の中心的位相をいささか明らかにしてゆきたいと思う。

そこでまず、なぜ身体性が問題になるのかについて、背景となる基礎的な事柄を簡単に押えておこう。

(i) 神の実体・本質（ウーシア）は超越の極みであり、それ自体としては決して知られえない。しかし他方、神の働き（エネルゲイア）は万物を存立させている。（つまり、それらにおける諸々の構成要素を結合し、一性を与えている。）そして人間は、そうした神的働きを自ら経験し、それに対して自由に応答しうるのである。

(ii) しかし、その人間的自由・意志の働きは、「より善き方にか、より悪しき方にか」という両方向に開かれており、いわばその都度、悪や罪にも晒されている。それゆえ、人間的自由が真に善く働く（善く意志する）ためには、悪しく意志し欲することが否定され浄化されることが不可欠であろう。

(iii) ただ、人間的な自然・本性（ピュシス）が開花し成就してゆくためのそうした否定・浄化の道は、有限な世界に生きるわれわれにとって、あるとき完成して静止してしまうようなものではありえず、いわば絶えざる生成の道行きとしてあるほかはない。

(iv) そのような「絶えざる否定・浄化の道行き」は、それを宿し現実化させる素材ないし質料として、広義の身体・身体性を必要とする。つまり、端的に「善なる魂」であるなら、それはより善きものへの変容の余地はなく、はじめから完成し救われてしまっていることになろう。（これはつとにアレクサンドリアのクレメンスが、グノーシス主義批判の文脈において語るところであった。）それゆえここに、人間的自然・本性の変容可能性を担うものとして、身体ないし身体性が見出されてくるであろう。

右に列挙したような事柄はすべて通底しているのだが、はじめに言及したように、われわれにとって（使徒パウロにとってすら）、「善を欲し意志すること」は至難のわざであり、自力のみによっては不可能である。それゆえ、その成立のためには、神なるキリストの恵みによるほかないとされた。が、そのことは自由の放棄によるのではなく、自由な意志的聴従を介してはじめて、この世界、この身に顕現してくるであろう。

かくして、中心的なテーマを改めて言うなら、「人間的自然・本性の成就」、あるいは「神化」（神的生命への与り）が現実に生成してくるためには、受肉したロゴス・キリストの働き（後に言う神人的エネルゲイア）に聴従することによって、それに与りゆくことが必要なのだ。しかもまた、そのことの生成・顕現には、人間本性の変容可能性を担うものとして身体性が深く関わっているのである。

そこで、以上のような基本的な見通しのもとに、次節においてはまず、「魂と身体との同時的生成」という観点から論を進めてゆくことにしよう。

二　魂と身体との同時的生成――人間の創造の動的かたち――

証聖者マクシモスは人間の創造・生成（γένεσις）についての把握として、「罪に対する罰（帰結）として魂が身体と結合した」とする説を、決然と退けている（『難問集』一〇六九A以下）。それは直接には、往時のオリゲネス主義（六、七世紀）に対する批判として語られたものであったが、歴史的にも本質的にも大きな射程を有する問題であった。すなわち、「魂と身体との結合」（いわゆる心身問題）をいかに捉えるかということは、むろん人間の生成の根本に関わる。それはひいては、およそ自然把握・存在把握の中心的位相に触れてくるのである。

そこでまず基本的方向を示すとすれば、マクシモスは右のようなオリゲネス主義に対して、敢然と「魂と身体との同時的生成」を主張する。そこにあって身体との結合は、いわば天上界での罪の結果として魂が蒙った姿とは看做されていない。それゆえ、「魂＝善きもの」、「身体＝悪しきもの」といったある種の二元論的把握は、マクシモスにあって全く否定されることになる。

これは言うまでもなく、かつてグノーシス主義やマニ教が教父たちによって論駁されたことと、内実として呼応している。この点マクシモスは、エイレナイオスやアレクサンドリアのクレメンスなど、東方教父の伝統を全体として継承しつつ、新たな角度から問題を捉え直し展開しているのだ。「魂と身体との同時的生成」という言葉は、そうした論の標語ともなるのである。

さて、その論点を具体的に吟味するに先立って、まずはおよそ存在物の原初的生成に関する構造を、必要な範囲で確認しておこう。

証聖者マクシモスによれば、創造・生成とその成就（再創造）という事態には、「生成、動き、静止」という三つの段階が存するという。それは、往時のオリゲネス主義が存在物の成立を「静止（滞留）、動き、生成」という三段階で捉えていたことに対して、重大な変更を迫るものであった。つまりマクシモスにあって、生成せしめられたもの（被造物）は、はじめに神的意志によって——必然的流出などによるのではなく——「在らぬもの」（非存在）から「在ること」（τὸ εἶναι）へともたらされたのであって、自然・本性（ピュシス）として「動き」（κίνησις）においてある。そしてそうした「動き」は、その全き開花・成就としての「働き、現実態」（ἐνέργεια）を目的・終極としており、そこに至れば静止するとされるのである。またそうした三段階は、「創造、動き、完成」とか、あるいは「根拠、根拠づけられたもの、目的」といった三者としても語られている（『難問集』、一三一七Dなど）。

他方オリゲネス主義では、「「動き」とは、「神への背反」たる罪の結果として生じるもので、悪しきものとされる嫌いがある。「魂と身体との結合」も同様であり、それゆえ身体は「悪しきもの」、本来は「排除されるべきもの」とされるのだ。この点は、創造（生成）の意味そのものの把握にも、小さからぬ違いとなって現れる。（ちなみに、動きないし動性を悪しきものとすることは、「ヘレニズムの混乱」と看做されもするのである。[2]）

しかしマクシモスにあっては、神からの生成（創造）が「動き」に先んじる。そして神から生成したすべてのものは、人間のアレテー（善きかたち、徳）によって究極の目的たる神へと定位されているのだ（『難問集』、一〇七二Aなど）。そこでは、先述の三段階は本来的姿としては――罪による頽落へとつねに晒されつつも――、「在ること」、「善く在ること」（τὸ εὖ εἶναι）、「つねに〔善く〕在ること」（＝神）という階梯として捉え直されることになる（同、一一一六Bなど）。

そうした存在論的階梯は、勝義にはとくに人間にあてはまるものである。が、それとともに、人間は「自然・本性的な紐帯」（σύνδεσμος）として、万物を一に結合する力（ないし役割）を有しているとされる。[3] それゆえ、右のような階梯は、本来は人間を紐帯として万物において見られるのだ。つまり万物は、全一的交わりとしてのエクレシア（いわゆる教会）の形成へと、時と処とを超えて開かれているのだ。（もとより、神への意志的背反たる罪によっては、われわれは「神からの」、「自己自身からの」、そして「他者からの」分離と分裂にもたらされることになろう。）

その点は措くとして、先の文脈で両極の「在ること」と「つねに在ること」とは、われわれの力を超えている。つまり、単に「在ること」は原初の受動による所与の姿であり、その成立はむろんわれわれに固有の力を全く超えている。また「つねに在ること」は、人がそれに向かってどこまでも開かれ定位されているとはいえ、われわれは永遠なる存在（神）との端的な合一に達することはできず、最後まで途上の姿においてある。
だが中間の「善く在ること」（つまりアレテー、徳）は、人間の自由・意志の働きに依存しており、それを介してはじめてこの可変的世界に生成・顕現しうるという。[4] 問題の中心的位相が、そこに存するのだ。すなわち、人間的自由はその都度「より善き方にか、より悪しき方にか」という両方向に開かれており（ニュッサのグレゴリオス『モーセの生涯』Ⅱ・三）、「神への意志的背反」（＝罪）の可能性をも抱え込んでいる。従って、「善く在ること」の実際の成立は、「悪しく意志すること」の否定・浄化ということを介して、はじめて現に生じうるであろう。魂・人間はそうした「変容・生成のダイナミズム」を自らの本質として担っているが、人間が身体ないし身体性を有していることの根本の意味も、そのことに根差していると考えられよう。

さてそこで、いっそう具体的に「魂と身体との関わり」について、マクシモスの語るところを見定めておこう。基本的にはまず、次のように言われている。

> 道具的な身体（σῶμα）は思惟的な魂（ψυχή）と結合・一体化され、全体としての人間を成り立たせている。……その際、魂全体は身体の全体にわたって生きることと動くこととを与えている。すなわち魂は、自然・本性として単純で非身体的であって、身体に分散されたり閉じ込められたりせず、身体の肢体の全体と各々とに現存しているのだ。（『難問集』、一一〇〇A—B）

このように、魂の働き（エネルゲイア）は肢体のすべてに現存して、身体全体に一性を附与し、生きる力を与えている。こうした把握から、「魂の先在説」なるものが続いて厳しく批判されるのだ。

そこで、魂が身体より先に存在するという理に適わぬ説を放棄するがよい。そして、「復活へと立ち上がる人々は、最後の欲求の明らかにより浄い現れと分有のゆえに、死ぬことはありえない」と語る主を、われわれとともに信じるがよい。そして主は、「生きてわたしを信じる人はすべて、永遠に死ぬことはない」（ヨハネ一一・二六）と言う。もし魂が〔それ自体として〕先在したとすれば、死を何らかの仕方で受け容れることもありえなかったであろう。（同、一一〇〇B—C）

こうして、「魂の先在説」も、さらには「魂＝善なるもの、完結したもの」、「身体＝悪しきもの」という善悪二元論的な把握も否定される。なぜなら、魂が端的に善なるものとして自存しているのなら、それはそのままで不死なるものとなり、より善き形成のための祈りも、努力や修業も必要ではなくなるからである。

ところで、マクシモスがそうした批判を語るとき、それはとくに、魂と身体との「関係のロゴス」を注視してのことであった。すなわち、魂と身体とが人間本性の部分であって、部分が何かとの関係としてあるとすれば、「そのように関係的に語られるものは、その生成に際して、同時に全体として在る」とされる（同、一一〇〇C）。

ここに注意すべきは、マクシモスにあって「実体・本質のロゴス（意味）」と、「生成の方式」とが、明確に区別されているということである。[5] つまり魂と身体は、いわば実体・本質（ウーシア）の無時間的な意味としては確かに異なり、互いに区別される。が、「生成（ゲネシス）の方式」としては、両者は結合して、人間という形相としてこの可変的世界に現に生成するのだ。

してみれば、魂や身体が互いに先在したり、死後に別々に存在することはできない。もしそのようなことを言えば、「関係のロゴス」が廃棄されてしまうからである。そのことからの帰結として、マクシモスは次のように喝破している。魂は身体の死の後にも、単純に魂なのではなく、「人間の魂」であり、しかも「ある人の魂」なのだ（同、一一〇一B）。同様にまた、「身体は魂との分離の後に、端的に身体とは言われず、かえって人間の身体であり、ある人の身体だ」という。つまり、魂と身体とは、現実には（生成の方式としては）関係なしには語られえないのである。

さて、右に記した「魂と身体との同時的生成」という事態は、人間的自然・本性が現に在るわれわれにとってすでに完成したものではなく、完成の姿（静止）への「動き」としてあること、変容可能性を有することに、密接に関わっていた。すなわち、すでに述べたように、身体ないし身体性は、人間的自然・本性全体の変容可能性を担うものとして見出されるのだ。それゆえ、人間本性の「善く在ること」（アレテー、徳）にしても、他者との諸々の関わりにあって、身体を場とし質料として現に生成してくるであろう。

そこで、次節においてはさらに、「人間的自然・本性の開花・成就への道」、そしてつまりは「神化（神的生命への与り）への道」について、その成立の機微を少しく吟味し問いたずねてゆくことにしよう。

三　受肉と神化——うちなるキリストの発見——

「神化」（θέωσις）とは、証聖者マクシモスによれば、「他の何ものにも増して愛し求められるべきもの」であり、神化においてこそ「自然・本性に即した働き（エネルゲイア）の成就」が見出される[6]という。ただし神化は、魂のみのことではなく、魂と身体とにそれぞれの仕方で現成するとされる。この点、基本線として次のように語られている。

神は、全体として全体において受容され、身体への魂の関わりによって魂に、また魂を媒介として身体に現成する。……そしてそれは、魂が不変性を受容し、身体が不死性を受容して、全体として人間が、「人間のうちに受肉した神（ロゴス・キリスト）」（ἐνανθρωπήσις θεός）の恵み（χάρις）によって、神に与るものへと神化せしめられるためである。すなわち人間が、自然・本性によっては魂と身体とに即して全体として人間に留まり、しかも他方、恵みによっては魂と身体とに即して全体として神となる（神が現成する）ためである。……確かに、それにふさわしい人々にとって神化よりも愛されるべきものがあろうか。神化にもとづいてこそ神は、神々となる人々と結合・一体化し、自らのすべて〔のわざ〕を善性（ἀγαθότης）によって為すのである。（『難問集』、一〇八八C—一〇八九A）

ここに示されているように神化とは、人間的自然・本性が神の善性の働き（エネルゲイア）を受容し、神的生命に与った姿である。人間のそうした「善きかたち」（アレテー、徳）は、この有限な世界に神が顕現してきた姿でもあろう。(7) しかし、それはむろん、あるとき完成して停止してしまうようなものではなく、すべてわれわれはそうした神化の可能性を有し、そこへと定位されているのである。

その際、身体は決して排除されず、魂と身体とがそれぞれに変容を蒙りつつ、両者が相俟って神化に与るという。それゆえ、すでに言及したように、身体から分離した魂のみが（いわゆる分離霊魂として）神性の域に参入するとされてはならない。言い換えれば、ヘブライ・キリスト教の大方の伝統にあっては、人間本性が無限なるもののうちに没入して無くなってしまうことが救いや悟りだとは看做されていないのだ。なぜならそうした把握は、われわれが抱えている身体性や時間性をないがしろにすることに傾き、ひいては人間本性の開花、成就の道を塞いでしまうからである。

してみれば身体ないし身体性とは、改めて言うなら、人間が神性（善性）に与りゆく変容可能性を担うべきものとなろう。すなわち、魂と身体との結合としての人間本性そのものが、この可変的世界における「神性の宿り・現成」を成り立たせるための場とも質料ともなり、広義の身体性ともなるのである。

さて、キリスト教的伝統の中心を為す「ロゴスの受肉」という事態は、その信・信仰の成立の当初から、人間の救いや神化との関わりにおいて語られていた。この点、以下において基本的なことについて少しく考察しておく。つとにアタナシオスは、「神が人間になった（人間のうちに宿った）（ἐνανθρώπησεν）のは、われわれが神になる（神に与らしめられる）（θεοποιηθῶμεν）ためである」と言う（『ロゴス（言）の受肉』五四）[8]。つまり、人間の神化とは、「ロゴスの受肉」がわれわれのうちに根拠として働いてはじめて成立すると洞察されているのだ。このことは、人間的意志が「真に善く働きうる根拠」に関わり、いわば「意志論の最前線」とも言うべき問題であるが、それについては改めて後に述べる。

さらにナジアンゾスのグレゴリオスは、「人性（人間本性）は、それが神性によって摂取されなければ、救われることもない」（『書簡』一〇一、『神学講話』第三講話）[9]と喝破している。これは、受肉と神化との関わりを探究してゆく際の、まさに規範的表現となるのである。

ところで、この可変的世界に生きるわれわれにとって、人性の「神性との全き結合」などということは、不可能である。従って、それは究極の目的として語られるとしても、それに与りゆく道においてわれわれはどこまでも途上にあるのだ。だがそれにしても、アタナシオスやナジアンゾスのグレゴリオス、あるいは使徒ヨハネなど、多くの人々にあって、「ロゴスの受肉」や「人性の神性との結合」などという、一見不合理で超自然・本性的なことが、そもそも何を確かな根拠として語られたのであろうか。

　この素朴な問いを正面から受けとめ、一切の先入見なしに探究してゆこうとするなら、古来の否定神学的表現における「否定の調べ」に注目しなければなるまい。たとえば「カルケドン信条」（四五一年）からも如実に窺われるように、受肉したロゴス・キリストの「何なのか」という実体・本質（ウーシア）は、ついに「知られざるもの」に留まる。すなわち、イエス・キリストは一つの定式として、確かに「神性と人性とがヒュポスタシス的に結合した一なる存在だ」と語られよう。が、その際、「神性と人性との結合」の様式については、両者は「融合せず、変化せず、分割せず、分離せず」という風に、われわれは徹底した不知に留まるのである。

　しかしそのことからして、単に逆説的な事柄を闇雲に信じるほかないなどと言ってはならない。そこでの「否定の調べ」（四つの否定辞）には、より積極的な意味が隠されているのだ。つまり、イエス・キリストは「神性と人性との不可思議な結合」として語られるが、それは決して客体知（限定）なのではなく、かえって（方向が逆なのであって）、われわれの成りゆくべき完全性として志向され愛されるのである。

　してみればこのことは、使徒なら使徒の――そして同時に、後世の幾多の人々の――「イエス・キリストとの出会い（カイロス）」という、いわば原初的な経験の場に、われわれ自身を立たせることになろう。

　かつて使徒たちは、イエス・キリストと出会い、自己と人生そのものを捧げゆくかのような無限の愛に促された。それはたとえば旧約『雅歌』にあるような、「愛の傷手」の経験によるものであったであろう。つまり使徒たちは、花婿たる神の「愛の矢」（神の働き、霊）に貫かれて、姿を隠している当の神をどこまでも愛し求めてゆくような「根源の促し」を受けたのだ。[10] そこで、イエス・キリストとのそうした出会いについて、改めて注目すべきは次のことである。

（i）イエス・キリストは東方教父の伝統において、「神性と人性とがヒュポスタシス（個的現実）に即して結合した存在（神人性存在）」であるという。が、その実体・本質はいかにしても知られえない。（これは、ディオニュシオス・アレオパギテースも証聖者マクシモスも等しく強調するところであった。）

（ii）しかし他方、イエス・キリストの働き（神的かつ人間的働き、つまり神人的エネルゲイア）は、使徒たちを促し、その愛を成り立たせた根拠として、現存している。言い換えれば、イエス・キリストへの脱自的愛の経験が、そのうちに漲る「神人的エネルゲイアの現存を証しし指し示しているのだ。

ただしかし、これらのことは単に二千年前の過去的な出来事には留まらず、恐らくは時と処とを超えて、すべての人々にとって「その都度の今」生じうるであろう。というのは、いわば自我の砦が突破されたかのような根源的経験は、「同時性」として何らか通底してくるからである。[11] もとより、使徒たちの「イエス・キリストとの出会い」はむろん典型としてあり、その歴史性はどこまでも重視されなければならない。しかしそれとともに、使徒たちも預言者たちも、あるいは教父たちや後世の人々も、「神人的エネルゲイアとの出会い」という根源的出会いにおいては、ある意味で同時性として交わってくるのだ。それは、通俗的な時間表象を超えた「現実以上の現実」である。

その際、「つねに（永遠に）」現存し働いているはずの神的エネルゲイアに、われわれは現に「あるとき」、「その都度の今」出会うのだ。そして、心披いて神的エネルゲイアに出会い、それをよりよく受容してゆくとき、自己自身を超え出てゆくような「絶えざる伸展・超出（エペクタシス）」が、人間的自然・本性の本来的かたちともなろう。そうした生成・変容のダイナミズムは、ヘブライ・キリスト教の根本的特徴でもあった。（逆に、われわれが自然・本性に自ら背反し、また神に背反することは、罪の姿であり、そのようなときには「在らぬもの」へと傾くことになる。）

ところで、使徒なら使徒はイエス・キリストとの出会いを介して、己れを超えゆく脱自的愛に促され、「新しい人」に創り変えられた。すなわち彼らは、自らの自然・本性（ピュシス）と生との根本的変容を蒙ったのだ。（このことはむろん、新約聖書の多くのことばが証言するところである。）

そのようなとき、使徒たちのうちに働いて、彼らの生の変容・再形成をもたらしたのは、いかなる働き（力）であったのか。それは端的には、神的かつ人間的働き（エネルゲイア）だと言わざるをえないであろう。

なぜならば、それが単に人間的働きなら、彼らの生を根本から創り変える力を持ちえなかったであろうし、また単に神的働きなら、それは人間を超えた神性の領域で働くのみで、実際の人間に現に働きかけることもなかったであろうから。とすれば、使徒たちの「生の変容」、「新しい人間の現出」を可能にしたのは、神的かつ人間的働き、つまり「神人的エネルゲイア」であったということになる。

その際、「神人的エネルゲイアの経験」が、そのエネルゲイアの発出の源たる「ロゴス・キリストの神人性存在」を証ししているが、そのことは「信・信仰（ピスティス）」というものの内実を示すものであろう。すなわち、神人的エネルゲイアを受容し宿した「魂・人間のかたち」が、信の原初的意味なのだ。そしてそうした信は本来、無限なる（知られざる）「神人性存在、ロゴス・キリスト」へとどこまでも開かれ、そうしたキリストへの愛（ἀγάπη）として働き出すのである。古来、キリスト教教理の表現が全体として、「師父たちの伝承に従ってわれわれはかく信じる」という「信の文脈」のうちに置かれていたゆえんである。

それゆえ信・信仰とは、不合理なものを闇雲に抱き抱えるなどということではない。かえって、「神人的エネルゲイアを宿した確かな経験」から――つまり「信というかたちの成立」から――、無限なる神人性存在への、愛が発動してくるのだ。

言うまでもなく、キリスト教の伝統が歴史を貫いて生命を保持しえているのは、神の働き、神の霊、そしてつまりは神人的エネルゲイアによって根源的愛に促された人々が、自らの生において「神人的エネルゲイアの現存」を、また「キリストの真実」を証ししているからにほかなるまい。[12] それゆえわれわれは、一見無味乾燥な教理的表現の背後に、神の霊（愛）に心貫かれて生きた人々の確かな経験が漲っていることを忘れてはならないであろう。

さて、そうした神人的エネルゲイアの経験は、「新たな生のかたち」、「新しい人の誕生」をもたらすものであった。[13] この点、証聖者マクシモスの卓抜な表現を一つ挙げておこう。それは「受肉と神化との関わり」を、透徹した言葉で明らかにしている。なお、その文章は、「キリストの二つの自然・本性（神性と人性）」と「二つのエネルゲイア（神的エネルゲイアと人間的エネルゲイア）」とについての詳しい吟味に続いて、満を持して語り出されたものである。

> そこで改めて、神人的エネルゲイア（ἡ θεανδρικὴ ἐνέργεια）がいかに現出したかを考察しよう。神人的エネルゲイアを自らのためにではなくわれわれのために為した方（ロゴス・キリスト）は、自然・本性（ピュシス）を超えた諸々の働き（エネルゲイア）によって、自然・本性を新たにした。そうしたわざ〔の意味するところ〕は、自然・本性の法に則して導入された新たな生（βίος）である。つまり主は、自然・本性として二様であり、神的な法と人間的な法とによって混合なく結合された生を同一のものとして担いつつ、それを適切な仕方であらわにしたのである。
>
> すなわち、その新しい生とは、単に地上のものと無縁で逆説的なものではなく、また諸々の存在物の自然・本性によって識別されるものでもなくて、新しく生きる人の新たなエネルゲイアをしるしづけているものなのだ。この神秘に対してふさわしい名称を考え出した人は、それを神人的〔エネルゲイア〕と呼んだ。それは、

語りえざる結合・一性に対応する交わりの方式を示さんがためである。……そして、神的な受肉の神秘によって、神性と人性とが〔それぞれの固有性によって区別されつつも〕ヒュポスタシス的に結合・一体化されるのである。（『難問集』一〇五七C―一〇六〇B）

これはまさに、キリストの生（キリストの姿）を如実に語る言葉である。そこに注目されるのは、キリストにおいては、「受肉」が同時に「神化」でもあるということであろう。ふつうは、アタナシオス以来の定式として、「ロゴス・キリストの受肉」が「われわれの神化」をもたらす――しかし、現にあるわれわれにとっては、その道は完結せず、最後まで途上にある――という風に語られる。しかし、マクシモスの右の表現においては、そのことのさらなる根底（うちなる機微）が見つめられているのである。

すなわち、人間の神化への道が成り立つ動的な構造として、恐らく次のように言えるであろう。まず、「受肉＝神化」なるイエス・キリストは、神化という事態の「原範型」として、いわば超越的につねに現存するであろう。そして次に、その働きたる神人的エネルゲイアに、あるとき、その都度の今、われわれが意志的聴従の度合に応じて与りゆくことによって、身体的存在者たるわれわれにおいて何ほどか神化が生起してくるのだ。これはいわば、「受肉の受肉」とも言うべき事態であろう。

このように見るとき、「キリストの有する原初的信・信仰」が改めて注目されよう。この点、パウロ書簡にしばしば登場する＜πίστις τοῦ Χριστοῦ＞（ローマ三・二二、三・二六、ガラテヤ二・一六、エフェソ三・一二、フィリピ三・九など）は、ふつう「キリストに対するわれわれの信仰」と読まれることが多いが、素直に読めば、まずは主格属格として「キリスト自身の信」と解せられる。すなわち、既述のごとくキリストは、「父なる神に対する全き意志的聴従」によって、「全き信」を保持しているのだ。それはまた、神的霊の全き宿りであり、神性の何らか受肉してきた姿であろう。そして次に、そうした範型たる「キリストの信」に聴従することによって、われわれにおいて「神性に与りゆく道」（神化への道）が何ほどか生起しうると考えられよう。(14)

ここにわれわれは、拙稿のはじめに提示した問題場面に立ち帰ってくることになる。が、それについては節を改めて、くだんの意志的聴従の成立する機微をなおも問い進めてゆくことにしたい。

四　「善く意志すること」の可能根拠をめぐって——意志論の最前線——

パウロは「欲する（意志する）善は、これを為さず、欲しない悪を為す」と言って、自らの意志の分裂と弱さを嘆き、「この死の体から一体誰がわたしを救ってくれようか、キリストによる恵みによらなければ」と叫んだ。しかし他方、「もはやわたしが生きているのではなく、キリストがわたしのうちに生きている」と決然と語るのである。

これらの言葉は一見対照的であるが、根底では深く結びついているであろう。そこに不可欠の契機として介在しているのが、子（キリスト）が父に聴従するような「意志的聴従」であった。以下、そのことの意味連関を改めて問い抜いてゆくことにしよう。

先に述べた「自らの意志（欲求）の分裂」は、本来の自然・本性（ピュシス）に背反する姿であろう。つまり人間は、自らの自然・本性によってしても、その自然・本性に反することを意志し、かつそれを現に為してしまうのだ。それは通常よく見られる姿でもあるが、自然・本性というものの固有の意味からすれば、多分に不思議なことであろう。そしてそれは、未だ完結していない人間的自然・本性が、自らの開花・成就に開かれていることに伴う「負の可能性」でもあろう。われわれはすべてそうした可能性を、いわば「自由の深淵」として否応なく抱えているのだ。

しかし、自らの自然・本性に反することを自ら意志してしまうということは、自然・本性の「より善き開花・成就の可能性」を、いわば間接的に浮彫にしているであろう。とすれば、そこには「人間的自由の逆説」とでも言うべき事態が窺われるのである。

その内実を問おうとするとき、証聖者マクシモスの語る「グノーメー的（意志的）聴従」という言葉が改めて注目される。「グノーメー」（γνώμη）とは、マクシモスにあっては「迷いある意志」というほどの語であるが、単に「意志」（θέλημα）や「選択意志（自由な択び）」（προαίρεσις）とは、やや位相を異にする言葉として、新たに導入された。そして、くだんの「グノーメー的聴従」ということには、神的働き（霊）の生成・顕現に関する機微が秘められているのだ。

すなわち、「自ら意志し欲する善は、これを為さず」という「意志の分裂の姿」が極みまで自覚されたとき、その死の体から人間（パウロならパウロ）を解放したものとして、神の恵み（χάρις）が語られた。そしてそこにおいて、「わたしのうちでキリストが生きている」という姿への根本的変容が生起したと考えられよう。ただし、それは直接の移行ないし転換ではない。それゆえ、「自然・本性によっては人間であり、恵みによっては神となる（神的な霊によって神に与る）」とされるのである。

言い換えれば、神的な霊は外側から人間本性を強制的に動かすのではなく、人間本性の内側に働いて、「迷いある意志（グノーメー）」による意志的分裂の姿を、「グノーメー的聴従」の姿へと変容させたのだ。[15] それはまさに、人間的自然・本性あるいは人間的意志自身のうちに生起した「神的なわざ」であり（フィリピ二・一三参照）、そこに「神的な働きと人間的自由・意志の働きとのある種の協働」が存するのである。

してみれば神は、あるいはむしろ神人的エネルゲイアは、そうした「人間的意志のより善き変容」というかたちで、この可変的世界に生成・顕現してくると考えられよう。ただし、そうした変容は魂のみのことではなく、身体もいわば聖化され不死性に与りゆくとされた。そしてそれは、神的霊の新たな宿りによることであり、魂と身体相俟って人間本性全体が「霊性を体現してゆく道」(神化への道)をゆくことであろう。


ところで、先に触れた「神的な働きと人間的自由・意志との協働」ということには、微妙な循環が窺われる。つまり、「善く意志すること」(意志的聴従)は、神の恵み、神の霊に与ってこそ現に何ほどか成り立つであろう。(はじめに言及したパウロの叫びは、そのことを如実に語るものであった。)しかし他方、神的な恵みや霊は、われわれが「善く意志すること」、「善を意志すること」において、はじめてこの世界、この身に生成し顕現してくるであろう。

これら二つのことは、一見循環してくるが、それがいわば無限遡行に陥らないためには――果てしなくまた無意味なものに終わらないためには――、「神的霊の働き」と「人間の善く意志すること」とが、人間的自然・本性のうちに全く現成しているような存在が、すべてに先んじて働いているのでなければなるまい。そしてそれは、前節において用いた「神化という事態の原範型」という言葉の指し示すところでもある。

振り返って言えば、証聖者マクシモスのくだんの文脈において、キリストは「受肉=神化」なる存在であった。すなわち、子たるキリストの「父への聴従」は、「キリストの有する信」であり、原初的かつ範型的な信である。そうしたキリストの信という姿に、同時的に神的霊が流入し、端的に神化が成立するであろう。しかし、それにしてもそのことは――つねに(永遠に)現存しているとしても――、われわれの意志的聴従を介してはじめて、この有限で可変的な世界に何ほどか生成・顕現してくるのだ。

してみれば、キリスト自身の信がいわば原範型としてあり、そのキリストに改めてわれわれが意志的に聴従するとき、キリストの神人的働きがわれわれにおいて勝義に顕現してくるであろう。それは恐らく、すでに触れた「受肉の受肉」という事態であり、すべてわれわれは人間として、そうした「現実以上の現実」に与りゆくべく招かれているのである。

ところで、キリストの信は、それが神への全き聴従である限り、自己否定の働きのいわば原範型でもあろう。すなわちそれは、単に過去の出来事に限定されるものである以上に、われわれの意志的聴従が何ほどか成り立つとき、その成立根拠として、その都度現前し働いているのだ。言い換えれば、そうした「自己否定の範型的働き」は、われわれがほんの僅かに「善く意志すること」、「善きわざを為すこと」のうちにも、その可能根拠として現前していると考えられよう。（実際パウロが如実に語るごとく、「端的に善く意志すること」は自力のみでは不可能であり、それゆえにまた、「神的な恵み」、「霊の働き」に背いて自己に閉ざされた姿は、「死の体」なのであった。）

かくして、「ロゴス・キリストの受肉」やその「神人的エネルゲイア」といった事柄は、単に特殊な教理に留まるものではなく、われわれが自然・本性に背反する意志的傾きを否応なく抱えつつ、なおも僅かに「善く意志し、善きわざを為すこと」可能根拠に関わるのだ。この意味で、それらはまさに「意志論の最前線」に位置する問題だと考えられよう。ただし、今一度言うなら、「キリストの名」は、実体・本質（ウーシア）としてはあくまで「知られざる超越」を指し示しているのであって、われわれはただ、その「働き（エネルゲイア）」をこそ注視してゆかなければならないのである。

そしてこのことは、根本的には「キリストの十字架」の意味にも関わっている。この点、拙稿では少しく触れるに留めざるをえないが、端的に言うなら「十字架」は、恐らくは今もいつも現存する「自己否定の範型的働き」を指し示しているであろう。すなわち、受肉存在の「自己否定の極みたる働き（エネルゲイア）」が範型的な仕方で、すべてのこと（出来事）に先んじて「つねに」現存しつつ、他方、有限なわれわれは「あるとき」、その範型的働きにできるだけ聴従する度合に応じて、その生成・顕現に与りゆくほかない。こうした「つねに（永遠に）」と「あるとき」との微妙な関わりを担うことにおいて、その名に値する「歴史性」が生起してくるのだ。

右に述べてきたような、神的働きへの「意志的聴従の道行き」は、われわれにとって最後まで途上においてある。従ってわれわれは、己れの絶えざる伸展・超出（エペクタシス）を志向しつつも、同時にまた、パウロの言う「死の体」のような弱さと愚かさをも凝視してゆかざるをえないのだ。そしてそこには、人間という存在者の「身体性の謎」が存するのである。

ともあれ、ロゴス・キリストの受肉と十字架の指し示す普遍的意味に、ひいてはまた、すべての出来事に先んじる「自己否定の範型的な働き」、「神の憐れみのわざ」に思いを潜めて、この拙い論をいわば開かれたままで終えることにしたい。

註

（1）Maximus Confessor, Liber Ambiguorum (Ambigua). 谷隆一郎訳、知泉書館、二〇一五年。以下、証聖者マクシモス『難問集』からの引用は著者名を省く。訳書にはミーニュ教父全集の頁数をも附記しているので、引用に際してもその頁数を記しておく。

（2）P. Sherwood, The Earlier Ambigua of St. Maximus the Confessor and his Refutation of Origenism, Orbis Catholicus,

Herder, Romae, 1955, P. 101 etc.

（３）人間が「自然・本性的紐帯」であり、万物の一なるかたちに統合する役割を担っていること、そしてその根拠として「受肉したロゴス・キリストの働き」が働いていることについては、『難問集』、一三〇四Ｄ―一三〇八Ｄに詳しい。また、Maximus Confessor, Mystagōgia（『神秘への参入（奉神礼の奥義入門）』）、PG91, 684A-688B を参照。

（４）『難問集』、一一一六Ｂなど。

（５）『難問集』、一一〇一Ａ。「実体・本質（ウーシア）の無時間的な意味次元」とこの世界における「生成の方式」とが峻別されているが、このことはマクシモスにあって大きな射程を有する。そのことは、後に見るように、「つねに現存しているであろう神的恵み（霊）」が、「歴史上のあるとき、われわれの意志的聴従に即して具体的に生成・顕現してくる」という、「つねに」と「あるとき」（つまり永遠と時間）との微妙な関わりとして問題になる。

（６）『難問集』、一〇八八Ｄ。

（７）アレテー（善きかたち、徳）は証聖者マクシモスによれば、「受肉した（身体化した）神」（θεός σωματούμενος）としても語られうる（『難問集』、一〇三二Ｂ）。また、同、一〇八四Ａ参照。

（８）アタナシオス『言（ロゴス）の受肉』（小高毅訳、『中世思想原典集成』２、平凡社、一九九二年）。

（９）ナジアンゾスのグレゴリオス『神学講話』（荻野弘之訳、『中世思想原典集成』２、前掲書）。

（10）この点はむろん、ニュッサのグレゴリオス『雅歌講話』（大森正樹、宮本久雄、谷隆一郎、篠崎栄、秋山学訳、新世社、一九九一年）の第四講話などにおいて、透徹した論述が見られる。

（11）これについては、「難問集」、一〇四〇Ａ―Ｂ、証聖者マクシモス『神学と受肉の摂理とについて』、Ⅱ・二七（谷隆一郎訳、『フィロカリア』Ⅲ所収、一五五頁、新世社、二〇〇六年）など参照。

（12）メイエンドルフは、エネルゲイア・プネウマの経験こそが父、子、聖霊という三位一体の探究の端緒であり、プネウマ（霊）が神的恵みを、そしてその与え手（源泉）たる神を証示しているとする。J. Meyendorff, Byzantine Theology, Historical Trends and Doctrinal Themes, Fordam Univ. Press, New York, 1979, pp.93-94.（『ビザンティン神学』、鈴木浩訳、新教出版社、二〇〇九年）。なお、「イエス・キリストの真実」についてはとくに、宮本久雄『他者の風来――ルーアッハ・プネウマ・気をめぐる思索』（日本キリスト教団出版局、二〇一二年）第四章参照。

（13）「使徒たちの根源的経験（新しい人の誕生）」こそが、「復活者イエスへの信仰の母体」であることについては、E・スヒレベーク『イエス——一人の生ける者の物語』（宮本久雄、筒井賢治訳、新世社、一九九四年、一五二—一六九頁）参照。

（14）ちなみにバルタザールによれば、イエス・キリストはその存在自身が「信・信仰そのもの」であり、われわれの信の範型であるという。(H. U. von Balthasar, Spouse of the Word, Fides Christi, Ignatius Press, San Francisco, pp. 43-79.)

（15）「キリストにはグノーメー（迷いある意志）はない」(Maximus Confessor, Opuscula Theologica et Polemica, PG91, 12C -17A ; ibid., 53C. Disputatio cum Pyrrho, PG90, 308A - B etc.) という。グノーメーという語は、いわゆる「キリスト両意説」を明確に語るために導入されたが、それは措くとして、キリストにあってグノーメーが完全に凌駕されているということは、現実のわれわれの成りゆくべき究極の姿を示している。言い換えれば、グノーメーの境位を完全に超えたキリストの「神人的エネルゲイア」を経験することによって、われわれにとって神化（神的生命への与り）の道が可能となろう。そこにおいて、われわれの「グノーメー（迷いある意志）の姿」が、既述のごとく、神的な霊によって「グノーメー的聴従」の姿へと変容せしめられることになろう。

第３章　シナイ（バトス）のヘーシュキオス

宮本　久雄

序

聖山アトスのニコデーモスは、シナイのヘーシュキオスを四世紀に生きたエルサレム教会の主教として紹介している。しかし現代の研究者は、彼のうちに六〜七世紀に生きた証聖者マクシモスやシナイの修道士ヨアンネス・クリマクスの影響を認めている。彼は、シナイの燃える茂み（バトス）修道院の院長であり、シナイの霊的伝統を「イエスの御名の祈り」によって完成させたと伝えられる。ここから彼は、バトスのヘーシュキオスとも呼ばれる

彼の霊性は、ネープシス（知性の覚醒、目覚め）とイエスの祈りを両輪とし、恩恵によってイエスの光の体験の授与を祈るものであった。その祈りの伝統は、シナイのグレゴリオスを通してアトス山のヘシュカスムの伝統において開花した。そしてクサントプーロスのカリストスとイグナティオス（一四世紀）の「イエスの祈り」に受肉し、さらにロシアではニル・ソルスキー（一五世紀）を通してロシア・ヘシュカスムに流れ入っている。

本論は、このバトスのヘーシュキオスの修徳行を「イエスの御名の祈り」を軸に考究し、その霊性の消息を示す

試みである。

一　悪魔による誘惑と人間を誘惑するその仕方

本論ではまず悪魔がどのように人間を誘惑し、その支配下におこうとするのかを問い、それと共に人間がその誘惑に巻き込まれてゆくプロセスと構造を明らかにしたい。

グレゴリオスによると悪魔・サタンは、人間の心（kardia）にある知性（nous）に対して暗示・想像を具体的形象を伴って与えるという。断章一一八（以降、断一一八のように記す）のテキストに傾聴しよう。

一一八　偽りの想像によって悪魔は常にわれわれを罪の行為へと仕向ける。実際に悪魔は、金銭と利得を想像させせて、あわれなユダに万物の神である主を裏切るように仕向けたのである。悪魔は、偽りの賎しい物質的な慰安と偽りの名誉、偽りの利得、偽りの栄光を利用してユダの首にひもをまきつけ永遠の死をもたらしたのである（マタ二七・5）。このように悪魔は、（ユダに）想像・暗示させたもの（益）とは全く逆のもの（死）によって彼に報いたわけである。

しかし、このテキストにおける金銭や利得などが、あくまで想像物に留まる限りは、人間知性にとって外的なものでしかない。この想像・暗示が人間の誘惑の契機になるのは、それが心・知性の中に思念（ロギスモス、複数形ロギスモイ）となる場合である。

断一七四後半に傾聴しよう。

一七四　心に入り込まない悪魔的な形象は、様々な思念（ロギスモイ）を欠いているのだ。なぜなら、これら思念によってこそ、悪魔は霊魂としばしば交わり、密かに悪を為すように教えるのであるから。

断二にも同様なテーマが窺われる。

二　偉大なるモーセ、いやむしろ聖霊は、このような徳（覚醒）がどれほど完全で浄く包括的で人間を育むのかということを示し、われわれがどのような仕方でまずこの徳を働かせ始め、そしてこの徳を完成さすべきかを教え、次のように語っている。「注意しなさい。あなたの心（kardia）の中に隠れた言葉が、罪深いものにならないように」（申命記一五・9）と。

ここで隠れた言葉とは、神によって憎まれる悪しき行為を反映する一つの思念の名である。この隠れた言葉を、師父たちは攻撃的暗示（prosbolē）と呼んだ。それはまさしく悪魔によって心にもたらされたものだからである。この暗示が知性（ヌース）に現れるや否や、われわれの諸思念はこの暗示に従ってゆき、それと話し合いながら情念のとりこになってしまう。

ここでは具体的にロギスモイの種類について、ヘーシュキオスに従って考察したい。彼は、断一七七で、それらの内容・種別を語ることなく「八つの思念」に言及している。「八つの思念」の具体的内容については、オリゲネスやクリマクスも列挙しているが、今はエジプトで隠修士生活を送ったローマのカッシアノス著「八つのロギスモイ」で列挙される思念をあげよう[1]。それは、貪欲、淫乱、金銭欲、怒り、悲しみ、倦怠、虚栄、傲慢である。ヘーシュキオスは、「知性は、金銭欲と虚栄と快楽という三つの情念によって盲目となる」(断五七)と語って、三つの情念を強調するが、これらは情念的ロギスモイであると考えられる(断一六三)。問題は、知性がこの情念的ロギスモイに合意するところから、罪悪行為が生ずるということである。

四三　小さな悪意のない子供が、手品師の業を見て喜び、そして無邪気にも彼の後に従ってゆくように、善き主人(神)に創られたときのままのわれわれの単純で善い霊魂は、悪魔の幻想的な暗示を喜び、そしてそれらを善美なものだと思いこまされて一層悪しきものを追いかける。丁度親鳩が、自分の小鳩たちに網をかけてだます者を追いかけるように。このように霊魂は、自分の思念と悪魔的な暗示が示す想像とを混同してしまう。もし美しい女性の顔やキリストの掟が厳しく禁ずるすべてのことが霊魂に現れるならば、霊魂は自ら美しいと見とれたものを捕らえようと追いかける。そしてそれと合意をする。残るは思念の中で見た罪業を、自分の身体で犯す以外にはない。そしてそれは自分自身への罰となる。

以上のように悪魔が人間の知性に想像・暗示を与え、それを心や知性が情念的ロギスモイとして受容して、それらに合意する時、身体を通して罪悪行為が生ずるわけである。これが悪魔の誘惑に対する人間論的に考察された罪悪成立のプロセスである。ヘーシュキオスは、このプロセスを断一四四で要約している。

一四四　もしわれわれの知性がすばやく対応できる覚醒を経験していないなら、それは情念的な仕方で現れるどんな想像とも簡単に混じり合う。そしてさらに知性は、想像から有害な質問を受け、それに答えを与えつつそれと話し合う。そのときに、われわれの思念は悪魔的な想像と混じり合うにいたる。そしてこの悪魔的な想像は次第に成長し増大し、知性に望ましく美しく喜ばしく見える程になり、その結果、知性は、それを容認しそれに強奪され荒らされてしまう。このようにして知性と想像は共に、次のような目的実現のための条件を欲し考察する。その目的とは、悪魔的幻想に由来する欺きによって知性と想像に美しく甘美に見えたものを、両者が身体を通して用いるということである。このようにして内面的に霊魂の堕落が実現する。そのとき以降、必ず心の内面は外面〔身体〕で実行されることになる。

但し、人間と異なり悪魔の場合、彼らは、身体的被いをもたないので、「望むがままに想像を描いて自分たちの知性の中で罪に形を与えることによって思念だけによって罪を犯す」（断一七三）わけである。それではサタンが彼らの「知性の中で罪を形成すること」とはどのようなことであろうか。そもそもサタンの正体とは一体何であろうか。

この問いをかかえてわれわれは、ヘーシュキオスのテキスト（断一一九、断六三）に傾聴しよう。

一一九　どのようにしてわれわれの救いの敵対者が、幻想と偽りと虚しい約束によってわれわれを堕落させるかを見るがよい。サタン（Satanās）自身が、自ら神と等しい者と想像して「稲妻のように天から堕ちた」（ルカ一〇・18）のである。同様に敵対者は、アダムに神と彼が等しいと想像させて、神から背反させた（創世記三・5）。このようにして嘘つきで狡猾な敵対者は、すべての罪人をだまし続けている（二コリント一一・3参照）。

六三　悪魔は最初から謙遜の善き性質を捨てて高慢を愛したので、聖書のいたる所で「汚れた霊」と呼ばれている（マタイ一〇・1、一二・43など）。しかし物体も身体も決まった場所も全くもたない霊が汚れていると言われるためには、どのような身体的な汚れを行なうことができるのだろうか。明らかに〔身体的汚れではなく〕高慢が原因で汚れた者と呼ばれたのであり、元来浄く輝く天使であったのに汚れてしまったのである。主においては、すべて心高ぶる者は汚れている（箴言一六・5参照）。「最初の罪は高慢である」（集会の書一〇・13）と言われている。

テキストは悪魔の犯した最初の罪は高慢（hyperēphania）であると告げている。

それでは高慢とはどういうことであるか。手がかりは「自ら神と等しい」と想像したことにあろう。それは神を神として認めないこと、自分が神に成り上がることであって、それはそれまで神と天使の間に成立していた相生の他者関係の倒錯に外ならない。この倒錯を言いかえれば、それは神を神ならざるものとなす虚無化であり、他方で神の座に着くために自らの本性を否定するという虚無化なのである。従って悪魔の正体とは、大いなる虚無化・非存在化であり、その虚無化を通して想像の中でその非存在（神になるという幻想）に存在の形を与えたわけである。

断一一九によれば、悪魔はさらにアダムにもこの虚無化を働きかけたのである。つまり、人間知性に「神の如くなる」という暗示、幻想を示し、人間知性は想像を通してその思念を受け取り、それに合意し、その身体によって「善悪の木の実」を食したのであろう。それ以来、人間は悪魔によってだまされ続けているわけである。

われわれはこれまで悪魔の欺きの構造を解明してきた。それではヘーシュキオスはどのようにこの欺きを超克し、神の似像である人間本性の成熟開花を説いているのだろうか。

二　悪魔の欺きを超克する修徳行の心戦

ヘーシュキオスは、第一に悪魔が人間の心・知性を誘惑する手段である想像や暗示の克服にネープシス（知性の覚醒）を説く。断一四と断六にまず傾聴したい。

一四　さて覚醒の第一の様相とは、想像つまり暗示をしっかりと見張り、悪魔が想像によって諸々の思念を作り知性に示して知性を欺かないようにすることである。

六　覚醒は、心の入口に立って思念を止めて見張る。このような思念は、次々と別の思念を密かに呼びこむもので、覚醒はそれら殺人者たちが、何をするのかを見、そして聞く。そしてまた悪魔たちによってこの思念に刻まれ記念碑として建てられる形、つまり知性を想像によってあざむくように試みる形とは何かを見、そして聞く。こうした覚醒の諸々の業が熱心に実践されると、霊的な闘いの経験がわれわれに知識となって示される。もしそれを望むなら豊かに示されるのである。

ヘーシュキオスは同様にプロソケー（注意）も説くのであるが、その意味はほぼ覚醒と等しい。彼曰く、「プロソケーは、あらゆる思念（ロギスモス）から心が常に平穏であること（ヘーシュキア）に外ならない」（断五）と。しかし、悪魔の誘惑全体に抗する心の総力戦に関して、次のような教えを述べている。

二〇　内的な戦いをする人は、各々の瞬間に次のような四つのこと、つまり謙遜、深い注意、反駁そして祈りを心の中にもつべきである。謙遜をもつわけは、実に「主は不遜な者を憎む」（箴言三・34）ので、心戦は心の掌中に主の助けをもらうために謙遜に敵対する不遜な悪魔たちと戦うからである。注意力をもつべきわけは、自分の心が、たとえどんなに善く見えようと、いかなる思念をももたないようにするためだからである。反駁・却下をもつわけは、邪悪な者が来ると鋭くそれを見つけて直ちに憤怒をもって拒絶するためである。実に「わたしは迫害する者たちに答える。わたしの霊魂は主によって救われるのではないか」（詩編六二・2）と言われている。祈りをもつわけは、拒絶の後直ちに「言葉に表わせないうめきをもって」（ローマ八・26）キリストを呼び求めるためである。そのとき戦う者は、敵がイエスの尊い御名によって、その幻想と共に分散し追放されるのを見るだろう。あたかも風の前の塵や消え去る煙のように。

このテキストでは主要な四つの霊的な行持があげられている。すなわち、謙遜（tapeinōsis）、注意（prosochē）、反駁・却下（antirrēsis）、そして祈り（proseuchē）である。

われわれはこれら四つの霊的行持についてヘーシュキオスの教説をさらに聞きながら、各々の行持の意義を心に刻みつけたい。

一四三　一般的に言えば、最初の霊的反駁（antirrēsis）は、心の中から思念を黙らせるだけだが、主への呼びかけ（epiklēsis）は、それらを追い払う。実に感覚的事物、つまりわれわれを悲しませる人の顔や女性あるいは金銀の美などの想像物のすがたを借りて霊魂には幻想が形成されるが、それらが知性の働きに入ると、心に現れる悪意と淫乱と金銭欲の思念は直ちに一つ一つ反駁される。その際、われわれの知性がよく訓練され教育されており、そして自分を見張る状態におり、晴天下におけるように判明に悪魔が誘う偽りを見ることができるなら、その欲求と反駁とイエス・キリストの祈りに拠って直ちに容易に悪魔が放つ火の矢（エフェソ六・16）を消すことができる。知性は自分が情念的な想像と共に働くことを拒むし、また諸思念が情念的な想像と同じすがたになったり、それと親密に語り合ったり、思いを乱してそれに合意することを受け容れない。というのも、そのような悪しき諸思念から、夜が昼に続いて来るように、悪しき業が必ず生じて来るからである。

このテキストでは、悪魔的な想像と思念が知性の見張り（ネープシス）の下に洞察され、反駁によってチェックされ、キリストの祈り・主への呼びかけによって初めて追放されると述べられている。次には、連続する二つの断章（一五二、一五三）をとりあげて、ヘーシュキオスの総力戦的心戦の構造とプロセス、そして各々の行持の連関と特徴とを窺ってみたい。

一五二　われわれが知性の注意（prosochē nou）を実践し始めつつ、謙遜を覚醒に調和一致させ、祈りを反駁に結び合わせるならば、回心（metanoia）の道をよく歩むことができるであろう。その歩みは、イエス・キリストの聖なる拝すべき御名という光の灯明により、そしてまたフィロカリア（美への愛）の実践によって、われわれの心の住居を悪から守り浄め飾ることに似ている。しかし、もしわれわれが、ただ一人よがりの覚醒や注意に励むなら、直ちに敵対者によってつきとばされひっくり返されて倒れてしまい、狡猾で不実な敵対者によって地上で踏みつけられてしまうであろう。そして彼らの投げ網である悪しき思いによって身動きできなくなるか、あるいはまた［犠牲の動物のように］のどをかき切られてしまう。なぜならわれわれは、強力な槍であるイエス・キリストの御名を持たないからである。この尊い剣だけが単純な心の中に常に巡回して、悪しき思いを包み切り燃やし尽くす。あたかも火が、わらを燃やして灰にするように。

一五三　絶えざる覚醒の目的、つまり霊魂の益・大きな利得とは、知性における思念の想像が形成されるや否や直ちにそれらを見定めることである。他方で、反駁（antirrēsis）の目的とは、感覚的事物の姿をとって知性の気圏（aēr）に入り込もうと試みる思念を告発し露にすることである。しかし、敵対者がもたらすすべての思い、言葉、想像、幻想、障害物などの一切を直ちに抹消し解体するものは、主への呼びかけである。実際にわれわれ自身が知性の中に、偉大なる神イエスを通して敵対的力にもたらされる敗北と、そして謙遜で単純で無益なわれわれがかち得る正義の裁きとを見るのである。

断一五二では、知性の覚醒・注意、謙遜、反駁、イエス・キリストの御名の祈りという如上の四つの根本的な修徳行があげられている。その四つの行持の根幹をなすのは、イエス・キリストの御名の祈りだという。というのも、この御名の祈りが「心の中に常に巡回して」、つまり不断に唱えられなければ、「一人よがりの覚醒や注意」の励行によって返って敵対者・サタンの悪しき思いに欺かれてしまうのである。

断一五三にあっても、如上の四つの霊的行持があげられている。そこでも覚醒、反駁の役割よりも主への呼びかけが敵対者を超克する重要な働きをなすと明示されている。加えて敵対者の高慢な力と修徳行者の謙遜の対比が強調されている。特にメメント・モリ（死の想起）は、修徳行者の謙遜の育成に資するとされる（断九五）。以上のような教えにおいてヘーシュキオスは、四つの修徳行の中でも特に覚醒とイエスの祈りの協働を重要視していると思われる（断九四、一〇二、一〇三、一二二、一八一、一八三などを参照）。

一二二　雪が炎を決して生まず、水が火を決して生まず、イバラが決して無花果の実を結ばないように、すべての人の心はその内から浄められ、覚醒をイエスの祈りに結びつけ、霊魂の謙遜と静穏をよく生き、熱心に求道し道を歩めば、その心は悪魔的な業を生まない。そうでなければ、悪魔的な思念・言葉・業から自由になることはないであろう。むしろ注意のない霊魂（aprosektos Psychē）は、必ずそのすべての善き完全な思いを奪われてしまう。丁度霊的な思慮の分別をもたない不妊の雌ロバのように（詩編三二・9）。霊魂の平安（eirēnē）とは、実に甘美なる行持（prāgma）であり、イエスの御名であり、そして情念的思いの無化（kenōsis）である。

われわれは、これまで、一の悪魔的誘惑に対し、二においてそれを超克する心戦について考究してきた。最後にヘーシュキオスが、誘惑と心戦の両者の関連を要約的に示したテキストがあるので、それを引用して二のむすびとしたい。

四六　まず始めに、暗示が来る。次に、われわれの思念と悪魔の思念とが混合する接合が生ずる。第三には、悪を欲する両者の思念の間に生ずる合意（synkatathesis）が生ずる。第四に、罪という感性的行為が来る。従って知性が注意して覚醒しており、拒絶と主イエスの祈りを通して暗示が湧出して来るや否やそれを追放してしまえば、大事には至らない。悪魔は目に見えない知性なのであるから、想像と思念に依る以外には霊魂を迷わすことはできないのである。暗示についてダビデは「朝ごとに、暗示がひき起こすものを滅ぼす」（詩編一〇一・8）と語り、合意契約について偉大なモーセは「あなたは彼らと契約を結んではならない」（出エジプト二三・32）と述べている。

ヘーシュキオスは、ネープシスに始まる霊的行為の核心にイエスの祈りをおく。そしてこの祈りによってイエスの光の体験という知性・霊魂の至福の地平が拓かれる道筋を示してゆくのである。それは人間にとって、どのような新たな心の成熟・神の似像の実現なのであろうか。

三　イエスの御名の祈りの地平

ヘーシュキオスは、イエスの御名の祈りと、それが心や知性の鏡から悪魔的な幻想の形象や言葉、さらに思念を払い清め、鏡を清浄とする働きとにふれて次のように語っている。

一七四　神の御名だけを呼ぶ射祷的な祈り（euchē monologistos）は、これら犯罪者・悪魔の偽りを殺し灰にする。従ってわれわれが絶えず恐れずに神の子であり神であるイエスを呼ばわれば、イエスは悪魔たちが思考という鏡の中で知性に対して幻想と呼ばれる攻撃を仕掛けたり、幻想の形象（morphē）を示して見せたりすることを許さないし、さらに心に何らかの言葉を話しかけたりすることも許さない。すでに述べられたように、心に入り込まない悪魔的な形象は、様々な思念を欠いているのだ。なぜなら、これら思念によってこそ、悪魔は霊魂としばしば交わり、密かに悪を為すように教えるのであるから。

射祷と一般に翻訳される「モノロギア」は、「アッバ、父よ」のような短かい祈りを矢のように次々に唱える祈りのタイプである。その短かい祈りには様々な種類があるが、ヘーシュキオスの場合、それは「イエスの御名」への不断の祈り、いわゆるイエスの祈りに収斂する。

東方正教会では後にイエスの祈りは「主イエス・キリスト、神の子、われを憐れみたまえ」という射祷に定型化されるのであるが、ヘーシュキオスはその著『覚醒と徳』の断章には定型句を明示していない。しかし「神の子、主、イエス・キリスト」（断一四九）、「主、イエス・キリストよ」（断一〇六）などの唱句は示唆的といえよう。

それではイエスの御名の祈りにおける「御名」は、修徳行においてどのような地平を披くのであろうか。如上の断一七四において示されたように、われわれは一方で虚無化を正体とする悪魔の実在性についてすでに論じた。この虚無的実在性は、虚無と実在という矛盾的表現を含む撞着語法のように受けとられよう。その語法は実に、悪魔という虚無化が、神の似像である人間の神化という実在的道行きを破綻させるほどの現実的働きを表現する。それゆえに、それは虚無の致死的で破壊的な現実性と働きを表現する撞着的表現なのである。まさにそこでイエスの御名は、この虚無的現実を超克する恩恵的エネルギーを発揮するわけである。如上の断一五二は、断一七四と共に、その点を明示しているといえよう。この御名の歴史は、ヘブライ・キリスト教の伝統の中で顕著な神学を開示している。すでに「出エジプト記」三章14節の神名開示（エヒイェ「われは在るだろう」の意）で明らかなように、神名（エヒイェ・ヤハウェ）は歴史において、モーセを召命し、奴隷の解放を引き起こし、奴隷と共に砂漠を歩み、シナイ契約などを通してこの奴隷を自立した神の民として形成していったとされる。名はこのように名の担い手のわたし（われわれ）への現存と彼との人格的交流、およびわたしの自己実現に深く関与するエネルギー源であり、現実なのである。(2)

イエスの御名も、ヘブライ語形イェホシュア、イエーシュア（「ヤハウェは救い」の意）を背景としてもち、イエス・キリストへの呼びかけは、イエスとの人格的交流とその結実である修徳行者の神化という二つの地平を披くといえる。このことは、断二九において明示されているといえよう。

二九　もしあなたが謙遜に死を想起し自己を叱責し、（邪悪の）反駁とイエス・キリストへの呼びかけ（epiklēsis）とをもって常に心の中に沈潜し、そしてもしそれらの武具を身に帯びて、狭いけれども喜びと甘美さにみちた思考の道を日々節度をもって歩むならば、聖なる秘義の観想に参入できるであろう。そしてキリストによって深い神秘の照明が授けられるであろう。実にキリストの内に「知恵と知識の宝がすべて隠れており」（コロサイ二・3）、「満ちあふれる神性が、余すところなく、肉の形をとって（sōmatikōs）宿っている」（同、二・9）のである。というのも、あなたはイエスによって、聖霊があなたの霊魂の上に注がれたことを感じ、その聖霊によって人間の知性は、目からうろこが落ちるように照らされるからである。実に「誰でも聖霊に依らなければ」、つまり彼が求める方を確実に神秘的な仕方で見出すのでなければ「イエスは主であるとは言えない」（一コリント一二・3）と語られている。

このようにヘーシュキオスは、J・クリマクスのシナイ的ヘシュカスムの霊性を承けつつ、「イエスの御名の祈り」の伝統を確立したといえる。しかもその際われわれは、彼の「イエスの祈り」のテキストのうちに、呼吸との関係に言及する多くの箇所を見出すのである。それは後代の「イエスの祈り」と呼吸のコントロールを結合する技法の先駆であろうかという問いを提起しよう。この点についてヘーシュキオスの関連テキストを吟味してみたい。

まず断五をとりあげよう。

五　注意（prosochē）とは、あらゆる思念（logismos）から心が常に平穏であること（hēsychia）に外ならない。

霊魂は、常に留まることなく絶えず神の子イエス・キリストと神だけを呼吸し（anapneō）呼び求める。そしてキリストと共に、敵たち（悪魔）に対して戦おうと勇敢に戦列を組む。霊魂は、罪を赦す権能をもつキリストに対してだけ告白する。心の秘密を知る唯一の方キリストを〔祈りの〕呼びかけ（epiklēsis）を通してしっかりと抱く。こうして霊魂は、人間たちからその甘美な経験と内的な闘いを全く隠し、邪悪な者が知らぬ間に、その悪意によって最も美しい修徳行を破壊しないように気を配る。

この断章にあっては、イエスと神への呼びかけが、呼吸と共に自然に永続的にリズミカルになされること、そして呼びかけによって、キリストを「しっかりと抱く」と表現されているように、キリストが霊魂に現存することが読みとれよう。けれどもそこには呼吸が、祈りの技法であるという作為的表現は窺われない。

次に断一〇〇に移ろう。

一〇〇　偉大な実践者ダビデは主に向かって「あなたのためにわたしは力を保つでしょう」（詩編五九・10）と言っている。そのようにわれわれの中に、一切の徳の源である、心と知性の平穏（hēsychia）を保つことは、主に拠る助けを通して生じてくる。主こそわれらに掟を授け、われわれが絶えず祈り呼ばわるとき、われわれの悪しき忘却を取り除く方である。この忘却は、水が火を消すように、とりわけ心の静穏を壊してしまう。だから修道士よ、怠惰によって「死の眠りに就くことのないように」、むしろ、敵対者をイエスの御名によってこらしめるがよい。ある賢者（sophos）が「イエスの御名があなたの呼吸（pnoē）にはりつくように。そうすれば、あなたは静穏の助けを知ることができるだろう」と言っているように。

ここでヘーシュキオスは、J・クリマクス『楽園の梯子』二七章62節、「イエスの御名が呼吸にはりつくように(kollētō)」を引用している。このテキストの文脈にあって「はりつくように」とは、「絶えず祈り呼ばわり」「心と知性の平穏を保つこと」と深く関わっていると思われる。すなわち、御名の呼吸へのはりつきは、平穏を壊す忘却を御名の祈りと呼吸の自然な心身的重なりによって取り除く結果を生むのである。しかし、それが技法的に意識されているとは解釈できまい。

一七〇　われわれは知っていることを書き物にして語る。もしあなた方が語られたことを受け容れようとするなら、われわれが〔修徳行という〕道を辿りながら見たことを、そう望む人々に証言する。なぜなら、主御自身が次のように語っているからである。「わたしにつながっていない人がいれば、枝のように外に投げ捨てられて枯れる。そして、集められ、火に投げ入れられて焼かれてしまう。わたしにつながっている人の内に、わたしもつながって留まる」(ヨハネ一五・6〜7)と。実際に、太陽が光なくして輝くことができないように、心はイエスの御名の祈りなくして滅びをまねく思念の汚れから浄められることはありえない。もしこのことがわたしが見た通り、真実であるなら、イエスの御名をわれわれ自身の息のように用いよう。なぜなら御名は光であるが、思念は闇であり、そして御名は神であり主人であるが、思念は悪魔の奴隷なのであるから。

この断章では、ぶどうの木に枝がつながって始めて実を結ぶように、人はイエスにつながってこそ思念から浄められ輝くことが、ヨハネの引用句を通して強調され、そしてその文脈において、「イエスの御名を、息(pnoē)のように用いる」が語られている。従って御名と息との重なりは、イエスの現存につながること、つまりイエスとの霊的交流に方向づけられていることになろう。それほどまでに御名のペルソナ的現存と身体的生命の源泉である息の相即相入が表現されており、それはヨハネの引用句がヘシュカスムの歴史においてある実現を見たことであり、他方で非グノーシス的なキリスト教伝承が形成された重要な契機となったといいえよう。しかし、如上の御名と息との相即相入が、心身技法的に意識されているとまでは、解釈できまい。

一八二　それゆえに、もしあなたが真に思念を恥じいらせようとし、至福の静穏に生き、容易に心の覚醒を実行しようと願うなら、イエスの祈りがあなたの息（pnoē）にはりつくようにしなさい（kollēthētō）。そうすれば、幾日かの内にあなたは願いが実現するのを見るであろう。

この断章では、霊的行持ネープシスとその結実であるヘーシュキアの実現の文脈において、イエスの祈りの息へのはりつきが勧められている。それは、射祷的でリズミカルな祈りとやはり生命的な呼吸のリズムの自然な相即相入の勧めである。このようなヘーシュキオスの勧告は、イエスの御名の祈りの実践から経験知として生じたものであり、他方でそれは、ヘブライ・キリスト教の心身一如の人間観に根差すものといえよう。

一八七　詩編作者が言うように、「知恵において心を教え育てる」（詩編九〇・12参照）ことによって、父なる神の力・神の知恵そのものであるキリスト・イエス（一コリント一・24参照）を絶えず呼吸しながら（anapneontes）常に生きようではないか。だからもし何らかの事情によってわれわれが弛緩してしまい、知性の実践を無視してしまうとしても、翌朝再び知性の腰の帯をしめ直し、また勇気を出して仕事に着手し直すことにしよう。実際にわれわれは善美なこと（to kalon）を実行しないとしても、それを知っている以上、弁解の余地はないのだから。

このテキストでは、キリスト・イエス（御名）を呼吸することと知性のネープシス的実践の持続性が関連づけられていると思われる。ここでもまた心身技術的な示唆は読みとれない。

一八九　あなたの鼻を通る呼吸に覚醒およびイエスの御名を一つに結びつけよ。あるいはそこに死の絶えざる想起（meletē thanatou）および謙遜（tapeinōsis）を一つに結びつけよ。なぜなら、その二つは、非常に有益であることが知られているからである。

この断章で注目すべきことは、根本的な霊的行持（覚醒、イエスの御名、謙遜、死の想起）が一挙に呼吸と結びつけられていることである。それは「イエスの御名の祈り」を核に修徳行のプロセス全体が、呼吸という身体的生命を生かすリズムおよび働きと相即相入することを意味しよう。このことは、呼吸と御名との結びつきが、単なる心身技法を超えた、イエスの身体的霊的現存と人間存在（心、知性、身体も含めた全的人間）との交流の地平を披いていることを示すといえよう。そしてまたこのことをこそ、ヘーシュキオスがいうイエスの御名と呼吸の重なり、はりつき、相即相入が示すのではあるまいか。

このように「イエスの御名の祈り」にあって、核心はイエスの現存との全人的交流である。後代のアトス的ヘシュカスムの霊性は、それをふまえて心身技法を展開したといえる（擬シュメオン、ニケフォロスなど）。実際にクサントプーロスのカリストスとイグナティオスは、ヘーシュキオスの名をあげ、彼を心身技法の創始者の一人に数えている。(3)

以上われわれは「イエスの御名の祈り」を概観してきた。それではその祈りが、どのようなイエスとの交流をもたらすのかが問われなければならない。この交流の授与・実践こそ、ヘーシュキオスの修徳行の極みであり、その教説の佳境だと思われる。

四　光の体験

イエスの祈りが披く地平は、端的に「光の観想」「光の体験」である。しかし、それはどのような光の観想なのであろうか。まずヘーシュキオスの言葉に傾聴してみよう。

八八　暗示から多くの思念が生まれ、それら思念から悪しき肉的な行為が生ずる。しかしイエスと共に最初の思念を直ちに滅尽する人は、引き続いて生じる（肉的な）行為を免れ、甘美で神的な認識に満たされる。その認識によって「偏在する神」（theos pantachou ōn）が見出される。あなたが神のうちに知性の鏡をおけば、それは浄い水晶と目に見える太陽のように絶えず光輝く。そのとき知性は望んだものの中で窮極のものに到達して、自らの中の他のすべての観想から解き放たれて安息に入る。

八九　すべての思念は可感的事物の想像（phantasia）を通して心の中に入り込むので、知性が全面的にすべての思念から離脱し、それらの諸形態から脱却すると（aschēmatos）、そのときには神性の至福なる光に包まれるであろう。すべての思いからの離脱によってこの光の輝きは、浄い知性に顕現するのである。

九〇　知性の働きに注意すればするほど、あなたは一層熱心にイエスに祈ることができる。これとは逆に知性の働きに無関心であればあるほど、あなたはイエスから遠ざかってしまう。注意によって限りなく知性の気圏が輝くが、覚醒とイエスの甘美な祈りを放棄すると自ずから知性は闇に陥ってしまう。こうした事は、先にも述べたように自然の決まりになっており、外にどうなるものでもない。あなたは、このことを実践によって確かめながら、経験の積み重ねを通して理解できよう。なぜなら、徳は、殊に光を生むこのような喜ばしい実践は、経験による以外には教授されないものだからだ。

断八八において、「イエスと共に」、つまり「イエスの祈り」を通して幻想的思念が滅尽されると、「偏在する神」が見出されると教示されている。それはどういうことか。

注目すべきは、知性が鏡に喩えられていることである。すなわち、断八九が示すように、この神は「至福なる光」であり、そこに知性をおけば、知性はこの神的光を反映して太陽のように輝くというのである。

断八九では、すべての思念の滅尽の後に、知性は神性の光に包まれ、その知性に「この光の輝きが顕現する（paraphainetai）とされる。この顕現と上述の知性の鏡性とを思い合わせれば、知性の中にこの輝きが反映し、映像化されると解釈できよう。

断九〇では、ネープシスとイエスの祈りとが知性の光を生むとされている。その光の誕生は、注意によって知性の「気圏」（aēr）が輝かされることとして言いかえられる。ここで「気圏」の解釈は後述するが、「イエスの祈り」が光の誕生・輝きをもたらすという経験が強調されている。但し、その際知性が神性（の光）を直視するわけではなく、あくまで知性の鏡に映る神的光の映像を観想するわけである。この観想について断一三二は、「知性は愛を以て観られ、そして観る神を讃嘆する」と述べ、それが救済体験であることを示している。

それではこの観想される光の内容は一体どういうことであろうか。ヘーシュキオスの言葉に傾聴しよう。

一六六　われわれは、キリスト・イエスにおいて力を授けられ、確かな覚醒によって歩み始めた。そうしたわれわれに対して、まず始めに、知性の中にキリスト・イエスは灯明のように現われる。その灯明をいわば知性の手で把むとわれわれは知性の働きの大道に導かれる。次に、キリスト・イエスは、光に満ちた月のように現われ、心の天空をめぐる。そして最後に、イエスは正義の光をさんさんと放つ太陽のように現われる。つまり彼は自分自身と自身に固有な円やかな光を示し、われわれはそうした光一切を観想するのである。

この断章で、キリストとの交流の深まりが、光の顕現のプロセスとして述べられている。すなわち、第一に、キリスト・イエスは知性の中に灯明（lampas）として現われる。この灯明に関して断一五二では、「拝すべき聖なるイエス・キリストの御名の灯明の光（lampades phōtos）」と語られ、灯明はイエスの御名を意味すると解釈できよう。つまりこの段階は、知性における「イエスの御名の祈り」と考えられる。第二段階は、キリスト・イエスが心の中に満月のように巡るとされる。ヘーシュキオスは、この満月の巡行についてそれ以上述べてはいないが、われわれとしては、心の中の知性の鏡にいよいよキリストの光が映像化されていると解釈できよう。第三段階は、太陽のようなイエスの円やかな光の顕現である。しかもテキストは、この光と共にイエスが自分自身を（heauton）示すという。とすれば、第三段階の光の顕現はイエスの顕現であり、知性は自らの内に顕現するイエス自身を観想するわけである。このようにして知性の光の体験は、イエスという光に収斂してくる。

この光の体験の解釈を深めるため、今や課題として残した「知性の気圏（aēr）、心の気圏」について大略考察してみたい。知性の気圏に関する断章は、九〇、九一、一〇四、一〇八、一五三、一七五、一九七などがあげられよう。

それらのテキストを総合的に解釈すると、イエスの祈りとネープシスによって知性のアエール（気圏）は輝き、喜びと平和に満ちるが、それらの霊的行持を放棄すると知性（のアエール）は闇となるということを教示していると思われる。その点を示す典型的な断一七五に傾聴したい。

一七五　従ってまさに、絶えざる祈りによって知性の働きの気圏は、暗闇の雲と悪魔の霊風から浄められる。心の気圏が浄まると、その中に必ずイエスの神的光が輝く。もしわれわれが虚栄、高慢、見せびらかしにふくれ上がり、そして到達できない高みにまで上がったと慢心すれば、イエスから助けを授けられないことになろう。なぜなら、キリストはそうしたことを憎み、謙遜さを受け容れるからである。

ここで心や知性になぜアエールを付加したのかが問われる。この断章において明らかなように、アエール内を悪魔的な雲や風が占めたり、あるいは神的光が輝く。アエールは輝いたり（断九〇、断一九七）、喜びと平和に満ちる（断九一）。このようにアエールは、知性や心の能力論的把握よりもその空間性を表象していると思われる。それは人間の知性や心が、御名の祈りによるイエスの現前とその光に対して、根源的に受動的であることを示そう。この受動空間にイエスの御名が現前するにつれ、悪魔的幻想や思念を吹き払う能動性がさらに生ずるのであろう。この意味でアエールは「気圏」と訳されたわけであるが、この「気圏」は上述の知性の「鏡」と重なると思われる。というのも、両者共、神的光を自らの内に反映し輝くからである。その意味で謎のような断一〇八が解釈されよう。「太陽を見る人は、必ずその目が光に満ちあふれる。同様に常に心の気圏に眺め入る人は、必ず照らされる」。すなわち、心の気圏に反映する（キリスト・イエス）の光の観想が授与されるのである。

このような観想こそ、神学すること（theologein）であり、そして修徳行の極みであるそのような神学的な光の観想的体験は、やはりネープシスと御名に拠ることが要約的に述べられている。

一七一　知性の見張り（phylakē）は、その本性に適した仕方で、充実した意味で、光を産むもの、輝きを産むもの、光の横溢、火の担い手などと呼ばれるのがよい。というのも、真実を言えば、それは無数の物体的なものと多くの徳に優るからである。この知性の見張りから輝きにみちた光が生まれるので、この徳は多くの尊い名によって呼ばれるべきである。この徳を愛する人々は、罪業深く無用で汚れた無知の状態から、イエス・キリストを通して義しく有益で浄く聖にして賢い状態へ変容できる。それだけでなく、さらに神秘的なものを観想し（theōrein）、神学すること（theologein）ができる。彼らは観想する人と成り、無雑純一で無限な光の間を泳ぎ、その光に言うに言われぬ接触によって触れ、その光と留まり生きる。そして主がどんなに恵み深い方かを味わう（詩編三四・9）。こうしてこのような首天使（と言える人々）の間に、あの神のようなダビデの言葉が成就するのである。「主に従う人は、御名に感謝をささげ、正しい人は、御前に座ることができるであろう」（同一四〇・14）。なぜなら、このような人々だけが、真実に神に呼ばわり感謝をささげるからだ。彼らは常に神を愛し神と交わること（homilein）を望むのである。

ここで注意しなければならない点は、ヘーシュキオスにとってネープシスは二様の意味を示すことである。狭義にはそれはプロソケー（注意）と同様に、幻想的暗示や情念的思念を識別してそれらから知性の距離を保つ。他方で広義には光の体験に及ぶ修徳行全体を導き、見定める徳である。このネープシスを契機とする光の体験は、後の東方正教会において「タボル山上の（イエスの）変容の光」「八日目の光」として祝われることになる。それではヘーシュキオスにとって、この光の体験はどのような射程を示すものなのであろうか。

この点に関しわれわれは何よりもヘーシュキオスの言葉に傾聴しなければならない。

二〇一　天上の諸権能が金銀やこの世の富に心をかけないように、霊魂の眼を浄め徳の習慣を得た人は悪霊の危害について心配をしない。天使にとって神への近づきが富であることが明らかであるように、清浄な人にとって神への情熱（erōs）と愛（agapē）、そして神的なものへの志向と向上（anabasis）が富となることは明らかである。この人たちは、神の味わいと自己超出（exstasis）の欲求から、情熱的に（erōtikōs）かつ絶えず、この向上の道行きを辿りつつ（epekteinomenoi）、セラフィムの許に達するまで停まることはないし、また自分たち自身が主なるキリストにおいて天使になるまでは、決して倦むことなく知性の覚醒と情熱による向上に努めるのである。

この断二〇一において、情熱的志向的表現（エロース、アガペー）、自己超出的向上的表現（アナバシス、エクスタシス）、そして脱在的な無限の道行きの表現（エペクタシスをなしつつ）に注目したい。この知性の自己超出、脱在的向上は、断二〇〇と共に、「セラフィムの許に達する」だけでなく、自ら「キリストにおいて天使に成るまで」続くとされている。しかも、エペクタシスの動詞的用法はわれわれにパウロの「フィリピの信徒への手紙」三章13節の無限の向上を語る句「後ろのものを忘れ、前のものに全身を向けつつ」を想起させる。またこの句は、ニュッサのグレゴリオスのエペクタシス・無限な修徳行をも想起させよう(4)。ヘーシュキオス自身は、修徳行に無限性の概念を直接用いていないにしろ、如上の自己超出的表現は全体が一つの動態をなして、いわば光の体験を通して無限の光への参与に奔流していくかのように思われる。従ってヘーシュキオスにあっては、光の体験は自己完結的ではなく、無限に開かれて心戦の人々をそこへ招いているのである。そして非常に重要なことは、この光は無性格な中性的グノーシス的光ではなく、イエスというペルソナ的光である点に注意したい。

むすびとひらき

われわれは本論の「むすびとひらき」としてヘーシュキオスの二〇三断章のうち、極めて特異な唯一の断一〇一をとりあげて、一つの問題を提起したい。

一〇一　われわれ恵みに値しない者が、畏れとおののきを以て、われらの神にして王であるキリストの神的で浄い神秘（mystēria）を受けるに値する者となるや否や、ますます知性の覚醒と見張りと厳しさを証ししなければならない。それは神的な火、つまり、われらの主イエス・キリストの身体（sōma）によって、われわれの大小の罪と汚れが燃え尽くされるためである。なぜなら、その火がわれわれの中に入るや否や、直ちに心から悪の邪悪な霊を追い出し過去の罪を赦すからである。そのときには知性は、悪しき思念がもたらす困難から解放される。そしてこのような出来事の後に、われわれが厳しく知性を保ち心の入口に立つならば、そのときには再び神秘に値する者となり、神的身体（theion sōma）が次第に知性を照らし、知性を星辰のすがた（asteroeidē）に似せて創るであろう。

この断章で注目すべき表現は、「キリストの神的な神秘（mystēria）を受ける」「主イエス・キリストの身体（sōma）」「過去の罪の赦し」「神秘に値する」「神的身体」である。もしこれらの表現がある連関をなしているとすれば、それは一体何を示しているのであろうか。

まずヘーシュキオスについてふまえておくべきことは、彼がバトスの修道院長として共住修道生活（koinobion）に生きていたことである。当時のコイノビオンは、隠修士的生活と共働生活が共在して生きられており、隠修士も定められた日時や規則に従って、共働の典礼、つまりエウカリスティアに参与していた。

従ってエウカリスティア典礼に注目すると、ここでいわれる「神秘」や「主キリストの身体」などはエウカリスティア祭儀を表現しているように思われる。とするとヘーシュキオスによれば、そのキリストの身体（聖体）は「神的な火」であり、「神的身体」は知性を照らして星辰のすがたにする、つまり輝かすというのである。すなわち、エウカリスティアにおける聖体が、イエスの御名の祈りと同様に、光のペルソナ的体験と知性の光への変容をもたらすというのである。とすれば、この断章にあってイエスの受肉・復活の秘跡が、ヘシュカスム的修徳神秘主義と結ばれ、その核心的収斂の場となっていると推測できるであろう。

この問題は一般にキリスト教的神秘主義と秘跡、殊にエウカリスティアの関係として問われたのである。その意味でヘシュカスムが、秘跡的場と絶縁した場合、そこにおけるイエスの祈りや光の体験がどれほどの実在的根源に拠るのかが問われうるであろう。逆にまたフィロカリア的ヘシュカスムの伝統において、コイノビオンや秘跡への参与が一体どのような意義をもちうるのかも問われるのである。

論者は以上のような問いを、身心技法以前の受肉的身体性と祈りとの連関の問題として提案し、本論の「むすびとひらき」としたい。

註

（1）ローマのカッシアノス『八つの思念について』は『フィロカリア』第一巻、新世社、二〇〇七年。

（2）この神名とその働きについては、宮本久雄編著『ハヤトロギアとエヒイェロギア――「アウシュヴィッツ」「FUKUSHIMA」以後の思想の可能性』教友社、二〇一五年を参考にされたい。

（3）クサントプーロスという名を共にもつ修道士カリストスとイグナティオス、『百断章』中の断章二二、断章二五を参照（新世社（『フィロカリア』シリーズ、第八巻の「百断章」に所収）。

（4）エペクタシスについては、拙著『愛の言語の誕生』（新世社、二〇〇四年）一二三～一四九頁、一八七～二〇一頁を参照されたい。

第4章　隠修士と共同体

桑原　直己

一　はじめに

『フィロカリア』の巻頭を飾る「砂漠の師父」アントニオス（二五一頃～三五六）[1]に代表される隠修士は、定説ではキリスト教的修道制の起源をなすものとされる存在である。隠修士は東方キリスト教世界に成立し、『フィロカリア』の霊性全体も直接的・間接的に隠修士的精神の影響下にあると言ってよい。しかし、隠修士は西方キリスト教における修道制の展開にも無視できない影響を及ぼしていた。本稿においては、修道霊性史における隠修士の伝統がもつ意味を、これと対峙するところの共住修道制の伝統と対比しつつ、その東方的起源と西方的展開とについて概観してみたい。

二　隠修士と共住修道院――その東方的起源

隠修士は三世紀後半エジプトを中心に出現した人々で、代表的な人物としては伝説の人テーバイのパウロスやアントニオスの名が知られている。彼らは、修道士を意味する「monachos ＝ひとり住む者」の語義通り、人里離れて独居する隠修士として荒野で長い苦行の生活を送った。独居生活を特色とする隠修士の伝統は今日に至るまで東方修道制の中で生き続けている。(2)

他方、その後直ちに共住修道院という修道スタイルも出現する。アントニオスと同じエジプトで修道生活を始めたパコミオス（二九二／四～三四六）は、独居に伴う生活上の不便と精神的な危険とに対応すべく、修道士たちが共同生活を営む共住修道院という生活形態を創始した。その後共住修道院は小アジアの地で、カッパドキア教父の一人として有名な主教バシレイオス（三三〇頃～三七九）によって、教会とより結びついた形で教養ある知識人の共同体としてさらなる発展を遂げる。

このように、キリスト教修道制はその成立のはじめにおいて「独住の隠修士」と「共住修道院」という二つの方向を示していた。ここでまず、独住隠修士の模範として理解されてきたアントニオスと、共住修道院の制度的な確立者として知られているバシレイオスとを中心に、草創期の修道士たちにおける「独住」と「共住」という生活様式の相違が意味していたところを明らかにしたい。

（一）アントニオス——隠修士の模範

(a) 隠修士の理想像と『アントニオス伝』

一般にはアントニオスの生涯は彼と親交のあったアレクサンドリア主教アタナシオスによって記されたとされる『アントニオス伝 *Vita Antonii*』によって知られている。『アントニオス伝』の著者自身「［彼の生涯は］隠修士たちにとって修行のまたとない手本である」(3)と述べているように、少なくともこの書物は典型的・理想的な「砂漠の師父」の姿を示すことを意図して書き記され、また読者たちにもそのようなものとして受け止められて、キリスト教霊性史上大きな影響力を示してきたテキストである。

(b) アントニオスの出自と彼の初期修道生活

アントニオスは富裕なキリスト者である「高貴な家系の」農民の家庭に生まれた。しかし、彼が一八か二〇歳の頃に両親を亡くし、年端もいかぬ妹と二人だけが残された。(4)ある日、彼は教会で「主が金持ち［の若者］に、「もし完全になりたいのなら、行って持ち物を売り払い、貧しい人々に施しなさい。それから、私に従いなさい。そうすれば天に富を積むことになる」［『マタイ福音書』一九・二一］と言われるのを耳にした」(5)。アントニオスは、この朗読がまさに自分のために読まれたものと確信して、ただちに両親から相続した土地を町の人々に与えてしまい、「信仰篤い童貞女たちに、貞潔に養育してもらうため妹を預けると、彼自身は戸外での厳しい生活のうちに敬神の修行に」(6)励む生活へと入った。彼は自分の町からあまり離れぬ所に住み、修道生活の最初の段階に入る。この時期におけるアントニオスの修道生活に関して、彼は「自らの手で働いていた。その成果の一部をパンにあて、残りは貧しい人々に施していた。とりわけ、たえず祈らねばならないと教えられていたので、たえず祈っていた」(7)と記述されている。ブイエは「すでに離脱によって修徳修行を実践しているが、いまだ完全な孤独の中にはいない」この段階のアントニオスの生活形態を「共住修行の生活」と位置づけている。[8] それは、「共住修行の生活」を完全な孤独の中に営まれる隠修士の生活に至る前の準備的な段階として「独住」の隠修士の生活に優位を認める思想を反映したものである。こうした考え方は東方修道制の特色であるが、後述するとおり、カッシアヌスを通して西方修道制にまで影響を及ぼしている。

ブイエは隠修士にとって「悪魔に対する避けて通れぬ闘い」が修道生活における「最重要問題」であり、世俗からの離脱と自己放棄の徹底としての独住生活こそその「闘い」が本格的に展開される場である、とする。[9]「悪魔との闘い」とは、修道者を襲う様々な誘惑、そして内面的な危機を表現したものとして理解することができる。悪魔はまず手始めに、財産に対する追憶、妹への配慮、家庭の愛への思いをかき立て、彼がなしている修行を放棄させようと試みた。アントニオスは、自分が捨てたものへの未練を覚え、自分がこれらのものを棄てたのが不条理なことであるように思い、妹の教育を他人に任せたことは罪だったのではないか、と思い惑い始める。[10] これは、物欲（金銭欲）との闘いであると言える。アントニオスは、金銭欲との闘いをその後のより進歩した段階に際しても経験している。[11] 次いで悪魔は、情欲（性欲）をもってアントニオスを誘惑する。[12] この攻撃に対しては、アントニオスは厳格な肉体的苦行をもって対抗している。[13]

アントニオスはこうした「悪魔との闘い」をけっして自力のみに頼って闘ったのではない。ブイエは、アントニオスが経験したこの最初の悪魔との闘いにおいて「彼の武器となったのは信仰とたえざる祈りであり、これが身に課している厳しい修行を弛まず続けられるよう彼を助けた[14]」ことを強調する。アントニオスは、自分自身が己れの聖性をもたらすとは考えず、むしろキリストの約束に頼る者となれるように、キリストの言葉の要求するところに単純に身を任せようとした。そして、悪魔に対する闘いを自分自身の闘いとしてではなく、自分自身の魂をその場とするキリストの業として受け止めていた。

(c) 隠棲生活と「師父」としての帰還

このようにして、悪魔との「最初の闘い」を終えたことを契機として、アントニオスは人里の中での暮らしから本格的な隠修士としての孤独な隠棲生活に移る。ブイエは「この移行のなされたのが、まさに悪魔に対する戦いとして修徳修行を追求することの必然性を彼がはっきり意識したその時であった[15]」としている。

アントニオスの隠棲生活はさらに二期に分かたれる。第一期には、彼は一人の知人にパンを運んでもらいながら、村から離れてはいるが、さほど遠くはない墓地に隠棲した。第二期には、彼は一年に二回、半年分のパンの差し入れを受けつつ、荒れ野の廃墟となっていた古い要塞に籠ってそこで二〇年間を過ごした。当時の人々にとって、墓地や荒れ野は、まさに人が寄りつかないが故に悪魔の住処であると信じられていた場所であった。

隠棲生活に入る前までにアントニオスが経験した「悪魔との闘い」は、通常の意味での人間的な欲望、すなわち物欲や情欲との闘いとして理解することができるものであった。しかしここでのアントニオスは、そのような形での「誘惑」として通常、人に合理的な形で理解できるようなレベルを越えた、さらに苛酷な闘いを経験する。『アントニオス伝』は、様々な猛獣の姿に変身した悪魔との文字通りの「格闘」を描いている。その「闘い」における「敵」の攻撃は、時としてアントニオスに身体的な打撃をも与えるものであった[16]。こうした人里離れた場所での二〇年に及ぶ独住生活を経た後、アントニオスは「師父」として人々のもとへの帰還を遂げる。

こうして、およそ二〇年近く、［アントニオスは］ただひとりで神聖な修行に励み、自ら出かけていくことも、訪ねてきた人々と会うこともなかった。その後、病に苦しむ人々が大勢癒しを求めて彼の許を訪れ、他方彼の修行に倣おうとする人々や知人たちが大勢押しかけたが、「アントニオス」は姿を見せないので、力ずくで戸口を破り開けてしまった。そこで、諸秘義を学び神によって神的なものに満たされていたアントニオスは、請われて、あたかも隠れ場から出て来るかのように、人々の前に姿を現した。このとき初めてアントニオスは要塞から出て、彼の許を訪れてきた人々に姿を現した。彼を目にした人々は驚嘆した。というのも、彼の体の容姿は以前とまったく変わるところがなかった。長いあいだ体を鍛えることがなかったのに肥え太ることなく、断食と悪霊どもとの戦いで痩せ細ってもいなかった。隠棲する以前から彼を知っていた者たちの目にそのように映ったが、彼の精神の清浄さとその汚れない暮らしぶりが看て取れた。労苦によって悲しみ沈んでいる様子はなく、歓喜にとり乱している様子もなく、笑いや悲嘆に彼の精神はかき乱されることもなく、大勢の人を見ても困惑せず、大勢の人の挨拶を受けても特別喜ぶでもなく、まったく平静そのものだった[17]。

ここに描かれているアントニオスの姿、人々を求めもせず、避けもしない「平静」のうちに、人々の賞賛からの完全な自由を獲得し、名誉欲・権力欲から離脱した境地が示されている。そして、この完全な離脱こそが、霊的師父としての権威の根拠となっている。

隠修士の生活は、ある意味で、このような霊的師父となることを目的とする営みである、と見ることができる。しかし、ここで「目的」という表現を用いることはやや躊躇われる。弟子を指導する「師父」でありたい、と願っている間は、名誉欲・支配欲に動機づけられている限りでその資格はない、とも言える。むしろ、完成の域に達した隠修士は、そうした名誉欲・支配欲をも含め、自らの内なる悪魔の罠を克服し、これに対する対処法に通じることによって、「結果として」霊的な師父となる権威を帯びるものと考えられる。

弟子となる新参の隠修士は霊的な冒険を志し、霊的な師父はその冒険の途上に横たわるあらゆる危険――「悪魔の罠」――への対処法を教える。「悪魔との闘い」を乗り越えた者は、自らの豊富な経験によって「悪魔との闘い方」、すなわち、内面的な危機に対する対処方法を心得ているがために、「霊的師父」として他の隠修士の指導者となることができる。自らの霊的な生活の指針を求める限りにおいて、隠修士は自ら進んで自分が選んだ霊的師父に服従し、その権威を受け入れる。この師弟関係のうちに隠修士の独住生活においても一種逆説的な共同体が成立する。具体的生活形態としては、弟子たちがその師父を慕って、その隠棲所の近くに自らの隠棲所を設けることによって成立する「ラウラ」と呼ばれる隠修士集落の形をとることになる。

(d) アントニオスに見られる隠修士的霊性の特色

ここで、以上概観してきたアントニオスの生涯に見られる隠修士的な修道霊性の特色をまとめておきたい。

まず大前提として、アントニオスら初期修道者は今日の教会におけるように教会内で特別な身分を与えられているわけでもなく、また、基本的に彼らは聖職者でもなかったので、今日的な言い方に従えば「一般信徒」に過ぎなかった。つまり、彼らは教会の位階的共同体とは異なった志向を有していた。

一般にはアントニオスをはじめとする初期の隠修士は、時代がキリスト教の公認へと向かい迫害の危険が遠のきつつあった時期、安逸の中でキリスト教が世俗化してゆくことに危険を感じ、自ら荒野での禁欲的生活の中で真に「キリストに従う」ことを求めたキリスト者たちであったと考えられている。つまり、アントニオスが示す東方的隠修士の生き方は社会における少数派としてのキリスト教の厳格な伝統に属するものとして理解される。『アントニオス伝』によれば、アントニオスが修道生活に入ったきっかけは「もし完全になりたいのなら、行って持ち物を売り払い、貧しい人々に施しなさい。それから、私に従いなさい」という『マタイ福音書』におけるイエスの言葉に文字通り従おうとしたことにあった。このことは、アントニオスの修道生活がまず禁欲的自己放棄としての「清貧」の徹底から出発していることを示している。アントニオスに範をとる隠修士の生活は、「清貧」から出発した「離脱」の徹底としての禁欲生活が基本となり、「貞潔」に伴う困難を含めて「悪魔との闘い」が主眼となる。「悪魔との闘い」という霊的な冒険において霊的な自己完成を目指した隠修士たちの間では、その「悪魔との闘い」のすべを指導する師弟関係という形で逆説的な形での共同体が成立することになる。しかし「従順」という点においては、自らが自らの目的のために選んだ師父への自発的服従があるのみで、共住修道院で重要となるような意味での「従順」としての自己放棄にはそもそも機会がない、ともいえる。

一言で言えば、こうした隠修士の生活は、禁欲的な厳格主義への志向の中で自律的に「悪魔との闘い方」を身につける「霊的個人主義」によって特徴づけられる、と言えよう。

（二）バシレイオス――共住修道制の確立者

(a)　共住修道制の意義

他方、共住修道院のめざすところを、その確立者とされるバシレイオスを中心に検討することとしよう。バシレイオスにとって、共住修道院という共同体の意義は、パコミオスの場合がそうであったように単に物質的、精神的な生活上の便宜と安全とにとどまることなく、キリストの福音に従い、神への愛と隣人愛とに従った生き方を実現するための訓練と実践との場を意味していた。バシレイオスは、共住生活こそが修道生活のあるべき姿である、と明確に主張し、これを隠修士の生活への予備的な段階と考える発想を拒否するのみならず、そもそも隠修士の生活そのものに対して批判的な態度を示している。[18] 本節では、『修道士大規定』のテクストにもとづいて、バシレイオスが隠修士の生活を批判し共住修道制を採用する理由を明らかにしたい。

『修道士大規定』の序文においてバシレイオスは、修道生活の意味をキリスト教的な生の完全性、すなわち主の「あらゆる命令を守ること」のうちに置いている。[19] その際「主の命令」の順序に関して言えば、福音書の原点に根ざして「神への愛」[20]と「隣人愛」[21]とを第一、第二のものとしている。かくして、バシレイオスは修道生活全体の目的を、福音にもとづく神と隣人とに対する「愛」の成立に置くことになる。

バシレイオスは、そのような修道生活の目的を追求するためには、気を散らさずに専心することが必要である、[22]とし、隠棲生活の必要性[23]を説く。ただし、その「隠棲生活」とは個人として隠修士の生活を送ることを意味するのではなく、共同体としての隠棲生活を意味している。彼は、外部世界の悪影響を遮断し、上述の修道生活の目的を積極的に推進するのに適した環境を備えた共同体として、共住修道院を構想する。

バシレイオスは『修道士大規定』第七問において、共同生活の必要性と、孤独な生活の困難と危険とについて主題的に論じている。[24] その論拠は大きく分けて、上述の「愛の掟の実践」という修道生活そのものの目的のため、という論拠と、悪魔、すなわち「敵の外部からの陰謀に対して身を守るため」という論拠との二つの方向からなる。つまり、バシレイオスにとっては「悪魔との闘い」も、「愛の掟の実践」と並んで、あるいはその一部に組み込まれる形で、いわば共同体の全体によって闘われるべき課題と考えられていた。

「愛の掟の実践」に関する論拠は四点ほどからなる。その第一として、我々が物質的に必要なものに関して相互に依存しているという事実を挙げる。ただし、バシレイオスがこの点を指摘するのは単なる生活上の不便ということよりも、修道者が自分だけのために必要物資の調達に専念することによって愛の実践が妨げられる、という理由による。第二に彼は、「罪の矯正が賢明になされるのは、［罪を犯した人を］心底から愛する人によるが、「独居生活においては、彼を咎め、穏やかに同情をもって正してくれる人がいないので、各人は自分の欠点に容易に気づかない」点を挙げる。このことは、兄弟の罪を正す、という意味での愛の実践であり、たとえば後世西方のトマス・アクィナスはこれを「兄弟的矯正 correctio fraterna」と呼んでいる。(25) 第三に、共同生活は多様な隣人愛の実践への要請に対応することを可能ならしめるが、単独で暮らす者はそれができない点を指摘する。第四に、共同生活においては他者の救済のために神から与えられた諸々のカリスマを共同体の共有財産として活用することができるが、一人で生活する者はこれを埋もれさせてしまう、と言う。

他方、「悪魔との闘い」に関しては、バシレイオスはまず、上述の「兄弟的矯正」がこれを受ける側の人に与える「護り」に言及している。「罪を犯した者にとっては、彼が多数の者からの一致した非難に恥じ入るので、罪から離れることははるかに容易である」。他方「正しい人は、多数の者による評価と彼の行為に対する是認のうちに、確信を深めることになる」。

その上で、バシレイオスは独居生活が孕むいくつかの危険性を指摘する。「第一の最大の危険」として、彼は「自己満足」の危険を挙げる。「孤独に暮らす人には彼の行動を評価できる人がいないから、彼は自分が命令を完全に成し遂げたと思うだろうからである。第二には、彼は常に自分の魂の状態を試さないままでいるから、自分に欠けているものに気づかないだろうし、彼には命令を実行するためのあらゆる機会が奪われてしまっているので、行動における進歩を発見することもないだろう」と言う。ここで、バシレイオスは独住の隠修士には愛の実践に加えて、特に「謙遜」の徳を発揮する機会がない、と指摘する。先に『アントニオス伝』に関連して、完成した「師父」は名誉欲・支配欲からの自由を手にしている、と述べたが、実際にはこのこともあまり大きな意味はないかもしれない。孤独な生活においては、名誉も権力も意味をなさないからである。これに対して、共同生活は「謙遜」の、そしてその共同体における実現形態である「従順」の意味を大きいものとしている。

(b) バシレイオス的な修道院における「上長」の権威と責任

共同生活の中での「従順」は、上長の権威と責任とを重いものとしている。バシレイオス的な修道院における「上長」とは、基本的には上述の「兄弟的矯正」の担い手としての責任を負う、という意味での霊的指導者である。『修道士大規定』第二五問によれば、上長は自分の下にある各々の人の霊的な生活について責任を負うものとされている。上長には「神の定めを彼から予め告げ」「一旦罪に落ちた」者に「償う方法を教える」義務があるものとされ、その際、「へつらい」への誘惑によってその監督義務を蔑ろにすることのないよう、警告されている。(26)

他方第二六問では、上長に従う修道士たちの側に「全ての事柄、内心の秘密すらも上長に打ち明ける」ことを求めている。(27)「こうすることによって、賞讃に値することは是認され、不適切なことはふさわしい矯正を受けることになるからである」。そして「兄弟のためであろうと、自分自身のためであろうと、罪を隠してはならない」(28)、とされる。

第四三問は、共同体の上長に求められる条件を示したものである。(29) その第一の条件として、上長は謙遜の模範でなければならないことが挙げられている。「第二に、上長は経験不足から自分たちの務めを充分果たすことのできない者たちに対して、憐れみ深く、また忍耐強くなければならない。ただし彼らの罪を黙って見ぬふりをするのではなく、反抗する者をも優しい態度で忍び、完全な憐れみの心と節度をもって彼らに治療を施す」べきものとされる。つまり、「兄弟的矯正」を的確かつ教育的に実施することができるような資質が求められている。

このように、バシレイオスにおける「上長」とは「罪を正す」という意味での「兄弟的矯正」の責任者としての霊的な指導者を意味していた。

(c)　バシレイオス的共住修道院の特徴

バシレイオスの共住修道院は「愛」の実践を目指す共同体であった。彼にとって共住修道院という共同体の意義は、単に物質的、精神的な生活上の便宜と安全とにとどまることなく、あくまでもキリストの福音に従い、神への愛と隣人愛という「主の掟の完全な遵守」という目的に従った生き方を実現するための訓練と実践との場を意味していた。バシレイオスにとっては、隠修士の伝統の本質をなしている「悪魔との闘い」も、「愛の掟の実践」の一部に組み込まれる形で、いわば共同体の全体によって闘われるべきものと考えられていた。共住修道院においては、共同体的一致の中での兄弟愛の実践が重要な意味をもち、そのために「従順」もしくは「謙遜」という形での自己放棄が基本となっている。共同体的な支えがあるので「貞潔」については比較的容易に実現できたのではないか、と思われる。ただし、共同体的な生存を支えるための労働が強調されるが、農業労働のために土地を所有することになる後の西方的展開までも含めて考えると、離脱の徹底としての「清貧」という点では空洞化に至る可能性を孕んでいた。また、自身主教であったバシレイオスのもとで、修道生活は教会共同体と一定の結びつきをもつ形で展開している。

(三)　隠修士と共住修道院

以上に概観したように、独住の隠修士の生活が志向する方向と、共住修道士の生活が示す方向とのうちに、「清貧」と「離脱」とを徹底させる方向での霊的個人主義の志向と、「教会」も含む形での「共同体的一致」の中で「愛」を追求して行く方向との間における一種の緊張関係が、成立直後の修道制においてすでに顕在化していた。

バシレイオス以降も共住制が独居の隠修士を完全に駆逐したわけではなく、特に東方の修道制は共住修道制そのものの中においても隠修修道制への傾向をもち続ける形で展開していった。すなわち、共住生活を予備段階として、「より完全な修道生活」としての隠修士の生活を志向する、という伝統が東方キリスト教世界において存続した。こうした方向は特に後にシナイ山からアトスに至る伝統において顕著な形で展開する。今日でも、たとえばアトスにおいて、修道院が少し離れた場所に隠修士の庵を擁するという形態を見ることができる。他方、東方におけるバシレイオス主義的な方向は、後世のストゥディオス修道院の伝統などにおいて教会と結びつく形で展開した。

一般には西方的修道生活においては共住制が支配的であった、と言われている。しかし、後述するように西方にも隠修士の伝統は存在していた。そして、西方的修道生活の展開においても、「厳格さ」「清貧」「禁欲的離脱の徹底」といったベクトルの象徴として「隠修士」への志向が重要な軸をなしてくるのである。

三　西方修道制における隠修士の意義

(一) 西方修道制の展開

修道院がその西欧的な形態を確立したとされるのは、ヌルシアのベネディクトゥス（四八〇頃〜五四七頃）の筆になるとされる『戒律』においてのことである。東方直輸入の修道スタイルや「混淆戒律の時代」を経て、ベネディクトゥスの『戒律』とその修道パラダイムとはかなりの時間をかけて西欧社会全体に普及していった。ベネディクトゥスによる修道院は、修道士たちに「定住」を厳しく義務づけ、肉体労働を重視することによって経済的な自立を果たし、農業社会に適応した修道生活の形態を確立した。

他方、修道生活に深く憧れながら、請われて教会聖職者としての生を送ったアウグスティヌスは、「聖職者による修道生活」という生活形態の伝統を創始する。それは司教を中心とする聖職者集団が共同生活を営むことにより成立する一種の修道的共同体であり、後に「律修参事会」という形態へと発展する。

このように、西方キリスト教世界における修道生活は、東方から伝えられ、ベネディクトゥスにおいてその西欧的な形態が確立する古典的な意味での修道院の伝統と、アウグスティヌスらによって創始された「聖職者による修道生活」の伝統という二つの方向が絡み合った形で展開した。東方では修道生活と教会との間に一定の断絶を見る傾向があったのに対して、西方の修道生活は教会と接近した展開を辿っている。西方世界ではベネディクト型の修道院も「修道士の聖職者化」によって教会聖職者に接近することになる。これら二つの伝統はいずれも兄弟たちの共同生活を基本としているという点で共住修道制の枠内にあった。

（二）西方修道制における隠修士と「使徒的生活」の理念

しかし、東方以来の「隠修士」への志向は西方修道制においても伏流のように流れ続けていた。実際、西方キリスト教世界にも古くから隠修士は存在していた。早くはアンブロシウス（三三九頃～九七）が、イタリア沿岸に点在する島々に隠修士集落があったと証言している。[30] 他にも、中世初期には西欧の修道制の中でもさまざまな形での隠修士的な生活が試みられたことは諸家が指摘する通りである。こうした中世初期の隠修制は散発的なものであったが、一一世紀の西欧には広範囲にわたって隠修士運動が展開することになる。こうした隠修士への志向は「聖職者による修道生活」の伝統、ベネディクト型の修道院の伝統の両者に大きな影響を与えている。西欧における隠修士への志向は具体的には「使徒的生活」という理念を通して示されている。

修道生活の西欧的な形態を確立したベネディクトゥスの上述『戒律』は、基本的には共住修道生活を念頭に置いているが、バシレイオスの立場とは異なり、隠修士の生活の可能性を認めているのみならず、これに高い価値を置いている。ベネディクトゥスによれば「隠修士」とは、修道院長と『戒律』のもとでの共住生活による長年の修練を経た後に、より高度の修行段階に入る者を意味していた[31]。つまりベネディクトゥスは、隠修士に対して東方修道制の伝統における意義づけと共通する高い評価を与えていた。

ベネディクトゥスにそうした東方的な思想を伝えたのはカッシアヌス（三六〇頃～四三五頃）である。ベネディクトゥスは、『戒律』末尾の第七三章で修道生活のさらなる完成を望む者のためにカッシアヌスの『師父たちの問答集』を読むことを勧めている。この書物の中でカッシアヌスは、修道制の起源を使徒的生活に求めるとともに、隠修士の生活を修道生活の最高形態とみなす「古典的理論」を展開している[32]。

その説くところによれば、使徒たちはもともと教会にいるすべての人々のために、『使徒言行録』が記述している共同生活、つまりいわゆる「使徒的生活」を確立していた。そうした生活形態がアレクサンドリアを含めて教会全体に行き渡った。ところが聖パウロはそのすべてを揺るがすような要素を導入した。彼は、アレクサンドリアのユダヤ人とは違い、キリスト教成立当時の深遠な生活を引き受けるだけの準備ができていない異教徒たちには、エルサレムの使徒会議（『使徒言行録』一五・五～二九）と呼ばれる有名な会議で決められた四つの禁則だけを課す、と認めさせた。そのため、その後、どんな信者も異教徒に認められたこの種の生活を送ってよい、と考えられるようになった。したがって、もはや初期のようにすべてを放棄する必要はなくなった。そこで、教会全体に初期教会における生活より堕落した生活形態が広がり、ついには共同生活が放棄されることになった。しかし、それを望まない者たちもいた。それが修道士（共住修道士）となった、という。さらにそうした修道士という「豊饒な根ともいうべき完徳者たちのなかから、隠修士という花も実ものびてきた」という。

カッシアヌス－ベネディクトゥスの伝統において、「修道士」は『使徒言行録』が記述している「すべてを放棄した」、つまり私有財産を放棄した共同生活という意味における「使徒的生活」を継承するものであり、「隠修士」は一層の孤独、祈り、禁欲を通して「より高度の観想」を求める、という意味での「完全な修道生活」とされていたわけである。今日の我々から見れば、このカッシアヌスによる叙述は史実に即してはいない。しかし、『師父たちの問答集』を何度も読みかえしていた修道士たちは、修道生活が「使徒的生活」に連続する生き方であることを確信し、さらには修道生活の最高形態としての隠修士の生活に対する憧憬は彼らの意識の底に伏流として流れ続けていたに違いない。

(三) 一一・一二世紀の宗教運動と「使徒的生活」の理念

このように、ベネディクト型修道制における修道士たちにしても、「聖職者による修道生活」の伝統に属する律修参事会員たちにしても、修道生活を送る人々はすべてパウロ以来の「使徒的共同体」の後継者としての自己理解を有していた。ここで、真の「使徒的生活」とは何か、すなわち「パウロ以来の使徒的共同体」ということの意味が神学的に重要となる。一一・一二世紀の隠修士運動は、「使徒的生活」の理念の強調という形でベネディクト系の修道士、律修参事会員という二つのタイプの修道制に生きる人々、さらにはこの時期出現した民衆的な宗教運動の担い手たちという三つのタイプの人々にそれぞれ影響を与えていた。この時代の隠修士志向を特徴づけるものは、独居生活への回帰と清貧への憧れである。

一一世紀には、ベネディクトゥスの『戒律』にもとづく共住修道院が最盛期を迎えていた。にもかかわらず、この時期に噴出した隠修士運動は、ベネディクト的な伝統的修道パラダイムではもはや満足せず、より高度の修徳修行を志向する人々が出現したことを示唆している。一一世紀の中葉から一二世紀の中葉までの約一世紀は、しばしば「共住修道制の危機」の時代とさえ呼ばれてきた。その背景として、ベネディクト型修道院は土地所有の結果、清貧の空洞化の危機に直面していた点が挙げられる。

そうした中で、カルトゥジア会やシトー会のように、あくまでもベネディクト型修道制の枠内に留まりながら、修道院の世俗化の危機に対して改革を志した人々が登場する。彼らにとって「隠修士の生活」とは、一層の孤独、祈り、禁欲を通して「より高度の観想」を求める、という意味での「完全な修道生活」を意味していた。岸ちづ子は、こうした「ベネディクトゥス戒律のより厳格な遵守によって、彼らが知っているかぎりでの修道制の原点、共住制をまもりつつ、修道制の目標である観想生活を」実現することを目指す「使徒的生活」ないし「隠修士」への志向の具体的な形態を三種類に分類している[33]。すなわち

（1）「共住修道院を中心にして、例外的に隠修士に必要な自由と孤独の場を保証する、ベネディクト修道院型」。これはベネディクトゥスの『戒律』そのものが隠修士の可能性を認めていることの帰結である。

（2）「隠修士の孤独を保証する個室の集合体として修道院を構想し、ミサその他の共同行事をミニマムにするカルトゥジア型」。

（3）「共住制に例外を認めず、共住団体内外の静寂・団体としての世俗からの離脱・集団聖務の削減など、修道士をして内面に沈潜させる仕掛けづくり、環境整備を通じて、隠修生活の実感や手ごたえを保証するシトー型」。

聖職者の集団に対しても、その世俗化の危機に対して修道院の影響による「グレゴリウス改革」などの改革がなされた。しかし、聖職者集団の中に「律修参事会」という共同体のあり方が定着してゆくにあたっては、やはり一一・一二世紀における隠修士運動の影響力が大きかった。律修生活を志向する聖職者たちの共同体は、まずは清貧を徹底する隠修士集落の形態をとったからである。彼らの修道生活の指針となる規則としては『アウグスティヌ

スの修道規則』と呼ばれる一群の規則が基本となっている。そうした隠修士的な聖職者の共同体の中から、たとえば律修参事会の最初の成功例とされるプレモントレ会のような共同体が出現した。

律修参事会員たちは本質的には聖職者の集団であった。彼らの伝統においては、「使徒的生活」という理念には聖職者の任務としての「司牧」と「宣教」の基礎としての意味が込められていた。律修参事会員たちにとって「隠修士」の生き方とは、彼らの説教活動に説得力を与えるための「模範」としての「徹底した清貧」の生活を意味していた。

最後に、一一・一二世紀に出現した都市市民出身の一般信徒による民衆的説教者たちの宗教運動に言及する必要がある。都市と貨幣経済の勃興がもたらした格差社会を背景に、貧しい人々への福音を説いて回るこれらの人々にとって、「使徒的生活」とは福音書の教えに直接に即した生活を意味していた。彼らは、「隠修士としての生き方」を、伝統的な修道制や神学に依存することなく、徹底した清貧のうちに「福音的な生」を説いて廻る巡回説教者としての生活への道を開くものとして理解していた。

（四）托鉢修道会

修道生活が教会生活と結びつく形で共住制という枠の中で展開した西方の風土の中に、一一・一二世紀になって東方的な雰囲気を伝える「隠修士」運動が噴出し、彼らが示した「使徒的生活」の理念が一定のインパクトを与えた。こうした一一・一二世紀の隠修士運動を受けて、一二世紀後半には修道制の歴史における一大転換点、すなわち定住制を捨てて遍歴の説教者として生きるドミニコ会、フランシスコ会などの「托鉢修道会」の成立を見る。隠修士運動が「托鉢修道会」とつながると考えられるのは、それが初代教会における「使徒的生活」に倣い、これに回帰することを指導理念とする動きであった点にある。

托鉢修道会において、修道士、律修参事会員、そして都市の民衆たちが考えていた「使徒的生活」が総合された形で展開される。托鉢修道会は、中世初期以来のベネディクト会系の修道院が直面した「清貧」の空洞化の危機に対する代案として、「定住」の原則の放棄という生活様式の根本的な変更をもって答えた。彼らは「托鉢（＝乞食）修道士」の名の通り、清貧を徹底して、個人のみならず共同体としても土地所有を放棄し、信徒からの喜捨に頼っての生活を標榜した。こうした托鉢修道会という修道スタイルは、「清貧」「観想」「宣教」そして「福音的な生」という隠修士運動が伝えた「使徒的生活」に対する解釈および要請をその土壌としつつ、都市の発達がさらに進展することにより、「西欧の経済が遍歴説教者の托鉢活動を養うほどに十分に成熟」する条件が整ったとき、芽を吹いたと言える。

ドミニコ会の創始者ドミニクスの出自は律修参事会員、つまり「聖職者による修道生活」の伝統に属する。他方、フランシスコ会の創始者アッシジのフランシスコは民衆的宗教運動の出身であった。彼ら托鉢修道士たちは、隠修士的な志向と「共同体的一致」、「従順」と「愛」への志向とを統合し、中世キリスト教社会解体の危機――「正統」と「異端」との分裂傾向――を一身においてつなぎ止めることになる。

（五）「新しい敬虔 devotio moderna」

中世末期のヨーロッパにおいて、「新しい敬虔 devotio moderna」と呼ばれる宗教運動が起こった。「新しい敬虔」とは、「一四世紀末のネーデルラントで形成され、一五世紀にベルギー、フランス、スペイン、イタリア等のヨーロッパ諸国、特にライン河に沿ってドイツに進出したキリスト教霊性の刷新運動[34]」である。この宗教運動は、禁欲を徹底する厳格主義的な精神を示しつつ、修道院という枠を越えて個人の自律的霊性を志向する点で隠修士的精神の系譜につながるものと言える。

ネーデルラントという地には、修道院の枠組みから自由な個人の自律的な霊性を育む風土が息づいていた。「新しい敬虔」の父と言われるフローテ（一三四〇～一三八四）、彼に大きな影響を与えたルースブルック（一二九三～一三八一）はネーデルラントの出身であった。一二世紀末から一三世紀にかけて、修道誓願を立てることなく、一般信徒の資格のまま「半聖半俗」の敬虔な生活を営む「ベギン」と呼ばれる女性たちが西欧各地に出現した。ベギンはドイツの地では教区聖職者との対立の結果、異端視され姿を消すが、ネーデルラントでは「ベギンホフ」と呼ばれる自治的空間を与えられ、ベギンという生活形態は長く存続した。このことからも、ネーデルラントという地においてはより自由な個人による自律的な霊性を育む土壌が育っていたことが窺われる。特にルースブルックについては母親がベギン、また、自身の思想もハデウェイヒというベギンの強い影響のもとに形成される[35]など、ベギンとの深い関係が指摘されている。「新しい敬虔」は、ベギンたちの活動と同様に修道院の枠組みから自由な個人の自律的な霊性運動として展開した。そうした点で、それはネーデルラントの宗教風土を反映したものであると言えよう。

(六) イグナティウス・デ・ロヨラの『霊操』[36]と隠修士的生き方

(a) 『霊操』の特徴――個人としての自律的霊性

隠修士の西方修道制への影響に関する考察の最後に、近代以降の活動型修道会のモデルをなすイエズス会の創立者であるイグナティウス・デ・ロヨラ（一四九一～一五五六）の霊性の根本をなす「霊操」と隠修士的生活との関係について触れておく。

（四）で上述した托鉢修道会は、中世前半までのヨーロッパ社会における修道制を支配した「ベネディクト型修道パラダイム」を脱して、より機動性をもった「社会進出型修道パラダイム」を実現した存在であった。イエズス会は、近代初頭にあって、そうした機動的な社会進出型修道パラダイムへの方向をさらに一歩進めた存在であった。定住制を廃した托鉢修道会も、聖務日課は共同で唱えていた。しかし、イエズス会はさらに聖務日課の共唱をも廃止した。清貧、貞潔、従順の三誓願は宣立するが、その他の生活様式はその土地、その時代が要求するものを採用した。それはあくまでも社会の中での活動に主眼を置くためである。一見したところでは、こうしたイエズス会の性格は社会から身を退ける隠修士の生き方とはまさに対極にあるものであるように見える。しかし、イエズス会の特徴は、従来の修道者たちが定住の原則や聖務日課の共唱などの日課をとおして修道院という共同体およびその空間によって守られていたのに対して、イエズス会員には個人としての自律性をもった霊性が求められていたことを示している。

(b) イグナティウスと隠修士――悪魔との闘い

ここで指摘したいのが霊操と、自律的に「悪魔との闘い方」を身につける「霊的個人主義」によって特徴づけられる隠修士的生活との類縁関係である。

先述の通り、隠修士は悪魔との「最初の闘い」を経験した後、「悪魔に対する戦いとして修徳修行を追求することの必然性を彼がはっきり意識したその時」に本格的な孤独の隠棲生活に移るものとされている。イグナティウスも、ロヨラの病床で経験した回心の時点で、「少しずつではあったが自分を動かす神と悪魔の二つの霊をわきまえるようになった[37]」とされている。つまり、彼はこの時点で自らのうちに働く善き霊の動きと悪魔との存在に気づいていたわけであり、先述のブイエ的な表現によれば修道士が隠修士の道に入る際に経験する霊的な闘いの「第一段階[38]」を終えたことになる。回心直後のイグナティウスは家と身分とを捨てて巡礼の旅に出て、マンレサの洞穴で隠棲生活に入る。マンレサ時代のイグナティウスは聖職者でも伝統的な意味での修道者でもなく、身分的には一般信徒の巡礼者に過ぎなかった。そして当初彼はひたすら苦行を求めて洞穴の中で孤独な日々を送っていた。まずこうした生活の実態において、この時期のイグナティウスの生活は「砂漠の師父」アントニオス以来の「隠修士」の生き方にきわめて近い特徴を示している。

一般にはイグナティウスが『霊操』の基本的な内容を会得するに際して、彼の回心直後のマンレサでの体験、特にカルドネル河畔における啓示が決定的であった、と言われている。この時期にイグナティウスは霊操にもとづいて他者を指導することに着手し始めている。このことはその時点で彼が様々な「霊の動き」を経験する中で彼が『霊操』の中核をなす「霊の識別」のほぼ全体像を体得したこと、そして自らが「師父」として他者を指導する自信をもったことを伺わせる。上記、二の（一）(c)において、二〇年に及ぶ荒野での隠棲生活の後、「師父」として人々のもとに帰還したアントニオスの姿に言及したが、カルドネル河畔後のイグナティウスの境地もこれに比することができるように思われる。

それゆえ、マンレサ時代のイグナティウスは期せずして東方以来の隠修士の生き方を体験した、と言うことが出来る。『霊操』の中核をなす「霊の識別」の原点は、そうした隠修士的生活の中での善霊、悪霊との体験の中から体得されたもの、ということになる。さらに一般化して言うならば、そもそも、生涯の一時期に隠修士の生き方を経験することが霊操の本質である、とは言えないであろうか。そして霊操の指導者と霊操者との関係は、隠修士とその師父との関係と類比的に理解できるように思われる。イエズス会員には個人としての自律性をもった霊性が[39]求められていた点を指摘したが、それはイエズス会員が霊操によって、人生における一定の時期に集中的に「隠修士」的な体験を授けられることによって保証されていたように思われる。

(c)　イグナティウスと隠修士（1）――「新しい敬虔」

ネーデルラントという修道院の枠組みから自由な個人の自律的な霊性を育む風土を背景に成立した前述の「新しい敬虔」は、そうした隠修士的な精神をイグナティウスに伝える一つのルートであり、『霊操』に影響を与えた前史としてよく言及される。この運動に属するゲルハルト・ツェルボルト・ズトフェン（一三六七～九八）の『霊的上昇について』とヨハネス・マウブルヌス（一四六〇頃～一五〇二）の『霊的訓練と聖なる黙想のバラ園』という著作は、カタロニアの改革的なモンセラート修道院長ガルシア・デ・シスネロス（一四九三～一五一〇）の『霊的生活の訓練 *Exercitatorio de la vida espiritual*, 1500』に深い影響を与えたと言われている。この著作は修道者と巡礼者のための霊的訓練の手引書であり、一五二二年に巡礼者としてモンセラートを訪れた回心直後のイグナティウスは、おそらくこの書の基本的精神にもとづいてシスネロス神父から黙想の指導を受けたものと考えられている[40]。

また一五二八年、三七歳のイグナティウスはヤン・スタンドンク（一四四三～一五〇四）の影響のもと、「新しい敬虔」の精神を色濃く伝えるパリ大学モンテーギュ学寮で学び、その精神と霊的訓練との影響を受けた。後にイエズス会を設立したイグナティウスは一五四〇年に『会憲』を著すが、その会憲はモンテーギュ学寮を母体としてスタンドンクが設立した修道会「モンテーギュの貧者たち Congregation des Pauvres de Montaigu」の規則と非常に類似しており、少なくとも一定の影響関係があることはよく知られている[41]。

「社会進出型」の修道生活の方向を徹底させるイエズス会員たちは、「新しい敬虔」からこの「個人の自律的な霊性」という方向性を受け継いだと言える。

(d)　イグナティウスと隠修士（２）——カルトゥジア会

しかしながら、ベネディクト型の観想修道院という枠の中においても、シトー会やカルトゥジア会のように、一一・一二世紀の霊的刷新に向けての運動の高まりの中で個人の自律的霊性を志向する「隠修士」的な理念を追求する動きがあった。カルトゥジア会士ルドルフ・フォン・ザクセンの『イエス・キリストの生涯』は、そうした観想修道制の中に息づいていた個人の自律的霊性を志向する「隠修士」的な理念をイグナティウスに伝えるものであった。『イエス・キリストの生涯』はイグナティウスの回心の契機となった書物であり、また、読書・黙想・祈り・観想というカルトゥジア会の伝統的な霊的修行のプロセスは『霊操』における黙想のための手順の中で基本的に継承されている。

カルトゥジア会は、ケルンのブルーノが、グルノーブル郊外の人里離れた谷間シャルトル（カルトゥジア）の地を司教から与えられ、一〇八四年に六名の仲間とともに創始した修道院を基盤とする修道会である。第五代院長グイゴ（一一〇九～一一三六在任）が『シャルトルーズ修道院慣習律』を編纂して共同体の基本精神を明文化し、一一七六年に教皇アレクサンデル三世はシャルトルおよびこれに倣う一群の諸修道院を、カルトゥジア会という名の修道会として認可した。『シャルトルーズ修道院慣習律』によれば、「修道士は個室（cella 修室）を与えられ、祝日や特別な日以外は一日の大半を孤独に過ごした。ベネディクト修道士は聖務日課を聖堂で共唱するが、グイゴは祝日以外は朝課と晩課のみを聖堂で共唱し、残りは個室で独唱するように定めた。典礼の式文は孤独の祈りに支障がないように簡略化され、シトー会修道院と同じく、聖堂では華美な装飾が排された。手仕事が義務づけられたが、それも個室で短い祈りを唱えつつ行うものとされた」。さらには「主日と祝日は共同で食事を行うが、それ以外は個室で修道士が調理して、食事をする」[42]と言う。要するに彼らの生活様式は、三の（三）で引用した岸が要約したように、ベネディクトゥス型の共住生活の枠内で孤独な隠修士の生活様式を可能な限り取り入れたものであった。

このように、「新しい敬虔」とカルトゥジア会とはそれぞれ別個のルートから隠修士的精神をイグナティウスに伝えていた。

四　結語——東西修道制における隠修士への志向

独住の隠修士の生活が志向する方向と、共住修道士の生活が示す方向とのうちに、「清貧」と「離脱」とを徹底させる方向での霊的個人主義の志向と、「教会」も含む形での「共同体的一致」の中で「愛」を追求して行く方向との間における一種の緊張関係は、東方世界で成立直後の修道制において顕在化していた。

他方、教会と密接な関係のもとに共住制が支配的であった西方的修道生活においても隠修士の伝統は存在しており、「使徒的生活」の理念のもと、「厳格さ」「清貧」「禁欲的離脱の徹底」といったベクトルの象徴として「隠修士」への志向が重要な軸をなしていた。隠修士的な生き方の流れは、一一・一二世紀における宗教運動、托鉢修道会、「新しい敬虔」、さらにはイエズス会にまで及び、中世から近代に至る西方世界におけるキリスト教霊性史にも大きな影を落としていたことが明らかになったように思われる。

註

（１）ただし『フィロカリア』に収められたアントニオスの断章については偽作説もある。これは、それらの断章が示唆するヘレニズム的なトーンが、「彼は無学で素朴なキリスト者だった筈だ」とする伝説的イメージとそぐわないことによる。しかし、最近の研究ではアントニオスが一定のヘレニズム的教養を摂取している可能性を示唆している。この点については以下を参照。師父大アントニオス「人間の品性について、および高潔な生について」一七〇の断章、拙訳、註（１）（『フィロカリアⅠ』所収、九七〜九八頁）。
（２）パウロスの実在性の問題については以下を参照。戸田聡『キリスト教修道制の成立』創文社、二〇〇八年、第一章。
（３）Athanasius, *Vita Antonii* prologus 3（アタナシオス『アントニオス伝』、小高毅訳『中世思想原典集成１』「初期ギリシア教父」所収、七七四頁）
（４）Athanasius, *op.cit.* 2（小高訳、七七六頁）
（５）*ibid.*
（６）Athanasius, *op.cit.* 3（小高訳、七七六頁）
（７）Athanasius, *op.cit.* 3（小高訳、七七七頁）
（８）Louis Bouyer, *Histoire de la spiritualité chrétienne* vol.1（Ｌ・ブイエ著『キリスト教神秘思想史１』上智大学中世思想研究所訳・監修、二三〇頁）
（９）*ibid.*
（10）Athanasius, *op.cit.* 5（小高訳、七七八頁）
（11）Athanasius, *op.cit.* 12（小高訳、七八四頁）
（12）Athanasius, *op.cit.* 5（小高訳、七七八頁）
（13）Athanasius, *op.cit.* 7（小高訳、七八〇〜七八一頁）
（14）ブイエ前掲書、二三一頁。
（15）ブイエ前掲書、二三二頁。

（16）Athanasius, *op.cit.* 8（小高訳、七八二頁）

（17）Athanasius, *op.cit.* 14（小高訳、七八六頁）

（18）ある修道士が、共同生活で訓練された者がその後砂漠に隠棲することはできないのかと問われた際に「それは自分だけの意志のしるしにすぎず、神を敬う者たちには無縁である」と答えた。Basilius Caesariensis, *Regulae brevius tractatae* 74, PG 30, 411C.

（19）Basilius Caesariensis, Regulae fusius tractatae prologus.（バシレイオス『修道士大規定』、拙訳『中世思想原典集成2』「盛期ギリシア教父」所収、一八八頁）

（20）Basilius Caesariensis, *op.cit.* 1（拙訳、一八九～一九〇頁）

（21）Basilius Caesariensis, *op.cit.* 3（拙訳、一九六～一九七頁）

（22）Basilius Caesariensis, *op.cit.* 5（拙訳、一九八～二〇一頁）

（23）Basilius Caesariensis, *op.cit.* 6（拙訳、二〇一～二〇三頁）

（24）Basilius Caesariensis, *op.cit.* 7（拙訳、二〇三～二〇七頁）

（25）トマス・アクィナスにおいて、「兄弟的矯正」は神愛 catritas の徳の重要な外的行為として位置づけられていた。筆者は、トマスにおける兄弟的矯正の意味について以下の拙稿で論じている。トマス・アクィナスにおける「兄弟的矯正 correctio fraterna」について（筑波大学哲学・思想学系『哲学・思想論集』第二九号）

（26）Basilius Caesariensis, *op.cit.* 25（拙訳、二三六～二三七頁）

（27）Basilius Caesariensis, *op.cit.* 26（拙訳、二三八頁）

（28）Basilius Caesariensis, *op.cit.* 46（拙訳、二六八頁）

（29）Basilius Caesariensis, *op.cit.* 43（拙訳、二六三～二六五頁）

（30）K. S. Frank, *Geschichte des christlichen Monchtums*, Darmstadt: Wissenschaftliche Buchgesellschaft, 1993（K・S・フランク著、戸田聡訳『修道院の歴史――砂漠の隠者からテゼ共同体まで』教文館、二〇〇二年、五二頁）

（31）Benedictus de Nursia, *Regula* 1.（ベネディクトゥス著、古田暁訳『戒律』、『中世思想原典集成5』「後期ラテン教父」平凡社、一九九三年、所収）

（32）Johannes Cassianus, *Collationum* XXIV collectio, coll. XVIII, PL, c. 1094B-1100A.

（33）岸ちづ子「シトー創立と『使徒的生活』」（上智大学中世思想研究所編『中世の修道制』創文社、一九九一年所収）一四六頁。

（34）新カトリック大事典編纂委員会編『新カトリック大事典』研究社、一九九六～二〇一〇年、見出し「デヴォティオ・モデルナ」。

（35）国府田武『ベギン運動とブラバントの霊性』創文社、二〇〇一年。国府田によるこの書は、基本的にはハデウェイヒを経由してサン＝ティエリのギョームにまで遡るルースブルック思想の前史を主題とした研究である。

（36）本稿では『霊操』という表記をもって書物としての『霊操』を、「霊操」もしくは地のままの霊操という表記をもって実践内容としての「霊操」をさすものとする。

（37）A・エバンヘリスタ、佐々木孝訳『ロヨラの巡礼者――聖イグナチオ自叙伝』中央出版社、一九八〇年、八頁。

（38）ブイエ前掲書、二三〇頁。

（39）具体的には新たにイエズス会に入会した直後の修練期。そこで修練士は本格的な霊操（「一ヶ月の大黙想」）を経験する。

（40）Engen, J.V., *Sisters and brothers of the common life : the Devotio Moderna and the world of the later Middle Ages*. University of Pennsylvania Press, 2008, p.318.

（41）一五七八年、モンテーギュ学寮の校長ジャン・ブレーズは、時の教皇グレゴリウス一三世に対して、イエズス会の会憲は自分たちの修道会の規則からの借用である、とまで主張している。cf. I. Rodriguez-Grahit, Ignace de Loyola et le college de Montaigu (*Bibliotheque d'Humanisme et Renaissance*, 1959), p.394.

（42）杉崎泰一郎「『シャルトルーズ修道院慣習律』解説」（上智大学中世思想研究所編『中世思想原典集成10』「修道院神学」平凡社、一九九七年、所収）二二三頁。

第5章　新神学者シメオンの祈りと光

鳥居　小百合

はじめに

東方キリスト教会において神学者の称号が与えられている三人のうちの一人である新神学者シメオンは「神は光である」と語る。シメオンの著作には「光」という単語が多く散見すること、また自身の光体験を大胆に語っていることから光の神秘主義者とも呼ばれる(1)。

シメオンは二十歳くらいの時に一度目の光体験をしているが、そのときシメオンは修道院に入っておらず、コンスタンティノープルの官吏として働いている。修道士ではないシメオンが光体験をしたのは霊的師父シメオンとの出会いが大きな影響を与えているといえよう。師父シメオンはシメオンに霊的読書として修徳行者マルコスとフォティケのディアドコスの著作を渡し、その著作をシメオンは神から与えられたかのように師父シメオンから受け取り、読んでいたのである。またシメオンは師父シメオンから言われたように毎晩祈り、その回数も日毎に増えていったようである。その後、師父シメオンから多くの詩編を読むことと、「主よ、憐れみたまえ」と何度も祈るように勧められ、シメオンはその師父シメオンの言葉に従ったことにより光体験をしたのである。このようにシメオンは修道院に入る以前から祈り深く、光である神との個人的なかかわりを大切にしていることがシメオンの特徴であるともいえる。一度目の光体験後、シメオンは修道院に入り、二度目の光体験をする。シメオンは光体験によって神の愛の甘美さを受け取り、神への憧れから、ますます祈り深くなっていったのである。

本章ではシメオンの光体験時の祈りがどのようなものであったかを考察する。そしてシメオンに大きな影響を与えたと思われる、フォティケのディアドコスが光についてどのように考えていたかを見ていき、最後にシメオンの謙遜の祈りについて考察したい。

一　光体験時のシメオンの祈り

シメオンは二度の光の体験をしているが、その時のシメオンの祈りについて見ていきたい。最初に一度目の光体験の時のシメオンの祈りを見てみよう。

さてある夕方、彼が祈り、そしてそのヌースで霊的に「神よ罪びとなる私をなだめてください」と語ったとき、突然、一条の光が彼に輝き、その場所全体がその光で満たされ、この若者は――恵まれた者よ、と私は言おう――、〈…〉完全に世の中全体を忘れ、全体としてこの神の光に出会い、それと一つになり、彼には自分が光になったように思え、涙と言い表しえない喜びに満たされたのだ(2)。

次にシメオンの二度目の光体験の時の祈りについて見てみよう。

私はいつも祈っていた場所に入り、聖なる人の言葉に心を留めて、『聖なる神よ』と祈りはじめました。するとすぐに涙が溢れ、神への憧れに私はひどく心を動かされた。その時、私が感じた喜びと愉悦は言葉で表すことができないほどだった。しかし私はただちに地面にひれ伏し見た。見よ、偉大な光が知的に私の上に輝いており、私の知性全体と魂をその光へと引き寄せた。そうして私は突然の不思議な出来事に驚愕し、そして忘我（エクスタシス）の状態に陥った。それにもかかわらず、私は自分が立っていた場所を忘れ、自分が誰なのか、どこにいるのかも忘れ、ただ「主よ、憐れんでください」と叫ぶだけであった。(3)

シメオンの二度の光体験時の祈りを見たが、一度目は「神よ罪びととなる私をなだめてください」という祈りであった。シメオンは霊的指導者の師父シメオンから「主よ、憐れみたまえ」と祈るように助言を受けていた。その言葉通りではないが、内容的には同じ祈りである。シメオンは毎晩、何度も屈拝し、また生神母に別の祈りを唱えるなど祈る時間は真夜中まで続くようになった。またシメオンが立って祈る時は、一本の柱のように立ち、体のどの部分も動かさず、目も何かを見ようと動かすこともしないで祈っていたのである。当時修道士ではなかったシメオンがこのように祈ることで光体験をしたことは、シメオンの思想に大きな影響を与えたといえよう。シメオンは神と個人的なかかわりで神の光に与ったのであり、修道士であるとか教会のヒエラルキーなど関係はなかった。このシメオンの光体験は優れた霊的指導者の指導があれば平信徒でも神の光に与ることができることの証であり、そのことはシメオンの思想の重要な部分である。

二度目の光体験ではシメオンが「聖なるかな」と三聖唱（トリサギオン）(4)を唱え始めた時に神の光に与った。(5)そしてその光に与った時、シメオンは「主よ、憐れんでください」と叫んでいるのである。この二度目の光体験の時、シメオンはすでに修道士になっている。シメオンは師父シメオンから天から生じる神的な照明について聞かされており、その神的な照明にとても憧れを抱いていた。そしてシメオンは神的な照明に与るためには、肉体的に労苦を与えることが必要であると考え、何も飲まず、食べず、眠らないことを繰り返していたのである。しかしそれを見ていた師父シメオンは神的照明に与るために必要なものは「謙遜でただ単純で善い魂と心だけである」とシメオンに助言し、その後にシメオンは二度目の光に与る体験をすることになった。二度目の光体験時でシメオンは一度目と違い、「主よ、憐れんでください」と叫んでいる。叫ぶほどまでにシメオンは神的照明に憧れ、請い求めていたことが理解できる。

「主よ、憐れみたまえ」、また「神よ罪びとなる私をなだめてください」の祈りについて霊的読書として師父シメオンから与えられたフォティケのディアドコスの著作には次のように語られている。

> われわれが神の想起によって知性の〔働きの〕出口をふさぐとき、知性はその働きの必要を満たす仕事をわれわれに断固として求める。だから知性の目的を全く満たす唯一の仕事として、主イエスの御名の祈りを与えなければならない。実に「聖霊によらなければ、誰も〈イエスは主である〉と言えない」と語られている（一コリント一二・三）。その際、知性がその内的神殿・心〔臓〕の中で絶えずこれら〔祈り〕の言葉を観想して、何らかの想像に陥らないようにしなければならない。なぜなら、その聖なる栄光にみちた御名を心の内奥で絶えず黙想する人は、いつか自分たちの知性の光を見ることができるからである。(6)

フォティケのディアドコスは知性を満たすために「主イエスの御名の祈り」を与えなくてはならないと述べる。

そしてその祈りは聖霊によって言うことができ、またその祈りを絶えず心の内奥で黙想することによって知性の光を見ることができると語っている。このフォティケのディアドコスが語るそのままをシメオンは体験したといえよう。

また霊的読書として修徳行者マルコスの著作も師父シメオンから与えられている。そこには次のように書かれている。

口で祈りを唱える者はまだ霊的な知識を得ていないし、霊的に祈ることを知らない、彼は「ダビデの子、私を憐れんでください」、と叫ぶ（マルコ一〇・四七参照）盲人に似ている。しかし霊的な知識を得、霊的に祈りをし、その魂の目を開けた者は、主がその盲目を癒されたときの、かの盲人に似ている。この盲人はその目の光を受け、主を見、ダビデの子ともはや名を呼ばず、神の子を公言し、ふさわしい仕方で彼を崇めたのである（ヨハネ九・三八参照[7]）。

修徳行者マルコスのこの章についてシメオンは何度も信仰深く読み込み、心の中に刻印し、実行に移している。この修徳行者マルコスの章の通りにシメオンは体験したとも考えることができる。

シメオンの光体験時の祈りは、師父シメオンの助言、修徳行者マルコスとフォティケのディアドコスの著作から大きな影響を受けていたのではないだろうか。そして光体験と「主よ、憐れみたまえ」という祈りは深く結びついており、シメオンはそれを体現し、その内容を包み隠さずに語った人物であったのだろう。

では次にシメオンに大きな影響を与えたと考えるフォティケのディアドコスの著作から光について考えてみたい。

二　フォティケのディアドコスの光とは

フォティケのディアドコスは著作の中で光について多く語っている。ではディアドコスにとっての光とはどのようなものであったかを見ていきたい。

神を心で愛するほどに愛する人は、神によって知られる（一コリント八・三）。なぜなら、霊魂の中で神の愛を感ずるほどにその愛を受け容れれば容れるほど、それだけ神の愛の中に参入するからである。それゆえにそのような人は、燃えるような情熱において、認識の照明に絶えず到達しようとするであろう。自分の骨の力が尽き果て、その照明を感受するようになるまで。そのとき彼は忘我となり、神の愛によって完全に変容してしまう。(8)

ここでディアドコスは神を心で愛することによって神に知ってもらうことができ、そのような人が霊魂の中で神の愛を感じるようになるという。その愛を受け入れることによって神の光を絶えず受けようと情熱を傾けることによって、神の光を感受し変容すると述べるが、神の光を受けることは容易なことではなく、自分の骨の力が尽きなくては受けることができないと語る。また次のように光についてディアドコスはいう。

真の認識の光とは悪から善美を誤りなく区別することである。実にその時には知性は義の道によって義なる神の太陽に向けて導かれ、認識の無限な照らしの中に参入する。(9)

神の光は悪から善美を誤りなく区別するためであり、区別することによって義なる神の太陽に向けて導かれて無限の照らしの中に入るというのである。また次のようにもディアドコスはいう。

霊的な言葉・論述は常に霊魂を虚栄から保護する。なぜならそれは、光の感覚によって霊魂のあらゆる部分を善くし、霊魂が人間によって与えられる誉れを必要としないようにするからである。だからまたそれは、知性の働き全体を神の愛へと変容しながら、知性を常に想像力の影響から保護する。(10)

ここでは神の光は霊魂のすべての部分を善くし、人間によって与えられる栄誉、権威を必要としないように保護するものであり、知性の働きを神の愛に変化させるものであるとディアドコスは考えている。そして、「知性は神の光によってしばしばエネルゲイアを受けるとき、その全体が透明になって自らの光を見るにいたる。そのことを疑ってはならない。それは、霊魂の力が諸々の情念を治めるとき、起こるのである」(11)ともディアドコスはいっている。神の光に与ると、その人間の知性が透明になって自身の光を見るというのである。

恩恵はその最初の〔授与の〕段階においては、それ固有の光を以て霊魂を照らし、それを霊魂に感受させる。しかし〔霊的〕闘いの時が来ると、恩恵は、ほとんどの場合に知られざる仕方で、神的言葉を観想する霊魂の中に、恩恵自身の諸秘義を実現する。(12)

ディアドコスは神の光は最初の段階において霊魂を照らし、そして霊魂に神の光を感受させるが、霊的な闘いの時には知られざる仕方で、神的言葉を観想する人間の霊魂の中で、諸秘義を実現するというのである。神の光を与えることは、霊的に歩む人間の初期の段階に表され、神の光の甘美さをその人間の霊魂に刻み付けることによって、この世的なものに惑わされることなく、神の光に憧れ、求めながら神化への道を歩むための神の業であるといえる。

その神の光を感受したものの霊魂は謙遜を得るとディアドコスは次のように述べる。

〈…〉知性が聖なる恩恵から発する満ち溢れた光を感受する霊魂は、謙遜を元々保持していたかのように持つ。なぜなら、霊魂は神の善意に満ちると最早虚栄の世界に連れ去られることはありえないからである。むしろ絶えず神の掟を実行していても、神の慈しみと交わっているので自分をすべての人の下僕と見なす[13]。

このような謙遜のことを〈第二の謙遜〉とディアドコスはいう。この謙遜を受け取るためには〈第一の謙遜〉を通り越さなければならず、〈第一の謙遜〉は「霊的闘いの道中で与えられ[14]」、「しばしば苦痛と落胆をもたらす[15]」ものであり、〈第二の謙遜〉は「霊的に成熟した人に与えられ[16]」、「喜びと賢明な自尊心をもたらす[17]」ものであるとディアドコスは考えている。そしてこの〈第二の謙遜〉は「全く霊的になっているので、すべての物質的な栄光を知らない[18]」とディアドコスは語る。

神の光を受けた人間は思い上がるのではなく、謙遜になることが求められる。そのため神は「情念を刺激してわれわれの意志[19]」を試されるのである。人間は神の試練を乗り越え、ディアドコスが語る〈第二の謙遜〉を受け取り、すべての人の下僕とならなくてはいけない。

では次にシメオンの「謙遜の祈り」をみていこう。

三　新神学者シメオンの「謙遜の祈り」

シメオンが聖ママス修道院の院長時代に説教したものを弟子のニケタス・ステタトスが集めて編集したものが『教理講話』である。『教理講話』は全三十六講話あるが、そのうちの三十五講話と三十六講話は「神への感謝の祈り」という副題がついている。ここではシメオンの『教理講話』第三十六講話の最後にあるシメオンの「謙遜の祈り」について見ていきたい。

きわめて聖なる王よ、確かにその通りで、私もまた私の神であるあなたを信じます。そして私はあなたにひれ伏して懇願します。あなたが憐れむに値しないこの罪人である私を守ってください。そしてあなたが私の希望の木に接ぎ木してくださった、このあなたの愛の果樹をあなたの力によってしっかりと支えてください。それが風によって揺さぶられないように、嵐によって打ち砕かれることがないように、何らかの敵によって引き抜かれることがないように、無関心の燃え上がりによって焼けることがないように、怠りと思い上がりによって干からびてしまわないように、虚栄心によって完全に破壊されることがないように。なぜなら私のうちにそれを恵み、手をくわえられたあなたはそのゆえに私がすべての人間から助けてもらえないということを知っているからです。なぜなら私の協力者であり助け手（であったのは）、あなたの使徒で、あなたは私から（その方を）肉体の点で引き離すことを望んでいたからなのです。あなたは私の弱さを知っておられる。あなたは私の苦悩とすべてのことに対して無力であることを知っておられる。だからそのために慈悲深い主よ、あなたは今からますます私に憐れみをかけてください。私は心からあなたにひれ伏します。私に対してたくさんの善いことを施してくださったあなた、私の思い通りにさせないでください、あなたの愛のうちに私の魂を据え、あなたの愛を私の魂にしっかり根付かせてください。清らかで聖なる真実のあなたの約束によって、あなたが私の内にいて下さいますように、そうして、私もあなたの内にありますように。そして私はこの愛によって保護され、そうして私もその愛を保護し私のうちに保持しますように。そして主よ、あなたはその愛の内に私を眺め、私もまたその愛を通してあなたを見るようにさせてくださいます。今はあなたが言われたように、鏡のうちに謎のように、しかしその時は愛のすべてをかけて、全体として愛であり、このようにかたじけなくも呼ばれるあなたを見るのです。すべての感謝の念、力、栄誉、崇敬は、あなた、父と子と聖霊にふさわしいからです。今もいつも終わりなく世々に。アーメン。(20)

このシメオンの祈りは神への懇願である。神から憐れまれるに値しない罪人である自身を守って欲しいと、最初に懇願している。シメオンは自身を罪人であると日々思い、そして弱い人間であると自覚している。しかし神は愛によって弱い人間であるシメオンを希望の木に接ぎ木してくださったのである。その神の愛の果樹が「風によって揺さぶられ」ることなく、「嵐によって打ち砕かれること」もなく、また「何らかの敵によって引き抜かれず」、「無関心の燃え上がりによって焼け」ることなく、「怠りと思い上がりによって干からび」ず、「虚栄心によって完全に破壊されることがないように」と神に懇願しているのである。シメオンは苦悩とすべてのことに対して無力であるので、今よりも更に神に憐れみをかけて欲しいと願っているのである。そしてシメオンは神に「あなたの愛のうちに私の魂を捉え、あなたの愛を私の魂にしっかり根付かせてください」と願い、神にシメオンの魂の内にいていただき、その内在する神の愛によって保護してほしいと考えているのである。なぜなら、神が愛の果樹をシメオンの内に恵み、それに手を加えたために神以外には誰もシメオンを助けることはできないからである。

この祈りの「清らかで聖なる真実のあなたの約束によって、あなたが私の内にいて下さいますように、そうして、私もあなたの内にありますように」という箇所は神の素晴らしさを的確に表現しており、シメオンの『賛歌』の「神秘的な祈り[21]」の表現に類似している。シメオンが憧れる神は「清らかで聖なる真実」という表現が最もふさわしかったのだろう。

シメオンはこの祈りで神の愛によって生かされていること、そしてその神の愛は人間の内にあることを語っている。そのためには罪びとであることの気づきと、誰よりも弱いものであるという自覚が必要であることを教示しているといえよう。

このシメオンの祈りには光という単語は用いられていないが、シメオンにとって「神は光」であり、神の愛は神から与えられるものであることから、光であると考えることができる。

また『フィロカリア』に所収されている「私たちの敬虔なる新神学者シメオンの短い伝記」で、シメオンは「外的な習慣だけでなく、内的な魂においても謙遜に振る舞うことです[22]」と述べるが、内的な魂においての謙遜は容易ではない。内的な魂において謙遜に振る舞うためにも、日々の悔い改めの祈りが必要であるとシメオンは『教理講話』全体を通して強調しているのである。

四　おわりに

新神学者シメオンは若いころから祈り深い人間であった。二度の光体験はその祈り深いシメオンを更により祈り深い人間に成長させたのである。シメオンは修道院に入る以前から霊的指導を受けていた師父シメオンとの個人的な関係を重視し、師父シメオンの助言をそのまま行うことで光に与ったのである。その時の祈りは「神よ罪びとなる私をなだめてください」、または「主よ、憐れんでください」という短いものであった。しかしその言葉にシメオンは「神に対して持っていた愛と欲求[23]」をこめて祈ったといえよう。そしてシメオンが自身の光体験を述べた理由は「魂と心の全体から、よきことと徳を実行しようと欲し、欲求するものは、全能の神からそれをあらゆる場所で行う力うること[24]」ができるということを示すためであった。

フォティケのディアドコスは自身の著作で光について、霊魂に神の光を感受することによって謙遜を得るという。それは霊魂が浄い場合におこるのである。またディアドコスは「神にはその偉大さゆえに栄光がふさわしく、人間には、謙遜を通して神と一致するために謙遜がふさわしい[25]」と語り、謙遜の重要性を説いている。そしてディアドコスは謙遜を〈第一の謙遜〉と〈第二の謙遜〉とわけ、〈第二の謙遜〉はより完全なものであるというのである。

シメオンの謙遜の祈りは、誰よりも罪深い人間であり、弱く、無力であるがために、神に憐れみをかけてもらうよう懇願するものである。しかしその祈りは神の愛を感じ、自身の内に神がいてくださることへの感謝の気持ちも含まれている。内在する神に保護されていると感じ、そしてその神の愛によって生かされていることの感謝の気持ちを祈りに込めたといえよう。

シメオンは祈りの重要性を自身の体験をもって、われわれに示し、そして魂と心全体で祈ることによって神の愛を受けることができ、誰もが神化への道のりを歩むことができると教えているのである。

註

（1）シメオンの光体験については『教理講話』第十六講話（二度目の光体験）、第二十二講話（一度目の光体験）で述べられている。『フィロカリア』においては「聖にして神を担うわれわれの師父、新神学者シメオンの論考——この世の中にあり、世のことがらが気がかりな者は徳の完全性に達することができないと言う人々のために、信仰と教えについて　まず初めにそれについての非常に有益な物語——」（大森正樹訳）として『教理講話』第二十二講話が所収されている（『東方キリスト教霊性の精華　フィロカリアⅨ』橋村直樹・大森正樹訳、新世社、二〇一三年）。本稿では一度目の光体験については『フィロカリア』を用いることにする。

（2）新神学者シメオン「聖にして神を担うわれわれの師父、新神学者シメオンの論考——この世の中にあり、世のことがらが気がかりな者は徳の完全性に達することができないと言う人々のために、信仰と教えについて　まず初めにそれについての非常に有益な物語——」大森正樹訳（『東方キリスト教霊性の精華　フィロカリアⅨ』新世社、二〇一三年所収）一四三頁。

（3）Syméon le Nouveau Théologien, *Catéchèses*（以下 Cat. と表記する）, tome II, introduction, texte critique et notes par Mgr Basile Krivochéine, par Joseph Paramelle, Sources Chrétiennes, No.104, 1964, 16, 78-88.

（4）三回の聖なるかな、の意味。「聖なるかな神、聖なるかな強き方、聖なるかな不死なる方、われらを憐れみたまえ」と唱える。

（5）三聖唱についてペリカンはラドネーシュのセールギイ（？～一三九二）の例を挙げて、この修道士は「三聖唱（トリサギオン）を歌っている時、キリエを唱えている時、悔い改めの祈りを祈っている時」に神との交わりの神秘的体験に恵まれたとしている。

（6）フォティケのディアドコス『イリュリクム州旧エーペイロス地方のフォーティケーの主教、至福なるディアドコスの百断章に分けられた実践的な「修徳行に関する論述」、すなわち「霊的な認識と識別について」』宮本久雄訳、（『東方キリスト教霊性の精華　フィロカリアⅡ』新世社、二〇一三年所収）二一七頁。

（7）新神学者シメオン「聖にして神を担うわれわれの師父、新神学者シメオンの論考——この世の中にあり、世のことがらが気がかりな者は徳の完全性に達することができないと言う人々のために、信仰と教えについて　まず初めにそれについての非常に有益な物語――」（『フィロカリアⅨ』新世社、二〇一三年所収）一四一頁。

(8) フォティケのディアドコス『イリュリクム州旧エーペイロス地方のフォーティケーの主教、至福なるディアドコスの百断章に分けられた実践的な「修徳行に関する論述」、すなわち「霊的な認識と識別について」』宮本久雄訳、（『フィロカリアⅡ』新世社、二〇一三年所収）二〇六頁。

(9) フォティケのディアドコス、前掲書、二〇二頁。

(10) フォティケのディアドコス、前掲書、二〇四～二〇五頁。

(11) フォティケのディアドコス、前掲書、二一九頁。

(12) フォティケのディアドコス、前掲書、二三五頁。

(13) フォティケのディアドコス、前掲書、二五九頁。

(14) フォティケのディアドコス、前掲書、同頁。

(15) フォティケのディアドコス、前掲書、同頁。

(16) フォティケのディアドコス、前掲書、同頁。

(17) フォティケのディアドコス、前掲書、同頁。

(18) フォティケのディアドコス、前掲書、同頁。

(19) フォティケのディアドコス、前掲書、同頁。

(20) *Cat.*, 36, 313-341.

(21) 新神学者シメオンの『賛歌』は、シメオンの著作では唯一の詩であり、五十八編から成る。またその五十八の詩だけではなく、「神秘的な祈り」とニケタス・ステタトスが表題をつけたシメオンの祈りも所収されている。『賛歌』は聖ママス修道院長時代に書かれており、『教理講話』と同時期である。

(22) 新神学者シメオン「私たちの敬虔なる新神学者シメオンの短い伝記」坂田奈々絵訳（『東方キリスト教霊性の精華フィロカリアⅥ』土橋茂樹、坂田奈々絵、桑原直己訳、新世社、二〇一三年所収）二一七頁。

(23) 新神学者シメオン「聖にして神を担うわれわれの師父、新神学者シメオンの論考――この世の中にあり、世のことがらが気がかりな者は徳の完全性に達することができないと言う人々のために、信仰と教えについて　まず初めにそれについての非常に有益な物語——」（『フィロカリアⅨ』所収）一四六頁。

(24) 新神学者シメオン、前掲書、一四九頁。

(25) フォティケのディアドコス、前掲書、二〇五頁。

第6章　涙を流す修道士たち

坂田　奈々絵

現代、涙は個人的な感情の領域に限定されがちである。それを流すことは、心理学的には自己の情緒的エネルギーの解放やカタルシスをもたらす効果があるものとされるし[1]、生理的、また刺激によっても人は落涙する。人間にとって生きる上で重要な身体の機能の一つであろう。

さて、『フィロカリア』において修道士たちはしばしば涙について語り、その涙について、昨今では様々な研究が登場している[2]。果たして彼らの涙は、冒頭に上げたような現代的視点から語りつくすことのできるものだろうか。本章は『フィロカリア』に収録された新神学者シメオンらの著作における「涙」の実践について見ていくことで、そこで書かれた「涙」の意義について概観することを目的とする。そのために、まず聖書における涙の扱いを概観した後、『砂漠の師父たちの言葉』における涙の実践を見る。それを踏まえつつ、『フィロカリア』において涙がどのように取り上げられているかの一側面に光をあてたい。

一　涙の予備的考察

1　聖書における涙

まず『フィロカリア』に収録された文書との関連を鑑みつつ、聖書における涙のイメージから見ていくことで、その基礎を確認したい。

旧約聖書（セプトゥアギンタ）には、涙を流す状況が多種多様に存在する。不幸や逆境を嘆くもの、ヤコブやアロンの死への服喪、また『エレミヤ書』や『哀歌』ではイスラエルの過去と未来に思いを馳せる時、人は涙している。そして『詩篇』や『列王記』下巻では、泣くことは真摯な祈りに伴うものであり、それをもって主に呼びかけるという傾向が現れる。(3) 例えば『詩篇』三八（三九）・一三では「主よ、わたしの祈りを聞き助けを求める叫びに耳を傾けてください。わたしの涙に沈黙していないでください」という嘆きが描かれる。この言葉はテオドロスによって引用され、「魂の謙りと身体の労苦、……苦行と……多量の涙」と共なる祈りの模範として示されていた。(4) つまり涙を流し、訴えかける相手は神であり、それは自らの苦しみに対する自己憐憫のようなものではない。このような『詩篇』の記述は修道士たちが涙に見出した意味付けを探る上で、重要である。例えばフォーティケーのディアドコスは涙の後に訪れるであろう喜びについて、「涙と共に種をまく人」の登場する『詩篇』一二六・五のイメージを用いて語る。(5) またニケタスは、神によって促され、人間を救いへと導く苦痛について、『詩篇』八〇・六の「あなたは涙のパンをわたしたちに食べさせ、なお、大量の涙を飲ませせられます」という一節を引用する。(6)

新約聖書に印象的な形で登場する「涙を流す」人々といえば、イエスへの裏切り故に嘆くペトロ、(7) イエスの足を涙で濡らし、それを拭う罪深い女であろう。[8]この罪深い女の物語では、涙は悔い改めであると同時に喜びのそれである。エフライムは涙を流す女の物語をモティーフに、外的な涙によって罪という内面性が赦されるという、外面と内面の相互没入的な救いのビジョンを示している。またシメオンをはじめ、様々な教父が「涙」を理解する際に引用するのが、『マタイ福音書』の山上の垂訓における、「嘆き悲しむ人（οἱ πενθοῦντες）は幸いである」という一節だ。「幸いなるかな」という言葉は、神の国に属しているという、まさにその状態を指す。神の国に属する人は「嘆き悲しむ」こととなるが、悲しみだけで終わるのではない。『黙示録』に書かれるような、世の終わりに神によって涙が拭い去られるという終末論的ビジョンとの接続のもとで解釈がなされる。[9]

またイエスに関する記述をみると、その生涯のうち、涙を流しているという記述が三か所存在する。第一にはラザロの死、[10]第二にイスラエル入城[11]である。第三には『ヘブライ書』であり、そこにはイエスが「激しい叫び声をあげ、涙を流し」[12]たと記されている。Nagy はこの表現を、『ルカ福音書』に書かれたオリーブ山での祈りにおける「汗が血の滴るように地面に落ちた」ことを指しているのだと指摘する。[13]イエスの涙はその人生の象徴の一つであると同時に、神の意志に対する従順を示すものでもある。それ故、神において涙を流すとは、イエスに倣うこととなるのである。[14]

2　砂漠の師父における涙と嘆き

ⓐ　涙とその内実

さて、ではこのような「涙」は修道士たちにどのように受け入れられたのだろうか。涙の働きを最初に強調したのはエヴァグリオスである。[15]彼は涙を祈りの初めとし、この涙によって魂を飼いならし、情念からの浄め、無知と無自覚からの解放、誘惑や自暴自棄から救われることを願うのだとした。また涙によって人は神に祈願をし、赦しを求めるのだとした。しかし同時に、涙が流れているという事実によって傲慢に陥る可能性も指摘している。ここで二つの言葉と共に、涙を流す者の内面について整理をしたい。

涙に先立ち、それを特徴付ける言葉として指摘されてきたのが、πένθος と κατάνυξις である。そもそも πένθος は元来 πάθος に由来する言葉であり、死との関係において用いられる言葉である。悲嘆、もしくは哀悼とも訳される。またヘーシュキオスの辞書によれば、θρῆνος と λύπη と同義であると説明される。[16] これが新約聖書で用いられることによって、神に関わるニュアンスを含むこととなる。Hausherr は次の三点を、教父における πένθος にはあたらないとして除外する。第一に縁者や友人のために嘆くこと、第二に不幸について悲しむこと、そして第三にキリストの死そのものについて嘆くことである。[17] つまり πένθος は、地上的な悲しみの原因について、ただそれを悲憤することではない。神に向かい嘆くことでのみ真の嘆きは成立する。このような絶えざる πένθος の重要性を説いた初期の人物はオリゲネスである。彼は『イザヤ書講話』の中で、己の惨めさを絶えず嘆くことで罪を自覚し、良心を責めることをすすめた。[18] こうしたことから、この言葉は特に神に対する悔い改めを指すものとして、アタナシオス、バシレイオス、ナジアンゾスのグレゴリオス等により、広く用いられることとなる。[19]

次に κατάνυξις はセプトゥアギンタまでしか遡ることのできない単語であり、κατα と νύσσω からなっている。νύσσω はローマ兵がキリストの脇腹を刺した（ἔνυξεν）際[20]に登場するなど、武具やなにかの先端によって突かれた状態を示す言葉である。それが精神的領域に転ずることで心に対する痛みや刺されたかのような状態、麻痺、停止等を示す。この言葉の聖書での用例は次の三つに分類される。第一に沈黙を伴う感情、第二に痛悔を示す感情、第三に非常に激しい出来事に対するある種の感動のようなものである。[21] Hausherr は κατάνυξις が神による裁きの文脈に多く見られることを指摘し、その意味を「a sudden shock, an emotion which plants deep in the soul a feeling, an attitude, or a resolution」と要約する。[22] また桑原はニケタスの翻訳において、これをとりわけ「打ち砕かれた心」と訳出している。[23] すなわち κατάνυξις とは、強い出来事／言葉に「刺された」経験を指すものであり、それによって人は深い感情のもと、なんらかの新しい状態へと披かれてゆくのである。

ⓑ砂漠の師父と涙

ではこのような涙と πένθος、κατάνυξις の関わりは修道士たちの言葉と実践の中でどのように基礎付けられてきたのだろうか。[24]

砂漠の師父たちが涙の実践を行ってきたのは明らかである。例えば師父アルセニオスは「目から流れる涙のために、懐に常に布切れを持って」[25] いたとされている。その涙の意義については、ポイメンが様々な証言を残している。そして哀悼としての πένθος のイメージは「墓」とその前での嘆きに接続され、修道士は常にそのような πένθος を担っているべきであると説く。[26] つまり πένθος のモデルとして、あるいはそれの内実として、まず死を想起することが強調されている。

くわえて πένθος は己の罪深さに対する悲嘆でもある。例えばポイメンは次のように言う。「罪を許されたいと願うものは、悲嘆によって赦され、徳を得ようと望む者も、悲嘆によってそれを得る。それゆえ、嘆き悲しむということは、聖書を師父たちが伝えた道である。『嘆き悲しめ』[27] と彼らは言っている。というのも、それ以外の道はないからである」[28]。ここで涙と πένθος に対して二つの意義が見出されている。第一には罪の赦しであり、第二に徳を得ていくことである。つまり πένθος は単に自分自身の罪深さに対する赦しを得ていくだけではなく、それを行うことで徳を身につける道程ともなる。

しかしこのような涙は陰鬱な状態に自らを追い込むことではない。先に指摘した通り、「嘆く」という行為は

「幸いなるかな」と祝されるように、天の国へとつながる。ペルシアのヨハネスは「天の国を受け継ぐことができるのか」という質問に対して「エレミヤのように嘆く者」になってこそ、天の国は与えられるではないかと言う。[29]つまり、嘆き涙をながすことは、上述のような「幸いなるかな」につながる。人は嘆くからこそ天の国に属するのであり、また嘆くからこそ神によって慰められる。そのために、涙はしばしば希望へとつながるのである。

二 『フィロカリア』における涙と嘆き

では『フィロカリア』に収録された師父たちが「涙」についてどのように語っているのかを概観したい。『フィロカリア』において涙に対する言及が多いのは、フォーティケーのディアドコス、テオグノーストス、シナイのテオフィロス、ダマスコのペトロス、新神学者シメオン、その著作の一部として扱われている敬虔者シメオン、そしてニケタス・スティタトスである。彼らの記述を鑑みつつ、とりわけシメオンに帰される第六巻収録の「断章」の記述から涙の意義を素描したい。

1 新神学者シメオン「実践と神学についての断章」

ⓐ シメオンと光の体験

新神学者シメオンの神学、ないし実践における涙の重要性は際立っており、しばしばその神学は「涙の神学」として紹介される。[30]またシメオンが語る涙の特徴は、個人的経験に裏付けられたものである。彼は生涯にわたって二度、光を伴う神秘体験をした。これらの経験の記述に共通するものが、集中した祈り、光、そして「涙」の存在である。[31]

神秘体験についての記述の一つがある『教理講話』第二二章は、『フィロカリア』第九巻に現代語からの翻訳として収録されている。そこで彼はまず光で満たされ、そして恍惚とともに忘我し、「全体として」神の光に出会い、合一し、涙と喜びに満たされたと書いている。またその状態のうちに天へと昇った際に、彼は「アッバ・マルコスの本と彼がなすべき指示・規則を与えたかの聖なる長老」が別の光のそばに立っているのを見る。ここで「かの聖なる長老」は敬虔者シメオンを指している。新神学者シメオンにおける敬虔者シメオンへの敬意はしばしば指摘されている。彼は信頼とともに師父を見ることとは、「キリストその方を見る」ことなのだと説いている。[32] つまり使徒の時代、あるいはモーセの時代から連綿とつながる教えの継承のうちに師を位置づけることで、その師との関係において聖霊の働きを見出すのである。とりわけ涙の働きについては、師である敬虔者が強調してきたことであり、新神学者はそれを継承・発展させてきたものであると、しばしば指摘されている。[33]

ⓑ『フィロカリア』におけるシメオン

さて、彼の著作が『フィロカリア』に登場するのは、邦訳第六巻と第九巻である。第九巻では前述の『教理講話』の抜粋と、シメオンの著作であるとされる『祈りの三つの方法について』が収録されている。[34] また、第六巻には「実践と神学についての断章」（以下『断章』）と題された論稿が入る。これは三者の著作から抜粋されたものである。まず第一節から第一一八節までは新神学者シメオンの『一〇〇の実践的・神学的主要則』からの引用である。また第一一九節から一五二節は新神学者シメオンの師、敬虔者シメオンのものであり、とりわけ第一二一節以降は『修徳行論』による。また最後の第一五三節はニケタス・スティタトスによる『聖シメオンの生涯』三一節からの引用である。[35]この点から、『断章』を純粋に新神学者シメオンのものということはできない。しかし、新神学者の見解を基にしつつも、敬虔者、そしてニケタスの思想を見ていくことは、そもそも『フィロカリア』において本書がこのような構成で収録されていることがなにを語ろうとしているのかを考察するのに妥当であろう。

2 涙は実際に流れたのか？

最初に確認しておきたいのは、『フィロカリア』に収録されている著述家たちにとって、涙は「実際に流れているもの」として扱われていたのか、という点である。先述したように、砂漠の師父、特にアルセニオスやポイメンの逸話を読む限り、彼らの涙は物理的に流れているものであると言えよう。しかしクリマクスは「内的な涙」についても指摘しており、教父たちが想定する涙を一概に外的な落涙と捉えることはできない。

しかしマルコスのように、祈りの最中に涙が流れることを「思いあがり」につなげる点からは、涙を外的なものとして扱っていたことが読み取れる。同様にシメオンについても、第一四節にて「虚栄に満ちたものは、謙遜なものが滂沱の涙を流して二重の利益を得るのを見ると、首を絞められているかのように感ずる」[36]と書き、あたかも涙が第三者によって観測できるものであるように扱っている。また第六七節にて「王の中の王の御顔の前」に立った際の状態について語る際に、「感覚的には滂沱の涙が溢れでて、他方で静けさと優しさ……が生み出される」と内面性と感覚的なことが対比的に書かれている。加えてシメオンの弟子ニケタスは涙と精液を対比させ[37]、「存在οὐσία そのものから流れ出る二種類の自然な液体」と説明し前者はわたしたちを浄化するものであると説く。[38]

このような点から、涙を全て内的なものと捉えることもまた困難であろう。むしろ『フィロカリア』の収録箇所のみを想定した場合、身体からの流出としての涙が前提にあったと言えよう。あるいは内的な涙であっても、それはあくまで外的な涙が先立つか、あるいはそのイメージのもとに構築されていたことは明らかである。

三　「断章」における霊的生活と涙

では涙は修徳行のどの段階で必要になるのだろうか。クリマクスは涙を伴う悲嘆を第七階梯に据え、テオファネスは神的な上昇の十の階梯のうち、四番目に「心の涙」を見出した[39]。またニケタスは、擬ディオニュシオスを援用した浄化的、照明的、完成的の三段階のうち、浄化の段階に据えている。さらにニケタスは涙を「回心の涙」と「打ち砕かれた心の涙」に分類しており、前者は浄化的なそれであるが、後者についてはそれとは異なっている[40]。それは「観想と不受動心とを通して霊的な旅路の中間地点を通過し、地上の感覚的知覚の欺瞞を超越した者[41]」のものであり、前者は「刺すような感覚と苦痛」をもたらす一方で、後者は「痛みもなく」流れだすもので、「喜びと神的な光[42]」を心に満たす。

「断章」で扱われるシメオンの涙に段階を規定することは難しい。しかし涙の扱いは、浄化をもたらす途上としての涙と、神秘体験において流れるものの二つが緩やかにわかれている。先に挙げた第六七節にて書かれる神との出会いの体験と涙についての描写を見てみたい。

　生じてくる労苦を避けようとせず、永遠の処罰への恐れから逃げ出そうとせず、しかして心に決めたことに聴従し、彼の方に釣り合うようにと自らの枷をより強く締めるなら、その道行はより短くなり、王の中の王の御顔の前に彼を立たせることだろう。そこへと至ったあかつきに、彼の方を見上げておぼろなかの栄光に向かうならば……心の労苦は喜びへとかわり、そこから泉が湧き出るだろう。また感覚的には滂沱のなみだが溢れでて、他方で〔霊的には〕静けさと優しさ、言葉にならない甘美さ、それに加えて勇気が生み出される。

ここでの涙の内実は、悲しみではなくて「静けさと優しさ、言葉にならない甘美さ」である。とはいえ、そこで対峙する栄光は「おぼろ」なものであり、途上に位置づけられている。そしてこのようなことを「見習いには不可能」であるが、「前進の途上」にあるものに対しては有益であるとする。またこのような祈りの果てとしての涙を伴う神秘の体験は、敬虔者シメオンも一五〇節にて言及している。

神秘体験とは天上での栄光の先取りである。しかしそれはあくまで先取りであり、その後にも歩みは続く。シメオンが己の神秘体験を仮託したゲオルギオスもまた、体験の後に喪失感を覚え、二度目の神秘体験の際には、涙をもって神を探し求める姿が書かれる。つまり神秘体験における涙もまた、途上のものなのである。

1　常に泣くことの重要性

砂漠の師父の箇所でも触れたように、霊的生活の途上において、泣くという実践はただ一度きりで終わるものではない。シメオンは『マタイ福音書』五・四の注解において、幸いなのは「嘆いた〔過去形〕」ものではなく「嘆く〔現在形〕」ものであるという点を強調している。[43] このような継続的な涙の働きは、「涙によって絶えずそそがれ、そのもとで冷やされ、渇望の火を一層燃え盛らせる。そのために涙はますます溢れでて、そのそそぎに洗われることでより輝き出す[44]」という涙のそそぎと冷却、そこからのさらなる燃え上がりという相互作用とも言うべき部分からも読み取れる。

また「断章」の一一九節以降、つまり敬虔者の筆とされる箇所には、具体的な修道生活を前提とした言葉が多い。例えば涙の実践について、敬虔者は一日の終わりに自分自身を吟味することを勧めつつ、誤ちについては「集中した祈り」と「告白」、そして涙を求める。そして誤ちを己の中に見いだせない時は、以下のようにすべきだと勧める。

……神に向かって滂沱の涙を流しながら叫びなさい。「主よ、私をおゆるしください。わざと言葉、知と不知において、いかに大きな罪をおかしたことか。私達は多くの過ちをおかしているのに、それを知らずにいるのです」。

このように、敬虔者は日々の生活の誤ちについて涙を流すことで痛悔を勧めると同時に、「罪を見出すことのできない」状態そのものに対する痛悔を行うことも求める。また日々の生活の場を奉仕と修室の中の二つに分け、後者においては「痛悔と精励と滂沱の涙と共に（μετά κατανύξεως καὶ προσοχῆς καὶ συνεχῶν）」祈ることを勧める。(45)このような追求は、一四〇節でも、「ヌースをつねに神に向ける」べきであり、具体的には「悲嘆（πένθος）と、流しきれない涙」があるべきであると説いた点にあらわれている。

また霊的生活につきものの倦怠（ἀκηδία）への対処法として、新神学者は涙をながして祈願するようにとする。(46)倦怠とは修道士にしばしば見られるもので、修道士に見られる日々の修道生活への退屈や絶望、気力の喪失や精神の疎外を指す。それに陥るならば、人は修道生活とは関係のないことで思い悩むようになってしまう。そのような場合には「祈りの場」に入り、神にひれ伏し、涙を流してうめきながら祈ることで、解放を求めるのである。つまり精神的停滞をまず身体的な姿勢や涙の助けによって追い出すことを勧めているのである。

2 涙の内面性

ⓐ πένθος と涙

では次に、先に触れた πένθος、κατάνυξις と涙の関係を見ることで、涙をながす者の内面性について考えてみたい。「断章」の引用箇所のみをみると、πένθος は三度登場する。第六九節にて、彼は以下のように言う。

悲嘆と涙の前では（Πρὸ τοῦ πένθος καὶ τῶν δακρύων）、誰も私達を空虚な言葉で欺いてはならない。[47] あるいは私達は自分自身を欺いてはならない。実に私たちのうちには、回心も悔い改めもなく、己の心に神への恐れを持たず、自分自身への究明もなく、また私たちの魂は来るべき裁きと永遠の責め苦の感覚をも得ていない。しかし、もしあなた方が自分自身を糾明し、それらを自らのものとし、そしてそうなるのならば（ἐν τούτας ἐγενόμεθα）、すぐに涙が流れてくることだろう。それら（涙）なしには、私達の頑迷さは決して和らげられることなく、また私達の魂が霊的な謙遜を手に入れることもなく、そして謙遜なものとなる力もないのである。このようになっていない者は、聖霊と一致することもできない。また浄められることによって一致していない者は、神の観想と知（ἐν θεωρίᾳ καὶ γνώσει）に達することもできず、また謙遜なる善について神秘的に教えをうけるにふさわしくもない。[48]

ここで涙と πένθος とが取り上げられている。欺瞞に陥ることなく自己の糾明、回心、悔い改め、神への恐れ、終末とその際の罰について思い、それを自らのものとすることを彼は求める。涙はこのような糾明と回心の結果、「流れてくる」ものであるとされる。そしてこのような涙の効果として取り上げられているのは以下の三点である。

第一に頑迷さの和らげ、第二に謙遜を手に入れること、第三に謙遜なものとなる力を手に入れることである。この痛悔と謙遜とは、キリストの受難に与ることを可能ならしめる唯一の道である。すなわち πένθος とともに涙を流すということは、キリストへと己をあわせていくことであり、それによって、聖霊との一致へと到り、それはさらに人を神の観想と知に到達せしめる。まさに πένθος は人間が神の像を回復する手段なのである。(49)

ⓑ κατάνυξις

また κατάνυξις は「断章」では特に痛悔と翻訳した。四六節を除けば、全てが文章中で涙と関連付けられる。(50)敬虔者はこれを謙遜、柔和、憐れみ、従順、無欲等の徳の一つとして挙げる。(51)しかしこの κατάνυξις は、πένθος と並んで単純な悲しみの感情ではない。むしろ「痛悔と嘆きのうちで喜び」と言われているように、喜ばしいものなのである。また κατάνυξις について、彼は「過剰な喜びと痛悔（κατάνυξις）から情念によって揺り動かされぬよう」努力するようにも付言している。つまり過ぎた κατάνυξις は人間に動揺をもたらすものとなりうるのだ。この点については、弟子も四六節にて、「時期を逸した激しい心の苦悩は……清い祈りと痛悔を魂から消し去り、他方で心の労苦を作り出す」と言う。クリマクスが涙に対する警戒に言及したように、極度に精神を動揺させることは情念的な方向性にもつながりうる。つまり κατάνυξις について言うならば、ただ心に対する痛みや衝撃を受け取りつづければいいというものでもない。このような点から、κατάνυξις は神的な悲嘆を意味する πένθος とは異なり、どちらにも転びうるものであると言えるだろう。

3　涙と聖霊

ⓐ　聖霊の働きと涙

シメオンの涙理解の特徴の一つに、涙のうちに聖霊の働きを大きく見出した点が挙げられる。涙を流すという行為は、しばしば生理的な現象であるがゆえに、人間の自力に関わるものであるかのように見られがちである。しかしシメオンにとって、それは自力的な行為ではなく、むしろ聖霊の働きかけによって生起するものである。例えば「断章」一四節では、新神学者は涙を「恵み深い神がそれを通して働きかける」ところのものと表現する。つまり涙を流すということは、神が働きかけていることの目に見えるしるしなのだ。

敬虔者シメオンは、聖霊と涙について次のように言っている。

> もし祈りを成し遂げた時に、なにか他の、筆舌に尽くしがたい光があなたを照らしだし、魂が喜びに満ち溢れ、より善きものへの欲求がわき、痛悔と共に涙が流れだすならば、これこそが神的なるものの訪れであり、援護なのだと理解しなさい(52)。

祈りを終えた人間において、喜び、善きものへの欲求、痛悔（κατάνυξις）を伴う涙が流れるということは、神的なるものの訪れ、つまりは聖霊の働きにほかならない。そしてしばしば涙には「浄化」という性質が強調されている。この浄化は聖霊のエネルゲイアと現存がなければ得ることができない。三三節では「不受動の徳を持つ聖なる導き手を送ってくださるよう、諸々の祈りと涙によって神に祈願しなさい」と新神学者は勧める。聖霊なくして人間は「神的な知」を認識することは能わない。聖霊を伴わない涙は、いわば虚栄のそれであり、人間を誤ちへと導くものである。つまり涙は聖霊が訪れたということの外的なしるしともなる。一方で、涙が流れたからといって、それがもれなく聖霊の働きを示しているとは言えないのは既述の通りである。

またこの聖霊は彼方から発出されるような外在的イメージではなく、より内在的なものであると新神学者は提示する。彼は神化のために重要なものとして、内在する神の認識[53]を強調する。聖霊と涙の関係を、特に取り上げているのは先に挙げた六八節であろう。聖霊を求めること、あるいは聖霊の訪れを示す涙を流すということは、己に内在する聖霊に気づくという行為である。この点には、新神学者が体験した神秘体験における涙と光、そしてその後に湧きだした渇望の痕跡が明らかに現れている。

己の中に至聖なる聖霊の光を持つ者は、それを見ることに耐えられないがために、地の面に落下し、大いなる恐れと不安の中で泣き叫んでいる。本性を超え、言葉を超え、理解を超えた物事を見て、まるでそれを被ったかのように。そしてはらわたを火で焼かれてしまった人間のようになる。火で焼かれ、炎の災禍に耐えることができない者は、あたかも脱魂し、自らを制御することが全く出来ない人のようになる。また、涙によって絶えずそそがれ、そのもとで冷やされ、渇望の火を一層燃え盛らせる。そのために涙はますます溢れでて、そのそそぎに洗われることでより輝き出す[54]。

ここで「己の中に至聖なる聖霊の光を持つもの」が泣き叫ぶ様子が描かれる。「泣く」という行為が、当然ながら水のモティーフへと還元され、「冷やす」という表現に接続されている点も興味深い点である。そこでは涙を流し、それによって冷やされるという点と、涙によって冷やされることで一層燃え盛り、それによって涙が出るという点の相互の関係が明確に示されている。つまり涙を流すということは、聖霊を求め、それを受けるという体験であると同時に、そこにさらに追求の起点をつくるということでもある。それは内在への知を明晰なものにしていく行為でもある。また聖霊は無限であるがゆえ、人間の渇望は充足することなく、ますます涙によって追い求めることとなるのだ。

ⓑ　聖霊による神との一致

新神学者はしばしば、地上における神との一致の可能性を示唆している(55)。そもそも πένθος のもと、自らを神の方向へと、聖霊の助けによって向けていくという行為と、それに対する聖霊の働きかけこそが神化の道程なのである。先に引用した六八節は以下のように続く。

　こうして燃え上がった後に、その者は光のようになり、次の言葉が成就する。「神は神々と一致し、知られる者となった」。こうしたことは以下のようなことを示している。つまり、［神に］結び付けられた人々に対して［神は］今や合一したのであり、また知ってしまった人々に対して、顕な者となっているのである(56)。

涙を流す人はやがて光を見るのではなくて、光そのもののようなものとなる。「神は神々と一致し」というこの文言は、ナジアンゾスのグレゴリオス第三八説教に依っている(57)。そこでは神の受肉を基にして、神の現れ（テオファニー）としてのイエスについて語っている。そしてこの神々とは、その受肉によって神を認識可能な存在、すなわち神々へと変容させられた私たち人間のことを指す。アタナシオスが「この方が人となられたのは、われわれを神とするためである(58)」と受肉を説明したように、受肉とは人間が神となる途を開くものである。つまり、シメオンはここで、この世における神との一致の様子を語り、このことによって、この世における神化の可能性を示唆しているのだ。そしてそれは、涙の果てにある。

四　涙と共同体

1　涙と洗礼

新神学者シメオンにおける涙理解の特徴であり、またしばしば問題視されるのは、「涙による洗礼」を強調した点であろう[59]。彼は涙による神化の道程において、この涙の洗礼を絶えず受けることの重要性を挙げる。この点は、水の洗礼を完成させるものとしての霊の洗礼について説く『使徒言行録』八・一四～一七に関連付けられている。このような洗礼については、アレクサンドリアのクレメンスによる言及を皮切りに、オリゲネスや大バシレイオスらによって言及されており、特にクリマクスも『楽園への梯子』にて、最初の洗礼よりも偉大なものであるとしている[60]。水による最初の洗礼は、私たちがそれ以前に負っていた罪を消し去るものであるが、その後に犯した罪を洗い流すためには、悔い改めの故に流れる涙が必要となる。

「断章」七四節にて、彼は以下のように洗礼を説明している。

私達は神的な洗礼によって犯してきた罪の赦しをうけ、原初の呪いから開放され、聖霊の現存によって聖なる者とされた。しかし他方で、「私は彼らの間にすみ、そして出入りするだろう」という意味での完成された恵みはその時に受けていない[61]。

「神的な洗礼」は水による洗礼を指す。彼によれば、それはたしかに「犯してきた罪」に対する赦しを与えるが、それでもまだ、『第二コリント書』六・一六にあるような聖霊の内在する神殿として人間が完成されることはない。これはあくまで過去の罪の帳消しである。また続く箇所では、シメオンは婚約のモティーフを用いて説明をする。そこで洗礼をうけた人は、キリストと結婚を約束した花嫁に喩えられる。(62) 婚約した女性が婚姻の時を貞節と共に待つように、人はたえざる回心の道を歩くように求められるのである。加えて「断章」一一〇節に指摘されているように、洗礼をうけた人間が、しかしその後によこしまな意志に屈してしまうならば、「聖なる洗礼の聖なる母体から自分たちを疎外(63)」することとなってしまう。

さらに彼は水の洗礼における水を涙の予表であるとし、塗布される油を「聖霊の内面的香油」であると説明する。(64) それに対して第二の洗礼はその両者がそれ自体の形で現出するものであるとする。つまり第二の洗礼は水による洗礼が指し示すものそのものだという説明をするのである。また今を生きる修道士たちにとって第二の洗礼こそが重要であるという点は、一四四節にて、敬虔者が「涙なしには、あなたは決して主に与ることはないだろう（Ἄνευ δὲ δακρύων μηδέποτε κοινωνήσῃς）」と断言している点にもつながる。(65) この場合、「主に与る」とは領聖そのものを指す。その姿勢を弟子も受け継ぎ、涙を流すということを領聖に不可欠な条件であるとまで主張した。

このような涙の洗礼の強調は、多くの場合幼児時代に授けられていた機密としての水の洗礼との関係に緊張感をもたらす。しかしここで留意したいのは、彼が機密を見る際に、外面的な儀式という事実よりも、その働きの内実そのものをいかに識別していくか、という点を強調しているという点である。もちろん事効論のような西方的な秘跡の効力の問題に言及しているのではない。このような内容優先の理解は、もし聖霊の恵みが受洗者にとって明らかとならないならば、洗礼の水は水にとどまると説明したニュッサのグレゴリオスらの伝統を継いでいる。

このように彼の涙の理解は、内面的なものと外面的なものの密な接合に根付いている。言うまでもなく、涙は私的な修行の領域に限定されるのではなく、領聖するか否か、あるいはそれをして洗礼を受けたと見るに足るかという儀式そして共同体論的な領域にまで伸展するのである。

2　涙と共同体

以上に加えて敬虔者シメオンが、涙を共同体にとって重要な要素の一つとして捉えていた点についても留意したい。「断章」において、敬虔者シメオンは、兄弟の修徳行における肉的なものとの戦いについて相談を受けた際には、次のように勧める。

……そして彼が行ってしまったなら立ち上がり、その戦いを心に刻み込み、兄弟のために嘆声を漏らしながら涙を流して神の方へと手を伸ばして祈りなさい。……神はあなたに対する彼の信頼と、愛に由来するあなたの共苦の心、そして彼のための純粋な祈りをご存知であり、こうした戦いを軽くしてくださるのだ。

ここで涙は自分自身のためではなく、兄弟のために流される。そもそも涙が個人の力によってではなく聖霊の働きが感覚的に認識される形で与えられるならば、ここで身体は他者のために聖霊と自己が協働する場となろう。他者のための配慮について、敬虔者シメオンは語っている。

……我々がなすべきことについて尋ねられるならば、あなたは己の生を通して得てきた神のうちにある実践について、恵みに救けられながら、虚栄のない想念によって、それがあたかも他人の人生に由来するかのように謙遜しつつ教えなさい。問うてくる人が誰であったとしても［助けを］求めているのである。そして思い煩いからの助けを求める人に背を向けることなく、その人の誤ちがどのようなものであったとしても、彼について泣き、祈りながらその誤ちを受け入れなさい。なぜなら、こうしたことが愛と共苦の心のたしかな印なのだから。……[66]。

このように敬虔者シメオンは自らの経験について、「他人の人生に由来するかのように」教えることを勧める。このような点は、自らの神秘体験をゲオルギオスという青年に仮託して教えた、弟子のシメオンの姿にもつながるだろう。そして泣くことと誤ちを受け入れることこそが、「愛と共苦の心」の明確なしるしであるとする。基本的に彼の唱える共同体は自己の体験をわかちあうものであり、そのことは他者の霊的生活を扶けるものとなる。またこのような共同体を意識した涙の扱いは、敬虔者シメオンが教会の聖務日課の場において、目に見える形で涙を流すことを善いこととした点にも見いだせる。

共同体において、……かの日には全ての人が救われて、自分ひとりだけが罰せられるのだと考えねばならない。集いの場に立ってこうしたことを考える者は痛悔に貫かれながら熱心に泣き続ける。……なぜならとりわけ六段聖詠の間、スティコロギアの間、また朗読の間、そして神的な奉神礼の間に、［こうしたことが起こるのは］見習いたちにとっては非常に善美なることなのだ。

砂漠の師父や、他の記述を見てもわかる通り、修道士が泣く場所はしばしば僧坊の中である。しかし敬虔者は時課の祈りや典礼の場において、涙をながすことの重要性を強調した。このように共同の場で泣くことを勧めるのは敬虔者シメオンに特徴的なことである。[67] そしてその涙は本人ではなく、周囲、特にまだ見習いの修道士にとって良い影響をあたえると言っている。またこれをうけて、弟子もまた祭儀において涙をながすことを勧める。ここで涙の外面的なものとしての性質が、他者とそれをわかちあい、また共同体を整える方向へと向けられているのである。

五　おわりに

以上、聖書、砂漠の師父の言葉を概観しつつ、『フィロカリア』におけるシメオンの著作に若干の光を当て、涙の意義を考察してきた。涙そのものについて、修行や諸々の体系に当て嵌め、理解しようとするのは困難であるし、そのように理解しようとするとき、涙の自由で多様な性質は失われてしまうだろう。

最後に、修道制を通して見た涙の面白さを三点指摘しつつ、本章のむすびとしたい。

一点目には涙の二律背反的な性質である。涙は一見すれば、陰鬱で己を追い込む閉鎖的なもののように感じられる。しかし以上見てきた通り、涙をながすということは己の中の聖霊の働きを知り、神の知を得るという発展的な行為である。また『マタイ』五・四に由来する黙示的なパースペクティブで見た時、涙は「拭われる」ものなのである。言い換えるならば、涙を流すからこそ、神によって拭われるのである。このように、涙は人間の感情的側面に由来する営みでありながら、人間の感情を神へと秩序付けることによってそのものから超越し、昇華するものとなっていく。

二点目は、涙が身体的働きであるという点である。とりわけ新神学者について言われることだが、彼は身体と霊魂、精神といったものに明確な区別をつけない。しかしそれこそが、涙をして、身体が聖霊と協働する場であることを示すものとするのである。つまり涙を流すという身体的行為によって人間は神化の道程を歩むこととなる。また涙によって「すすがれる」という外面的な言葉は、そのまま人間存在そのものを浄化するという霊的な言葉に転化する。このような内外の密接なつながりこそが、涙の最大の特徴の一つといえるだろう。

また三点目は、身体的働きとしての涙は、おそらく視野を不明瞭にさせるであろうという点である。多くの場合、人間は視覚によってモノを対象として認識する。しかし涙によって視界が遮られるということは、対象化する能力の破綻である。これによって人は神を対象化することが能わず、むしろ神の対象となる。すなわち神の眼差しの中に捉えられるのである。しかしこの転換がなければ、人間は神を認識しえない。つまり神を視るということは、神に視られるということであり、その眼差しに気づくということである。この点は単純に視力の問題だけではなく、視力に象徴されるところの人間の知性や認識そのものについても言えるだろう。つまり神を視るということは、いわば主体性の転換なのではないだろうか。

註

（1）上野矗「涙に関する臨床心理学的研究（2）：涙が援助的理解関係にとってもつ意味と効用」『大阪樟蔭女子大学人間科学研究紀要』4、二〇〇五年、六三～七四頁参照。

（2）東方教父における涙、嘆きの問題について扱った主な文献は以下の通りである。

• Irénée Hausherr, Penthos : *la doctrine de la componction dans l'Orient chrétien*, Roma, Pont. Institutum Orientalium Studiorum, 1944.（*Πένθος : the doctrine of compunction in the Christian East*, Anselm Hufstadert (tr.), Kalamazoo, Mich. : Cistercian Publications, 1982.）
• Barbara Müller, *Der Weg des Weinens : die Tradition des "Πένθος" in den Apophtegmata Patrum*, Göttingen : Vandenhoeck & Ruprecht, 2000.
• Piroska Nagy, *Le don des larmes au Moyen Âge : un instrument spirituel en quête d'institution* (*Ve-XIIIe*), Paris : A. Michel, 2000.
• Hannah Hunt, *Joy-bearing grief : tears of contrition in the writings of the early Syrian and Byzantine fathers*, Leiden : Brill, 2004.
• *Holy Tears: Weeping in the Religious Imagination*, Kimberley Christine Patton and John Stratton Hawley (ed.), Princeton, N.J. : Princeton University Press, 2005.
　Hausherr は最初期に涙と πένθος, κατάνυξις について扱ったものであり、後続する研究からの言及が多くなされている。Müller はタイトルの通り、砂漠の師父における πένθος の実践について、それに対する異教祭儀や聖書の原泉を探っている。Nagy は西欧における「涙」の実践の根本として、砂漠の師父、クリマクスらを扱っている。Hunt は Πένθος 概念を中心とし、砂漠の師父、クリマクス、エフライム、イサーク、シメオンを扱う。また"Holy tears"は様々な宗教における涙の実践についての論文集だが、Ware による正教会の涙の実践に関する論文が収録されている。
（3）『詩篇』三八（三九）・一三、『列王記』下二〇・五。
（4）テオドロス「神をその身に担う敬虔なるわれらの師父テオドロス」袴田玲訳、第七一節、『フィロカリア』第二巻、新世社、二〇一三年、四〇一頁。
（5）フォーティケーのディアドコス「霊的な認識と識別について」宮本久雄訳、第七三節、上掲書、一三八頁。
（6）ニケタス「実践的修行の要点についての一〇〇断章」桑原直己訳、第六〇節、『フィロカリア』第六巻、新世社、二〇一三年、二四八頁。

（7）マタイ二六・七五、マルコ一四・七二、ルカ二二・六二。
（8）ルカ七・三八、四四。
（9）黙七・一七、二一・四。
（10）ヨハネ一一・三五、ἐδάκρυσεν ὁ Ἰησοῦς
（11）ルカ一九・四一。
（12）ヘブライ五・七。
（13）Nagy (2000), p. 47.
（14）Nagy (2000), p. 62.
（15）The Chapters on Prayer, 5-8. cf. J. Driscoll, Πένθος and Tears in Evagrios Ponticus, *Studia monastica*, 36. 2, 1994, pp. 147-163.
（16）πένθος, *Hesychii Alexandrini lexicon : Αιλιου διογενειανου περιεργοπενητες / editionem minorem curavit Mauricius Schmidt*, Jenae : Sumptibus Hermanni Duffti, 1867, p. 1215.
（17）Hausherr (1982), pp. 3-6.
（18）Origenes, Homiliae in Visiones Isaiae, 4:3. cf. Hunt (2004), p. 24.
（19）Hausherr (1982), pp. 11-16.
（20）ヨハネ一九・三四。
（21）Müller (2000), p. 86.
（22）Hausherr (1982), p. 8.
（23）桑原直己「解説ニケタス・ステタトス」『フィロカリア』第六巻、新世社、二〇一三年、三八一頁。
（24）Hausherr が πένθος について語った有名なオリゲネス以降の教父として挙げているのは以下の通りである。アタナシオス、バシレイオス、ナジアンゾスのグレゴリオス、ニュッサのグレゴリオス、ヨハネス・クリュソストモス、エフライム、砂漠の師父たち、エヴァグリオス、カッシアヌス、ニルス、修道院長イザヤ、クリマクス、バルサヌピウス、預言者ヨハネ、隠者マルコ、敬虔者シメオン、新神学者シメオン、ニケタス、ダマスコのペトロ等。

（25）A巻、アルセニオス、四一節、谷（二〇〇四）、三三頁。
（26）Π巻、ポイメン、二六節、『砂漠の師父の言葉』谷隆一郎・岩倉さやか訳、知泉書館、二〇〇四年、二四四頁。他、五〇節、一一九節。
（27）この部分の原語は"κλαύσατε"であり、泣き叫ぶことを示す。
（28）Π巻、ポイメン、一一九節、谷（二〇〇四）、二六七頁。
（29）Ξ巻、ペルシアの師父ヨハネ、四節、谷（二〇〇四）、一五八〜一五九頁。
（30）cf. Kar Höll, *Enthusiasmus und Bussegewalt beim griechischen Monchtum*, Leipzig, 1898. ただし著者は未見であり、Hunt（2004）p. 173. を参照した。
（31）大森正樹「新神学者シメオンとその神秘体験」『エイコーン』二三号、新世社、二〇〇三年、七二〜九一頁。
（32）「実践と神学についての断章」一九節、坂田奈々絵訳『フィロカリア』第六巻、新世社、二〇一三年、一六三頁。
（33）H. Hunt, 'Uses and Abuses of Spiritual Authority in the Church in St Symeon the New Theologian', in *The Philokalia: Exploring the Classic Text of Orthodox Spirituality*, Brock Bingamen & B. Nassif (ed.) Oxford University Press, 2012, pp. 203-215.
（34）この作品の著者問題と内容の解説については、以下に詳しい。大森正樹「祈りの方法論――『フィロカリア』における伝「新神学者シメオン」と二つの不詳の著者による論攷を中心に」『南山神学』五二号、神言神学院、二〇〇一年、六七〜九〇頁。
（35）cf. NIketas Stethatos, *The Life of Saint Symeon the New Theologian*, Richard P. H. Greenfield (tr.), London, 2013, p. 69.
（36）「断章」、一四節、一六二頁。
（37）この対比についてはシメオンも行っている。cf. Cathechesis 9, II, 355-60.
（38）ニケタス「実践的修行の要点についての百断章」桑原直己訳、『フィロカリア』第六巻、新世社、二〇一三年、六七節、二五二頁。（以下、ニケタスI）
（39）テオファネス「修道士テオファネス」谷隆一郎訳、『フィロカリア』第四巻、新世社、二〇一〇年、二四二〜二四三頁。

(40) 桑原直己「解説　ニケタス・ステタトス」『フィロカリア』第六巻、新世社、二〇一三年、三八〇～三八一頁。
(41) ニケタスⅠ、四二節、二四一頁。
(42) ニケタス「自然的観想の要点についての百断章」桑原直己訳、前掲書、四五節、二八五頁（以下、ニケタスⅡ）。
(43) cf. Hilarion Alfeyev, *St. Symeon the New Theologian and Orthodox Tradition*, Oxford, 2000, p. 54.
(44) 「断章」六八節、一七九頁。
(45) 「断章」一三六節、二〇五頁。
(46) エヴァグリオスは ἀκηδία を八つの罪源の一つに位置づけ、「白昼の悪魔」と読んだ。彼は Praktikos 第二七章で、acedia に陥った際に、涙を流し、個室にこもり、死の日を想うことを勧める。そして涙によって魂を二つにわけ、詩篇四一章六節を歌うように勧める。このように神の方向へとヌースを向けた懇願と悲嘆は、いわばそれを外的に行うということによって、個人の精神から倦怠を追い出すものとなる。
(47) エフェ五・六参照。
(48) 「断章」六九節、二五一～二五二頁。
(49) Hunt (2004), p. 230.
(50) 涙と κατάνυξις を関連させる場面については、一二二節、一三六節、一四〇節、一四四節、一五〇節、一五二節が挙げられる。
(51) 「断章」一四三節、二一一頁。
(52) 「断章」一五〇節、二一五頁。
(53) 鳥居小百合「新神学者シメオンにおける神化の道のり――神の内在とその自覚」『南山神学別冊』二六号、二〇一一年、五五～七三頁参照。
(54) 「断章」六八節、一七九頁。
(55) 鳥居、前掲書、六四頁。
(56) 「断章」六八節、一七九頁。なお引用元箇所より訳を見直し、改めた。
(57) Gregorius Nazianzenus, Oratio, 38, 7, PG. 36.317.

（58）アタナシオス「言の受肉」小高毅訳、『中世思想原典集成』第二巻、平凡社、一九九二年、一三四頁。
（59）ただし「断章」には涙の洗礼について明確に強調された記述はない。引用元である『百の実践的・神学的主要則』の三五、三六節には、上で引用した箇所も含め「二度目の洗礼」についての記述があるが、それは『フィロカリア』には引用されていない。とはいえ、シメオンにおける涙の重要性を語る上では非常に重要な要素と言わざるを得ないだろう。
（60）John Climacus, *The Ladder of Divine Ascent*, Step. 7, 6, 802C.
（61）「断章」七四節、一八一頁。
（62）「断章」七六〜八一節、一八二〜一八四頁。
（63）「断章」一一〇節、一九五頁。
（64）新神学者シメオン「一〇〇の実践的・神学的主要則」三六、篠崎榮訳『中世思想原典集成』第三巻、平凡社、一九九四年、七六〇頁による。ただしこの箇所は「断章」では省略されている。
（65）「断章」一四四節、二一二頁。
（66）「断章」一四三節、二一一頁。
（67）Alfeyev (2010), p. 81.

第7章　洗礼の意義をめぐって
――擬マカリオス・メッサリアノイ・修徳行者マルコス――

土橋　茂樹

『フィロカリア』第一巻[1]に登場する修徳行者マルコスの名は、残念ながら我が国の教父研究者の間ではあまり馴染みがないかもしれない。しかし、彼が同巻に収められている大アントニオス、隠修士聖イザヤ、修道士エヴァグリオスなどと並ぶキリスト教修道史上のもっとも偉大な師父の一人であることは、『フィロカリア』全巻を通じて彼の言葉が敬意をもって何度も繰り返し引用されていることからもはっきりうかがえる。[2]それどころか宗教改革期においては、彼のまったく与り知らぬ経緯によって、改革派・改革反対派の両陣営から「原プロテスタント」(proto-Protestant) としてまつり上げられもした。[3]マルコスのそのいささか奇妙な再登場は、『フィロカリア』にも収められた彼の『業《わざ》によって義化されたと考える人々』(そのような人々に対する論駁の書)がルターの信仰義認論を先取りしたものか否かという、なんとも時代錯誤的な当時の論争がもたらしたものに過ぎないのだが、少なくとも近代においてすらその名が認知されていたことの証左にはなるだろう。

ところが、では修徳行者マルコスとは一体何者か、という段になると、その正体は杳として掴めない。『フィロカリア』では彼の盛年を四三〇年頃と伝えているが、近年の研究によれば、それから五〇〇年頃までを彼の活動した時期とみなすのが妥当なようである。[4] 単独では不確定な要素があまりにも多いマルコスだが、その思想を知る大きな手がかりは、彼が「メッサリアノイ（Μεσσαλιανοί：シリア語で「祈る人々」）」と呼ばれた異端派の主張を論駁した書物のうちに見出される。メッサリアノイの異端思想が、同時代の（おそらくシリア起源の）擬マカリオスに帰されるいわゆる「マカリオス文書」から大きな影響を受けていたことは既に研究者の間では周知のことであるが、さらに最近の研究によればマルコスの残した反メッサリアノイ文書のうちにもその当の擬マカリオスとの共通点が多々見出されている。[5] 擬マカリオスとメッサリアノイ、そしてマルコス、これら三者の関係は一体どのようなものであったのだろうか。彼らは何を共有し、どこでどのように意見を異にしていったのか。この問いを、特に洗礼という秘跡をめぐる彼らの主張を比較考察することによって解き明かしていくこと、それが本章の課題である。

一　異端派メッサリアノイによる洗礼否定論

メッサリアノイとは

そもそもメッサリアノイとは、「祈る人々」というシリア語にその名が由来することからもわかるように、人間の自然本性に巣食う悪魔・悪霊を撃退し得るのは、洗礼などの秘跡ではなくひたすら祈ることのみであるという主張を掲げ、聖霊の魂への到来、情念からの完全な解放、とりわけ現世における神との感覚的な対面体験・合一体験を強調する異端的宗教運動体の総称である。彼らに対する言及は、三七〇年代にサラミスのエピファニオスの異端論駁の書に初めて現れた。その当時はシリア、メソポタミアが活動圏であったが、さらに彼らをめぐる論争は、四二〇年代から三〇年代に徐々に大きなものとなりながら小アジアへと移行していった。しかし、四三一年のエフェソス公会議での最初の断罪の後、時を経るにつれてメッサリアノイという名称は異端派に対する広く一般的な蔑称となっていった。彼らメッサリアノイを異端告発する五世紀から八世紀にかけての反メッサリアノイ文書としては、キュロスのテオドレトスのもの（四五三年）[6]、コンスタンティノポリスのティモテオスのもの（六〇〇年頃）[7]、ダマスコスのヨアンネスのもの（七四九年以前）[8]が代表的であるが、その中に修徳行者マルコスのものも含まれる。たとえば、ヨアンネスは洗礼に関するメッサリアノイの誤った教説として以下のような命題を掲げている[9]。

> 魂を浄化し人間性を完成に導くのは絶えざる祈りのみであって洗礼ではない。
> たとえ洗礼を受けた後でさえ人は誰でも罪によって汚れている。
> 信者が真にキリストの不滅の衣を授かるのは、洗礼によってではなく祈りによってである。
> 情念から自由になり、十全な感覚とまったき確信をもって（ἐν αἰσθήσει πάσῃ καὶ πληροφορίᾳ）聖霊に与らねばならない。

また、マルコスの『業によって義化されると考える人々について』は名前こそ出さないものの明らかに対メッサリアノイ批判であり、彼らを次のように特徴付けている。

> ある人々〔メッサリアノイ〕はこう言う。もし目に見える仕方で聖霊の恵みが与えられないならば、自分たち

は善をなすことができない、と。自ら選択して絶えず快楽に関わるような人たちは、外からの援けがないという理由で、できることをやらずに済ませている。（『義化』断章五五（邦訳版五九～六〇））

現に恩恵が臨在していると感じられなければ善行をなすことは不可能だという点では、彼らの主張はある意味で決定論的であり、神からの恩恵と人間のもつ自由な選択意志との協働の可能性に対して極めて否定的である。

メッサリアノイの洗礼否定論

反メッサリアノイ文書に見出される彼らの教説上の特徴としては、悪霊の実体化、善悪二元論、粗野な物質主義、祈りの重視、洗礼その他の秘跡の否定、極めて強い感覚・経験主義といったところが挙げられる。こうした一連の特徴を根底で支えているのが、悪霊と悪しき行為、聖霊と罪の駆逐との間に確固とした因果関係を措定し、逆に人間の自由意志による自発的働きの面を軽視する彼らの決定論的な思考方式である。こうした彼らの考え方に従えば、洗礼やその他の秘跡を受けたにもかからず、その後、罪深い悪行をなす者を数多く目撃することによって、その経験に基づき、洗礼やその他の秘跡が魂の浄化や人間性の完成になんら貢献し得ないと彼らが結論づけたとしても不思議ではない。なぜなら、そのような者の魂には、洗礼を受けたとしても、依然として罪の根が完全に駆逐されずに残っているからである。

そもそも人間にこうした「罪の根」が見出されるのは、アダムの堕罪以降、悪霊が実体として、生まれてきた人間一人一人に結び付き、あらゆる点で人間を支配しているからである。言い換えれば、洗礼を通して神の恩恵に与ったとしても、そのことによって人類の負った原罪や我々の内なる闇の力が根こそぎにされ、無力化されることはできないと彼らは考えたのである。では、彼らメッサリアノイにとって悪霊を追放する唯一の手段と言われている祈りについて、果たしてそれは神からの恩恵なしに可能なものなのだろうか。反メッサリアノイ文書中には、その疑念に答えてくれるような証言は見当たらない。たとえばティモテオスでは、「〔悪霊が追放された〕後に、聖霊の臨在が祈っている者に生じる」（Ti. 3）と言われており、聖霊の神的賜物である恩恵が祈りの可能根拠として先在する可能性すら否定されているようにみえる。しかし、もしそうだとすれば、悪霊を追放する唯一の手段だとみなされている祈りが、悪霊に支配されている人間によって一体どうすれば可能となるのか。

おそらくここには、キリスト者の生にかかわるシリア起源の（具体的には四世紀無名シリア人著者による書 *Liber Graduum* による）異なる二つのグループの考え方が混在していたものと思われる。メイエンドルフによれば、一方はあくまで善き業をなし修徳行に励むことによって神から義と認められると説くのに対して、他方は聖霊の賜物に与ることによって善き業や修徳行では叶わない人間性の完成へと導かれると説いた(10)。シリア起源とみなされるメッサリアノイ派の中にも当然こうした分派間の対立があったに違いないが、それは祈りという人間の行為が恩恵なしに可能か否かという点で先鋭化していったであろう。その点での明確な決着がつかないままメッサリアノイという宗教運動体に統合され小アジアへと展開・拡大していく中で、人間の実践と神の恩恵との関係が不問に付されたまま洗礼否定という形で恩恵の問題が棚上げされてしまったのではないだろうか。しかし、メッサリアノイ思想には、もう一つシリア起源の大きな源泉があった。それが擬マカリオスである。

二　擬マカリオスの洗礼論

メッサリアノイと擬マカリオス

擬マカリオスとは、四世紀エジプトの大マカリオスの名を冠した霊的著作群（いわゆるマカリオス文書）の真の著者を指し、現在までの研究では、三八〇年頃から四三〇年頃までの間にシリア、メソポタミア、あるいは小アジアで活動していたと思われるメソポタミアのシメオンとほぼ同一視されている。[11]『フィロカリア』第三巻（邦訳では第六巻）に収められているエジプトの聖マカリオス「五〇の講話」は、このマカリオス文書から一一世紀に抄録者シメオンが抜粋したもので、この当時はまだエジプトのマカリオスの真筆性を誰も疑ってはいなかった。[12]エジプト修道院運動のこの偉大な霊的指導者の名が一転してスキャンダラスな論争に巻き込まれたのは一九世紀に入ってからである。それというのも、当時、先述の異端派メッサリアノイ文書に固有の文言がそのままマカリオス文書にも多数見出されたことから、「大マカリオス」の名はマカリオス文書を異端告発から守ろうとした修道士たちが冠した一種の隠れ蓑であって、実際はメッサリアノイ派の教師用手本として使用されていたに違いないとみなされたからである。

では、マカリオス文書の真の著者、擬マカリオス（あるいは「マカリオス／シメオン」とも表記される）もまたメッサリアノイ派の一員であったのだろうか。この点については、現在ではもはや擬マカリオスを厳密な意味でメッサリアノイとみなす専門研究者は一人もいないと言ってよいだろう。[13]もちろん、彼らがある種の革新的な修道環境を共有していたことはほぼ間違いないのだが、残存する資料や証言を照らし合わせる限り、擬マカリオスの文書や口頭での講話を受容しつつその思想をメッサリアノイが極端化・過激化していった、あるいは逆に擬マカリオスがメッサリアノイ思想の急進性を和らげ修正していった、そのいずれかと考えるのが妥当である。擬マカリオスがメッサリアノイ運動に結果的に大きな影響を与えたことは確かだが、彼自身は決してメッサリアノイでもなければ、そのような異端思想の主唱者でもなかったのである。

両者を分かつ決定的な論点の一つが洗礼の意義についてである。洗礼の意義や効果を否定するメッサリアノイに対して、擬マカリオスにそのような洗礼否定の言説は一切見られない。それどころか、洗礼の意義を深く問い直し、独自の洗礼論を展開する箇所が散見される。注目すべきは、彼がメッサリアノイと同様に洗礼後の罪の存続を認めている点である。だからこそ、洗礼の働きを過信し、洗礼によって罪が完全に駆逐されると言う人々の考えを糾そうとさえしているのである。

もし、キリストの到来によって罪が追放され、洗礼を受けた後に悪霊はもはや人の心の中で働く力をもたないと主張するなら、あなたがたは主の到来から今日に至るまで洗礼を授かったいかに多くの人々が悪事を考え企んだかを知らぬとでも言うのか。あなたがたは、洗礼後に多くの人々が罪を犯し、誤りの中で生きているとは思わないのか。(『五〇の講話』一五・一四)

この点では確かに彼の考えはメッサリアノイと同じである。しかし、『大書簡』の冒頭付近で彼は、洗礼を三位一体の神への信仰告白の場として特に重要視している。

まずなすべき第一のことは、厳格で敬虔な正統信仰に関する教説、……すなわちひたすら三位一体の神だけを讃美するように定める教説をまったく真理としてあなたがたが受け容れることである。我々が洗礼の聖なる秘跡に与った際にも、〔三位一体の〕神を讃美し、多くの証人の前で立派に信仰を告白した〔一テモ六：一二〕ように。（『大書簡』第一章(3)）

他の講話では、より明確に洗礼のもつ意義が肯定されている。

神は、聖霊を聖なる祭壇や聖なる洗礼の水のうちに宿らせるために聖教会へと遣わされた。……信仰をもつ者の心が、洗礼によって、……また教会におけるあらゆる神秘的崇敬によって、聖霊から力強く働きかけられるために。（『第一集成』五二・一・四）

しかし、洗礼の意義の肯定と、洗礼後の罪の存続とは、擬マカリオスにおいて一体どのようにして両立し得たのであろうか。言い換えれば、洗礼後の恩恵と罪の共存は果たして可能なのだろうか。

擬マカリオスの洗礼論

この問いに対する彼の答えはこうである。

三位一体の至福の生に与る聖なる洗礼によって、我々信仰者は、主のもたらす言葉に尽くせぬ恵みの〔しるしとして、いわば〕内金（ἀρραβών）を受け取ったことになる。つまり我々は信仰をもつ者として、最終的には相続されるはずの財産をたえず殖やし続けていき、託された金額の倍増〔ルカ一九：一二～一七、マタ二五：一四～三〇参照〕を図るようにという、偉大で汚れのない奥義を受け容れたのである。（『大書簡』第二章(3)）

洗礼によって、洗礼に与った人々には確かに神からの恩恵が賜物として授けられるが、しかしそれは恩恵のいわば内金に過ぎず満額ではない。それを満額まで殖やしていくのは我々の働きだというわけである。言い換えれば、洗礼の際にしるしとして与えられる恩恵こそ、その者の霊的成長の可能根拠なのである。したがって、「水と霊から新たに生まれる者〔ヨハ三：三～五〕も、霊的・精神的年齢が幼子並みのままにとどまり続けるはずはない」（『大書簡』第二章(4)）。洗礼後の霊的な成長を目指した修徳行的努力や闘いを修道生活の主眼とする点で擬マカリオスは確かにメッサリアノイ的であるが、「水と霊による」洗礼によって人間性の完成に至る霊的成長の可能性が恩恵として与えられるところに洗礼の意義を見出し肯定する点では、明らかにメッサリアノイとは立場を異にしているのである。

洗礼とそれに基づく霊的成長の二つの場面で聖霊が働くという考えは、『五〇の講話』（第二集成）においてさらに明確に示される。

霊の力と霊的再生（πνευματικὴ ἀναγέννησις）によって、人は最初の人アダムの段階に至るばかりでなく、それ以上の段階にも至り得る。なぜなら、人は神化し得るからである。（『五〇の講話』二六：二）

「新たに生まれる」とか「再生」と言われる時、正統信仰によれば、「水と霊から新たに生まれること」である秘跡としての洗礼が意味されるのがごく普通である。しかし、擬マカリオスにとって「霊によって新たに生まれること」とは、決してその段階に留まることなく、それよりさらに高次な、人間性の完成へと至る究極の神化の道行きこそがむしろ主題化されていると言えよう。その意味でのもう一つの洗礼を、彼は「火と霊による洗礼」「心の内なる割礼」（『五〇の講話』二六：二三）と呼び、水による洗礼や肉体における割礼と区別している（「彼らにおいて洗礼は肉体の聖化であるが、我々においては聖霊と火の洗礼〔マタ三：一一〕である」〔『五〇の講話』四七：一二〕）。

擬マカリオスによれば、水による洗礼は、確かに人祖アダムの背反によって生じた自然本性的な人類の罪の許しを恩恵の賜物として万人にもたらすが、それはあくまでも各人の信仰の程度に応じた聖霊の心への働きかけであり、罪が完全に追放されたわけではなく肉体における情念として人を罪へと誘惑する限り、聖霊が完全に心のうちに内住し人間性の完成に至るまで、絶えずそうした悪霊と闘い自ら修徳行に励まなければならないと主張される[14]。要するに、洗礼を受けたにもかかわらず、その者の心になお悪霊と聖霊が共在するという彼の主張の意味するところは、このような二種の洗礼・再生によって、神化に至るまでの人間の霊的成長を基礎付けようとするところにあると言えよう。

三　修徳行者マルコスの洗礼論

マルコスによるメッサリアノイ批判

『フィロカリア』第一巻に収められているマルコスの三作品は、ミーニュ（PG 65, cols. 905-1140）所収のマルコス文書集成の一部である。ミーニュ版のテキスト中には部分的にかなり毀れているものもあり、真作性が疑われているものもないわけではないが、そうした文献上の問題を大きく改善してくれたのがデュランによる批判校訂版（全二巻）である。[15]そこには、先の三書も含めたマルコスの真作一〇作品が収められているが、その内、『フィロカリア』所収の『霊的な法について』と『業によって義化されると考える人々』、さらに『洗礼について』を加えた三書が、マルコスの秘跡神学の基礎付けという観点からは非常に関連性の高いひと纏まりの著作群であると考えられる。すなわち、まず『霊的な法について』では、パウロの言う「霊的な法（πνευματικός νόμος）」（マタ 七：一四）の解釈を通して、キリスト者の自由が「法への自由な服従」と規定されることによって、人間の生の究極的な完成が恩恵と霊的な法に基づく修徳的実践の観点から説かれる。次いで『業によって義化されると考える人々』において、そうした霊的な法に基づきながらメッサリアノイの「功績」概念、つまり罪からの救済を善き業や修徳行の実践という功績に対する報償と捉える彼らの考えが批判的に退けられる。マルコスにとって、義と認められる生はあくまで洗礼における神の恩恵の賜物としてしか生じ得ない。したがって、そのような考えに基づいた彼の秘跡神学は、『洗礼について』において初めて十全に展開されることになるのである。

以上の三書の内のいずれにおいても、批判相手としてメッサリアノイの名が明示されているわけではないが、洗礼を否定し異端として断罪された彼らが『洗礼について』の論難の相手であることは論を俟たない。しかし、『業によって義化されると考える人々』の断章一七（『フィロカリア』邦訳版では一八）を見る限り、マルコスが批判している相手を単純に洗礼否定論者としてのメッサリアノイだけに限定してしまうのは早計だろう。

一方で、命じられたこと〔すなわち掟〕を何一つ実行せずとも、正しい信仰が保てると思っている者たちがいる。他方、命じられたことを実行することで、そのことへの報償として王国を受け取ることができると思っている者たちがいる。だが、どちらも王国を手に入れることはできない。（『義化』断章一七）

メッサリアノイといえども決して一枚岩の修道運動体ではなく、おそらく先述の *Liber Graduum* に示された二つのグループのような修道思想上の分派対立の芽があったものと想定される。その上で『業によって義化されると考える人々』では、主に後者すなわち善行や修徳行に励むことでその功績によって義化されると主張するタイプのメッサリアノイが論駁され、同書で十分に論難されなかった前者、すなわち掟に従った善行も修徳行も一切放棄してひたすら祈り続けることによってのみ神化に至ると主張するタイプのメッサリアノイに対しては、『洗礼について』において集中的に論駁がなされたと考えるのが一番筋の通った解釈だと思われる。

いずれにせよ、これら二つのグループは一見すると異なった立場のように見えてしまうが、実のところ彼らは、洗礼によって自然本性に根差した罪を根絶することなどできないという経験的信念に基づいた洗礼否定論を共有している。罪の根が残る以上、悪行への傾向性は相変わらず善を望む人々を挫き苛むであろうし、彼らが決定論的な因果説に従う限り彼らの採るべき道は、悪行への傾向性を押さえ込み自らの善行によって救済を勝ち取るか、さもなければ絶えざる祈りによって聖霊のまったき力を招来することで悪霊に打ち勝つか、そのいずれかしかなかったのだろう。その限りで、マルコスによるメッサリアノイ批判は、彼らの反秘跡主義に対してばかりでなく、その根底にある決定論的な恩恵論・救済論にも向けられていたのである。

マルコスと擬マカリオス

メッサリアノイとは明確に対立するマルコスにとって、ある意味ではメッサリアノイと修道理念の一部を共有しながらも決定的な場面で意見を異にする擬マカリオスとの関係は、当然のことながら極めて複雑なものとならざるを得ない。この点に関しては、マルコスの立場が擬マカリオスを論駁するものなのか、それとも継承・補完するものなのか、有力な研究者達の見解もいまだ一致を見ていない[16]。しかし、両者のテキストを洗礼論に関して比較した限り、洗礼の重要性を強調する点では反メッサリアノイの立場を共有し、またその理由として挙げられる恩恵の考え方やそこで用いられる語彙にも共通性があることは確かである（もちろん、両者の間で決定的に異なる論点があることも確かであるが、その点については後で触れたいと思う）。

まず、メッサリアノイによれば、アダムの犯した罪が実体として全人類に相続され内在するがゆえに、因果的必然によって人類は罪に支配されていると考えられた。しかし、もしそうであるとすれば、人が罪を犯すことは火が周囲の物を熱するのと同様の必然となり、罪を犯した者の意志の働きが等閑視されかねない。そこでマルコスは、アダムの罪そのものではなく、彼の悪しき誘惑への陥りやすさといった罪への傾向性が、人間本性に普遍的に条件付けられたと考えた[17]。その結果、「人間の誰一人としてその責め（ἔγκλημα）を免れ得なかった。なぜなら、我々の自然本性の根が――それは最初の人〔アダム〕のことを言っているのだが――責めを負っていたからである」（『受肉について』XI、三一）。擬マカリオスもまた同様にこう述べている。「アダムが神の命令に背き、悪しき情念のパン種を自らに受け容れたように、彼によって生まれたアダムの種族全体もまた、分有によって（κατὰ μετοχήν）このパン種を共有している」（『五〇の講話』二四：二）と。

いずれにせよアダムの堕罪の結果、人類はその自然本性において罪の支配下に置かれたのだとすれば、次に問われるべきは、その原初的な罪から人がいかに解放されるかである。メッサリアノイは、原初の罪は修徳行の努力や闘いによって取り除かれると主張し、洗礼は何ら効果がないとみなしたが、それに対して、擬マカリオスは前述のように洗礼の働きをはっきりと擁護した。マルコスもまた、罪への隷属からの解放が洗礼によってもたらされることを強調すべく、我々の実践における自由の存立に着目した。

> 洗礼を受けても、我々が人祖の罪から解放されなければ、自由な働きをなし得ぬままでいなければならないことは明らかである。逆に、もし自由な働きを現になし得ているならば、我々が罪への隷属から密かに解放されたであろうことは明らかである。（『洗礼』Ⅱ、五六〜六〇）

しかし、洗礼を受け原初の罪の枷から解放されたのだとすれば、洗礼後も悪業に手を染め罪にまみれた人が少なからず存在する現実をマルコスはどう説明するのだろうか。ここでもまた、擬マカリオスの教説との密接な関係が見出される。

マルコスの洗礼論

前述したように、擬マカリオスの洗礼論の大きな特長は、水による洗礼と火と霊による洗礼・再生といういわば二種の洗礼によって、神化に至るまでの人間の霊的成長を基礎付けている点にあった。この霊的成長の過程が恩恵を基軸にして改めて説き直されたものが以下である。

> 我々は、洗礼において聖霊と救済が真に実在すること（ὑπόστασις）の始原（ἀρχή）を受け取る。初めのうちは、こうした聖霊の与りがしばしば非常に微かな仕方（ἀπὸ πολλῆς λεπτότητος）でもたらされるので、その働き（ἐνέργεια）に気付かないほどである。このような始原は、徳における成長を通してそれが感覚され露わになるまで（ἕως αἰσθήσεως καὶ ἀποκαλύψεως）、すなわち闇のヴェールがすべて取り除かれ、聖霊の内住が完

全なものとなるまで展開されねばならない。（『第一集成』四三・二）

このように、洗礼により授けられた恩恵が、受洗者の霊的成長によって変容し、霊的な自由（ἐλευθερία）と聖霊の内住（ἐνοίκησις）による人間性の完成（τελειότης）＝神化に向けて漸進していくという擬マカリオスの基本テーゼは、同時にマルコスの洗礼論を根底から支える中心思想であり、メッサリアノイ批判の大きな武器でもあった。

キリストにおいて洗礼を受ける人々に、恩恵は密かに（κρυπτῶς）与えられる。その恩恵が働くのは、掟が実践される程度に応じてである。恩恵は密かに我々を援けることを止めはしないが、できる限りの善をなすか、なさぬかは我々次第である。（『義化』断章五六（邦訳版六一））

洗礼において密かに与えられた恩恵が、我々の実践を介した霊的成長によって最終的に露わになる（ἀποκαλύπτεσθαι）時、恩恵によって「我々に与えられている完全性（τελειότης）」（『洗礼』Ⅱ、二〇～二一）がまさに完全実現状態として完成されるのである。

擬マカリオスにおいても、マルコスにおいても、洗礼によって与えられた恩恵が「密かに」伏在している状態と、それが「露わに」顕在し成就した状態とを対比させる修辞表現は実に多彩である。たとえば、密かに伏在する恩恵は、「始原」と呼ばれ、パウロの「霊の初穂（ἀπαρχή）」[18]や「霊の内金」に喩えられ、さらにマタイ福音書（二五：一四～三〇）の「タラントンの喩え」が用いられる。[19] いずれの表象にしても、その根底にある霊的成長の理解は、両者いずれにとってもまったく同一である。

では、こうした霊的成長は何によってもたらされるのか。この問いに対する答えは、奇妙なことに一見すると、擬マカリオスもマルコスも、共通の論敵であるメッサリアノイとまったく同じことを言っているように見える。すなわち、罪悪から真に解放されるために人に求められるのは、修徳行の努力であり、悪への傾向性との闘いであり、つまりは個々人の掟に適った善き行いの実践だという点で彼らの答えは一致しているのである。しかし、メッサリアノイにとって、実践における奮闘努力は洗礼によって与えられる恩恵によって可能になるのではなく、むしろ逆に恩恵のほうが彼らの努力によって得られた功績への報酬程度にしか位置付けられていない。なされた行為が修徳のための禁欲的な苦行であれ、ひたすら祈り続けることであれ、メッサリアノイにとって救済とは、彼らが何をなしたかによってその結果として到来するものであった。対して、擬マカリオスやマルコスにとって修徳行的な努力や霊的な闘いは、恩恵によって与えられた伏在的な恩恵を顕現させ、霊の初穂を実らせ、霊の内金であるタラントンを殖やしていくためのあくまで手だてに過ぎない。もちろん、そのような前提に立てば、霊的な成長が彼らの努力次第にかかっていることは言うまでもない。修徳行における諸々の実践に励むことができるということ自体が、既に洗礼によってもたらされた恩恵によるものだという根本理解がメッサリアノイには欠けているというのが、両者の決定的な相違点なのである。

では、マルコスと擬マカリオスの洗礼論にはまったく違いがないかと言うと、実は両者を決定的に分かち、マルコスの修道思想を彼独自のものとして際立たせる重要な論点がある。それが洗礼後の罪と聖霊の共存の問題である。まず、擬マカリオスの場合、一方で人間性の完成に至る霊的成長の可能性が恩恵として与えられる限りでの洗礼の意義を認めつつ、他方で洗礼によって罪が完全に追放されたわけでなく、聖霊が完全に内住するまでの絶えざる悪霊との闘いや修徳行が強調される。こうした立場をとる限り、洗礼後の罪や悪霊と聖霊の共存は、究極的な救済である神化の道行きにおける霊的成長の漸進的一過程として説明されざるを得ない。もちろん、物質主義的・決定論的なメッサリアノイの場合とは異なり、擬マカリオスでは人間の自由な選択意志の働きが明確に組み込まれており、その限りで聖霊と人の自由意志の協働（συνέργεια）の重要性が確かに指摘されてはいる。しかし、心の中に共在する一方の悪霊からの誘惑を断ち、他方の聖霊の導きに従うという彼の説明の中には、いまだにメッサリアノイに特有の相反する善悪二極の因果的説明方式の残滓（ないしは予兆）が少なからず見出される。心における悪霊と聖霊の共存というテーゼが反メッサリアノイ文書中に見出せるのが、実はダマスコスのヨアンネスの証言しかないという事実と照らし合わせるなら、メッサリアノイから擬マカリオスへのいわば過渡的グレーゾーンに悪霊・聖霊共存問題が位置しているとも言えるだろう。

　対してマルコスは、洗礼の恩恵がたとえ密かに、感覚し得ないような仕方で（λεληθότως）授けられるとしても、その恩恵自体は完全であり（『洗礼』Ⅱ、七）、洗礼によって我々は堕罪以前のアダムの状態、すなわち人祖の堕罪に起因する一切の汚れが払拭され、完全に浄化された状態を恢復すると説く[20]。したがって、洗礼後に罪と聖霊とが共存することは、マルコスの場合、当然あり得ない。アダムの堕罪に起因する我々の罪は洗礼によって完全に払拭され、三位一体の神の内住さえもがもたらされるという彼の主張は、洗礼によって悪の連続性が一旦中断されるというニュッサのグレゴリオスなどの一般的な主張と較べると、その独自性の点で際立っていると言えよう。

　しかし、洗礼が罪の根を完全に打ち砕き、追放するのであれば、洗礼後になぜ人は罪を犯すのかという、擬マカリオスに課されたのと同じ問いに、しかもより一層厳しい条件の下でマルコスもまた答えねばならない。「罪が洗礼によって根絶されるのであれば、一体なぜ罪は再び心において働くことができるのか」（『洗礼』Ⅲ、五三～五四）。これこそ『洗礼について』の中心問題である。洗礼後も相変わらず罪を犯す人々の姿から、メッサリアノイも擬マカリオスも、洗礼によってすら根絶されず残存する罪の根を見て取った。対してマルコスは、もしそのように残存した罪の根を除き去るのが我々の業によるとするなら、「キリストは空しく死んだ〔ガラ二：二一〕ことになる」（『洗礼』Ⅱ、二三）と断じ、洗礼の後に働いているのは、根絶されたはずの罪ではなく[21]、あくまでも自らの自由意より強固なものとなる。

志に他ならない、と明言する。[22] こうしたマルコスの考え方は、人間の実践を神の命令へと関係付けることによって

もし罪に打ち克つことが恩恵によるならば、人間の働きはもはや働きではなく〔ロマ一一：六〕、むしろ我々を自由の身にされた方の命令（ἐντολή）であり、自由と信仰の業である。（『洗礼』Ⅱ、三二～三四）

マルコスにとって、信仰とは、キリストにおいて洗礼を受けることばかりでなく、キリストの命令をなすことでもあり、逆に命令をなさぬことは我々の不信仰（ἀθεσία）を示すことである。その限りで、神の命令は我々の自由と矛盾しない。なぜなら、「洗礼の後に授けられるキリストの命令は自由の律法（νόμος ἐλευθερίας）」（『洗礼』Ⅱ、四六～四八）だからであり、キリストの命令に従うことは、「我々に授けられた自由の境界（ὅρος）を守ることに他ならない」（『洗礼』Ⅲ、四五～四六）からである。

五　おわりに

『フィロカリア』編纂上の経緯により、遠く隔たった巻に収録された（擬）マカリオスとマルコスではあるが、実際には、メッサリアノイという異端派を挟んで三者が互いに影響し合い、批判し合いながら、後世にも大きな痕跡を残していったものと思われる。本章で考察したような三者三様の洗礼論の切り結びは、Plested によれば、[23]「マカリオス遺産」（Macarian Legacy）の一つとして、フォーティケーのディアドコスを経て証聖者マクシモスにまで

至ると解される。その解釈の是非はどうあれ、少なくとも『フィロカリア』の深層に流れる水脈の一端に、しかも本邦ではこれまであまり触れられる機会のなかった修徳行者マルコスの教説に触れることができたとすれば幸いである。

註

（1）『フィロカリア』原典は、*Φιλοκαλία τῶν ἱερῶν νηπτικῶν, συνερανισθεῖσα παρὰ τῶν ἁγίων καὶ θεοφόρων πατέρων*, τόμος A-E, Athen, 1976-1984. 邦訳は『フィロカリア』第一巻〜第九巻、新世社、二〇〇六〜二〇一三年（以下では、『フィロカリア』からの参照はすべて邦訳版に拠る）。マルコスの著作については、同書第一巻二一七〜三〇二頁に『霊的な法について』（以下、『霊的な法』と略記）、『業によって義化されると考える人々について』（以下、『義化』と略記）、『修道士ニコラオスに当てた手紙』（以下、『ニコラオス』と略記）の三書（すべて宮本久雄訳）が収められている。

（2）バトスのヘーシュキオス断章七九〜八二（『フィロカリア』第二巻）はマルコス（第一巻『義化』断章二一〜八）からの引用。テオドロス断章二八、五七（第二巻）は、それぞれマルコス『霊的な法』断章二〇、五四からの引用。シナイのフィロテオス断章三四（第四巻）はマルコス『霊的な法』断章一三八〜一四一の要約。ニケフォロス（第七巻、四七〜四八頁）はマルコス『ニコラオス』一一〜一三からの引用。グレゴリオス・パラマス（第七巻、二二六〜二二七）はマルコス『義化』断章二二四〜二二五からの引用。さらに、ダマスコスのヨアンネス（第四巻、九二頁）、ダマスコスのペトロス（第五巻、六〇頁）、シナイのグレゴリオス（第七巻、一三八、一五三頁）、新神学者シメオン（第九巻、一五九頁）は、マルコスの名を挙げてその言葉を簡潔に引いている。

（3）Cf. B. Nassif, "Concerning Those Who Imagine That They Are Justified by Works: The Gospel According to St. Mark-the

Monk", in: B. Bingaman & B. Nassif (eds.), *The Philokalia: A Classic Text of Orthodox Spirituality*, Oxford, 2012, p. 89. J. Meyendorff (*The Byzantine Legacy in the Orthodox Church*, New York, 1982, p. 210) に従ってメッサリアノイを東方のペラギウス派とみなすことによって、アウグスティヌス：ペラギウス派＝マルコス：メッサリアノイという図式からマルコスを解釈しようとする試みは、明らかにミスリーディングである。

（4）Cf. M. Plested, *The Macarian Legacy: The Place of Macarius-Symeon in the Eastern Christian Tradition*, Oxford, 2004, pp. 75-76.

（5）Cf. *ibid.*, pp. 75-132; K. Fitschen, *Messalianismus und Antimessalianismus: Ein Beispiel ostkirchlicher Ketzergeschichte*, Göttingen, 1998, S. 247-256; T. Vivian & A. Casiday (tr. & notes), *Counsels on the Spiritual Life: Mark the Monk*, New York, 2009, p. 18.

（6）*Haereticarum fabularum compendium*, 4. 11, in : *Migne*, PG. 83, cols. 429-432.

（7）*De iis qui ad ecclesiam ab haereticis accedunt*, in: *Migne*, PG. 86, cols. 45-52.（以下では Ti と略記）

（8）*De haeresibus*, 80, 2-3, in: *Migne*, PG. 94, cols. 728-736.

（9）以下の四命題は、*ibid.* でメッサリアノイ固有の命題として列挙されたもののうち、C. Stewart ('*Working the Earth of the Heart': The Messalian Controversy in History, Texts, and Language to AD 431*, Oxford, 1991, pp. 247-251) のナンバリングに従えば四～七の命題にあたるものである。

（10）Meyendorff, *op. cit.*, p. 207. ただし、*Liber Graduum* 自体をメッサリアノイ文書とみなすか否かに関しては研究者間で意見が分かれている。

（11）擬マカリオスおよびマカリオス文書の原典編纂に関する紆余曲折に富む研究史の詳細、また彼とメッサリアノイの関係については、拙訳『説教集』『大書簡』の各々の解説（『中世思想原典集成』第三巻、平凡社、一九九四年、二三二～八頁、二七六～九頁）を、さらに彼の思想の詳細に関しては拙論「偽マカリオスにおける魂浄化の三段階」『中世思想研究』第三七号、一九九五年をそれぞれ参照せよ。

（12）『フィロカリア』所収のマカリオス文書については、拙論「抄録者シメオンはマカリオス文書の何を切り捨て、何を残したのか――『フィロカリア』所収の抄録版『五〇の講話』をめぐって」『エイコーン』第四二号、二〇一二年を参照せよ。

（13）たとえば、J. Meyendorff, "Messalianism or Anti-Messalianism: A Fresh Look at the Macarian Problem," in P. Granfield & J. F. Jungmann (eds.), *Kyriakon: Festschrift Johannes Quasten*, vol. 2, Münster, 1970, pp. 585-590; Plested, *op. cit.*, pp. 46-49, 57-58, 255-256; Fitschen, *op. cit.*, S. 176-238.

（14）「既に洗礼によってもたらされた恩恵がすべての魂に十分に施され、その神的な力の完全性が速やかに授けられることが望まれる。しかし、恩恵は各人の信仰と敬虔さの程度に応じてしか授けられない。洗礼による恩恵は、確かに万人に等しく罪の許しをもたらしたが、その者の信仰に応じた程度でしか聖霊を受け入れる能力は授けられない。徳と卓越した生による霊的成長によって、初めて人は誰もが情念からの完全な解放と聖霊の完全で活動的な内住を待ち望み、また励まし導かれることができるのである」（『第一集成』二五・二・四〜五）。

（15）G.-M. de Durand, *Marc le Moine: Traités*, 2 vols. (SC 445 & 455), Paris, 1999-2000.『フィロカリア』所収テキスト（すなわちミーニュ版）とデュラン校訂版とでは、細かな語句の違いだけでなく、載録された断章そのものが異なっている場合もあり、結果的に後半になると断章番号がズレてしまっている。したがって、本章では、『フィロカリア』所収の宮本訳テキストを参照しつつも、ギリシア語テキストとしてはデュラン版に従い、『洗礼について』（以下『洗礼』と略記）およびミーニュ版と異なるテキスト箇所については私訳を用いる。

（16）マルコスが擬マカリオスを論駁したとみなすE. PetersonやO. Hesseらに対し、K. WareやM. Plestedはあくまでマルコスが擬マカリオスを継承・補完したに過ぎない（あるいは、Fitschenのように、少なくとも反マカリオスではない）と主張する。Cf. Plested, *op. cit.*, p. 81; E. Ferguson, *Baptism in the Early Church: History, Theology, and Litrugy in the First Five Centuries*, Grand Rapids / Cambridge, 2009, p. 738.

（17）「『すべての者が罪を犯したのであり、神の栄光を欠いているが、彼らは無償で〔賜物として〕神の恵みによって義とされる』（ロマ三：二三〜二四）。たとえそのような〔善き〕人々であったとしても、彼らはアダムの子であり、確かにアダムの背反の罪の下に生まれたのである。それがゆえに罰としての死によって咎められたのであり、主がおられなければ救われることはできないのだ」（『悔い改めについて』一〇：一七〜二二）。

（18）「彼〔パウロ〕が霊の初穂（ロマ八：二三）と言ったのは、全体の一部つまり聖霊の一片のことを言おうとしたのではない。なぜなら、そもそも聖霊は部分に割かれたり変化させられたりすることはできないのだから。それはむしろ、聖霊の働きを一度にすべて含み込むことはできない我々の器量に相応しい仕方で言われたのである」（『洗礼』Ⅸ、七〜一〇）。

(19) マカリオス「洗礼の内金を持っている時、人はその完全性によってタラントン〔貨幣〕を持つ。しかし、それを働かせ損なうと、人は未完成のままであるばかりか、そのタラントンを奪われさえする。」（『第三集成』二八・三・三）、マルコス「もし、我々が結果的に自分のものとなるタラントンを隠したりしなければ、主の喜びに与るであろうことは明らかである」（『義化』五六（邦訳版六三））。

(20)「神の恵みによって、あなたは新たなアダムになる〔一コリ一五：四五、四七〕。主は我々のために来たり、我々のために死した。主は我々を人祖の死から解放した。主は洗礼によって浄め、新たにする。主は我々を教会という楽園に送られる」（『洗礼』一七：一四〜二〇）。

(21)「アダムの罪の残余（ἐγκατάλειμμα）が洗礼後に我々を罪に向かわせることはない」（『洗礼』Ⅲ、七三〜七四）。

(22)「もし、洗礼後に我々が罪の支配下にあるならば、それは洗礼が不完全であるからではなく、我々が主の命令を軽視し、自由意志によって択ばれた快楽に溺れているからである」（『洗礼』Ⅱ、三八〜四一）。

(23) Cf. Plested, *op. cit.*

第8章　『フィロカリア』編纂の背景と神化概念の拡がり(1)

袴田　玲

はじめに

修道生活と祈りの指南書として東方キリスト教世界に大きな影響力を持ったと言われる『フィロカリア』であるが、そこに集められた著作の大部分は、元来、東方キリスト教世界において自ら修道生活を送った師父たちによって後輩や同輩の修道士への助言として著されたものである。とくに『フィロカリア』の中心的主題であるヘシュカスムは、絶えざる祈りのうちで心身を浄化し、ついには神と一つになること（神化）をめざす独特の修行である。俗世から隔絶された場所に生きる修道士たちによって、霊的師父の指導の下に実践されていたこのような修行のための導きが、なぜ一冊の書物として纏められ、出版されたのか。その目的はいかなるものであったのか。この点を明らかにするために、当時の歴史的背景を概観しつつ、『フィロカリア』の編纂者であるコリント府主教マカリオス（一七三一～一八〇五年、以下マカリオスと表記）とニコデモス・ハギオリテ（一七四九～一八〇九年、以下ニコデモスと表記）の思想に迫ることが本章の目的である。収録されたそれぞれの作品や著者についての研究が世界中で蓄積され、本文の邦訳も完成した今、その編纂者たちの声に改めて耳を傾けることは、『フィロカリア』が読者に——俗世のただ中に生きるわれわれ一般読者に——投げかけているメッセージを理解するための一助となるはずである。

一　『フィロカリア』について

これまで幾度となくされてきた『フィロカリア』という書物についての説明をここで繰り返すことはしないが[2]、本章の論点に絡めて何点か確認しておきたい。

まず、ギリシア語で「美への愛」を意味する「フィロカリア φιλοκαλία」という言葉そのものは、「選集」や「詞華集」を指す語として古代末期から用いられており[3]、一七八二年に編纂されたわれわれの『フィロカリア』も、それ以前に存在していたさまざまな著者の作品からの抜粋集である。収録されている作品の多くに関しては、今日ではより厳密な校訂版が存在し、個別研究の蓄積もある。したがって、『フィロカリア』に収録された作品の一つ一つをより深く研究することを願う者は、『フィロカリア』における出会いを契機としてその奥に豊かに広がる東方キリスト教の世界に足を踏み入れることになるだろう。しかし、収録作品や著者についての個別研究を志すわけではない多くの読者にとって重要なのは、『フィロカリア』が一冊の書物として、全体として、どのようなメッセージを有しているのかという点であろう（ちなみに、邦訳を含め各国語訳では複数の巻に分かれて出版されることが多いが、ヴェネチアで一七八二年に出版された初版『フィロカリア』は全一二〇七頁からなる一冊の書物であった）。そのためには、それぞれの作品を『フィロカリア』という一冊の書物にまとめて出版した編纂者たちの意図を明らかにすることが有益であると考える。

この点を踏まえ、次に『フィロカリア』収録作品の著作者名（著者不明のものは作品名）を眺めてみよう[4]（それぞれの作品の一七八二年の初版における頁数およびそれらの引用元である原典の情報についてはV. Kontouma-Conticelloの論文に詳しいのでご関心のある方はそちらをご覧いただきたい[5]）。

・聖山アトスのニコデモスによる序

・砂漠の師父（一七八二年初版、一一～二八七頁）

大アントニオス、隠修士イザヤ、エヴァグリオス、ローマのカッシアヌス、隠修士マルコス、バトスのヘシュキオス、ネイロス、フォティケーのディアドコス、ヨアンネス・カルパティオス、エデッサのテオドロス

・七～一一世紀の神学者や著作者（同、二九一～七五一頁）

証聖者マクシモス、リビアのタラッシオス、ダマスコスのヨアンネス、フィレモン、テオグノストス、シナイのフィロテオス、長老エリア、修道士テオファネス、ダマスコスのペトロス、エジプトのマカリオス

・ヘシュカストとパラマスの徒（同、七五五～一一五九頁）

新神学者シメオン、ニケタス・ステタトス、フィラデルフィアのテオレプトス、隠修士ニケフォロス、シナイのグレゴリオス、グレゴリオス・パラマス、クサントプロスのカリストスとイグナティオス、総主教カリストス、カリストス・テリコウデス、聖なる師父たちの文選（カリストス・アンゲリコウデス？）、カリストス・カタフィギオテス

・初心者に必要な教え（同、一一六〇～一二〇六頁）

テサロニケのシメオン、聖なる無名のもの（マルコス・エウゲニコス）、著者不明「主よ、憐みたまえ（キリエ・

エレイソン）の解釈」、新神学者シメオン、シナイのグレゴリオス、（バトペディのテオファネス）「カプソカリュベのマクシモスの生涯から」、（パロスのアナタシオス？）「グレゴリオス・パラマスの生涯から」

このように、『フィロカリア』には三、四世紀から一五世紀の東方キリスト教世界（ローマのカッシアヌスの作品だけは元々ラテン語で著されたもののギリシア語訳が収録されている）に生きた師父たち三〇余名の全六三作品が年代順に収められており、その大部分は修道生活と祈りについての教えや格言である（中には証聖者マクシモスやグレゴリオス・パラマスのように、収録作品の中に神学的・哲学的著作が含まれる者もいる）。収録されている著作家のなかでもっとも頁数が多いのは証聖者マクシモス（一七八二年初版で一六三頁分）、次いでダマスコのペトロス（一四一頁分）、グレゴリオス・パラマス（八五頁分）、クサントプロス修道院のカリストスとイグナティオス（八三頁分）と続き、もっとも少ないものでは修道士テオファネスのようにわずか二頁分の抜粋によって同書にその名を留めている者もいる（V. Kontouma は、霊的な教えという意味では、エヴァグリオス、証聖者マクシモス、シナイのグレゴリオス、そしてグレゴリオス・パラマスに編纂の重点が置かれていると分析している[6]）。

ところで、『フィロカリア』の中には、『修道院規則』を著して共住型修道制の礎を築いたバシレイオス、バシレイオスと並んでカッパドキア三星と称されるナジアンゾスのグレゴリオスやニュッサのグレゴリオス、あるいは名説教で名高きヨアンネス・クリュソストモスなど、日本でも名の知られた東方の思想家たちの作品は見当たらない。それは第一に、同書が東方キリスト教世界における権威や知名度に関わらず、「イエスの御名の祈り」の伝統に即して実際に修道生活を送った者の作品を中心に編纂されているためである。この「イエスの御名の祈り」を修道生活の中心に据え、それを文字通り「絶えざる祈り（一テサ五・一七）」とすることをめざしたのがヘシュカストと呼ばれる隠修士たちであり、彼らがその独特の修行法において心身を統一し（具体的には、知性《ヌース》を外界の事象の中に彷徨わせず、身体の中に送り込むよう指導されることが多かった）、常に霊的に覚醒《ネープシス》していることを求めたという意味では、まさに『フィロカリア』はヘシュカスムの精神を体現しているとも言えよう。『フィロカリア』の正式な題および続いて付された副題はそれをよく示していると思われるので、以下に記しておく。

『聖なる覚醒者たち《ネープティコス》のフィロカリア――本書は聖にして神を担うわれわれの師父たちの著作からの集成である。本書において、知性《ヌース》は、実践と観想に即した倫理的な哲学（知への愛）を通して、浄化され、照明を受け、完成される。本書は大変な労力を費やして校正され、今や印刷によって本書の第一版が出版された。この書は、最も名誉があり、最も敬虔なるヨアンネス・マウロゴルダトス殿の出資を通して、正教徒の共通の利益のために出版された――』

もちろん、後述するように、『フィロカリア』を含むマカリオスとニコデモスの編纂・出版事業が「それまでに編纂・出版されたことのなく、忘れられていた貴重な作品を世に出す」という方針に基づいていたということも、すでに広く読まれていた思想家たちの名前が同書に見当たらない理由に挙げられよう。

最後にもう一点だけ、『フィロカリア』という書物の成り立ちに関して付け加えておきたい。実は、『フィロカリア』に収録されている六三作品一二〇〇頁を超えるテクスト群は、編纂者のマカリオスとニコデモスによって一から十まで収集されたわけではない。マカリオスとニコデモスがアトス山で『フィロカリア』をはじめとする一連の出版事業を企画した際には、すでに他の修道士たちの手によってかなりの数の「覚醒者たち」の著作が収集、写本されていたことが確認されており、その多くは『フィロカリア』に含まれることとなった(7)。さらに、マカリオスとニコデモスの友人かつ協力者でアトス・アカデミーの学頭ともなったパロスのアタナシオス（一七二一～一八一三年）はグレゴリオス・パラマスの思想に造詣が深く、パラマス全集の出版を企図してニコデモスに草稿を託している。[8] また、一般的にマカリオスとニコデモスの『フィロカリア』を教会スラブ語に「翻訳した」とされるパイシー・ヴェリチコフスキー（一七二二〜九四年）も、一七五〇年にはアトス山に滞在し、古の霊的師父たちの著作を独自に収集するとともに翻訳を開始しており、一七八二年の『フィロカリア』出版以前に大アントニオス、フォティケーのディアドコス、ローマのカッシアヌス、ヘシュキオス、タラッシオス、新神学者シメオン、エデッサのテオドロス、シナイのグレゴリオス、グレゴリオス・パラマスといった著作家の作品をすでに翻訳していたという。[9] このように、『フィロカリア』の編纂・出版は、マカリオスとニコデモスの個人的な意図によってのみ実現したのではなく、それぞれに先人たちの著作を収集してきた彼らの同時代人たちの熱意が重ね合わさることで初めて可能となったのである。とはいえ、頁数の点でも、統一的な章立ておよび校訂の点でも、これほどまでに充実した集成は『フィロカリア』以前には存在せず、マカリオスとニコデモスの『フィロカリア』編纂・出版事業が画期的なものであったことに変わりはない[10]（なお、『フィロカリア』をはじめとする出版事業においてマカリオスとニコデモスの果たした役割の比重に関しては、資料によって評価が異なる。多くの場合、テクストの選択に関してはマカリオスが担い、ニコデモスはそれに大幅な校訂、註釈を施して序文を付したようである。『フィロカリア』に限れば、明確にニコデモスの手によるとされているのは全体の序文、および収録されているそれぞれの作品の冒頭に付せられた紹介文である）。[11] こうして編纂された『フィロカリア』は、スミルナの有力者で一七七九年に同地の福音学校の代表となったヨアンネス・マウロゴルダトス[12][13]から出版印刷費の援助を受け、一七八二年にヴェネチアで出版の運びとなった。

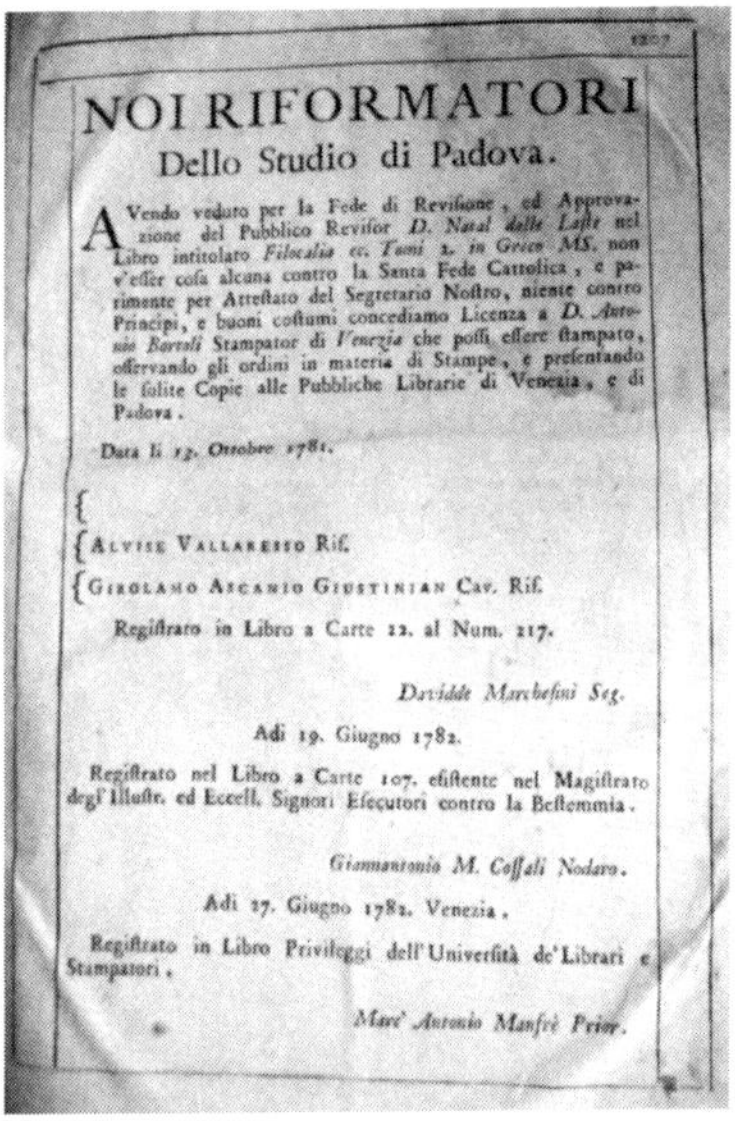

NOI RIFORMATORI
Dello Studio di Padova.

AVendo veduto per la Fede di Revisione, ed Approvazione del Pubblico Revisor *D. Natal dalle Laste* nel Libro intitolato *Filocalia cc. Tomi 2. in Greco MS.* non v'esser cosa alcuna contro la Santa Fede Cattolica, e parimente per Attestato del Segretario Nostro, niente contro Principi, e buoni costumi concediamo Licenza a *D. Antonio Bortoli* Stampator di *Venezia* che possi essere stampato, osservando gli ordini in materia di Stampe, e presentando le solite Copie alle Pubbliche Librarie di Venezia, e di Padova.

Data li 13. Ottobre 1781.

{
{ALVISE VALLARESSO Rif.
{GIROLAMO ASCANIO GIUSTINIAN Cav. Rif.

Registrato in Libro a Carte 22. al Num. 217.

Davidde Marchesini Seg.

Adi 19. Giugno 1782.

Registrato nel Libro a Carte 107. esistente nel Magistrato degl'Illustr. ed Eccell. Signori Esecutori contro la Bestemmia.

Giammantonio M. Cossali Nodaro.

Adi 27. Giugno 1782. Venezia.

Registrato in Libro Privileggi dell'Università de'Librari e Stampatori.

Marc' Antonio Manfrè Prior.

初版『フィロカリア』の最終頁に印刷された、カトリック教会による「印刷許可証」。

『フィロカリア』が印刷されたヴェネチアは大規模なギリシア人コミュニティを擁し、オスマン帝国支配下の時代のギリシア人の商業、宗教、文化の一大拠点であった。当地には正教会の教会も建ち、ギリシアの若者はヴェネチアにほど近いパドヴァ大学で学ぶことができた。また、ヴェネチアは長期間にわたって正教世界における印刷の中心地となり、オスマン帝国内の正教会の教会で用いられた祈祷書はほとんどすべてこの地で印刷された（Cf. R. Clogg, op.cit., p.16〔邦訳四一頁〕)。それゆえ、『フィロカリア』がヴェネチアで印刷されたのも、当時の状況からすれば自然な流れであった。しかし、当然ヴェネチアはカトリックの都市であるため、出版に際してはカトリック教会の検閲を受け、「カトリック信仰に反する内容が含まれない」旨、お墨付きを得てからでないと印刷することができなかった（ただ、検閲に際し、実際にどの程度その内容が理解、把握された上で当該書物の印刷許可が与えられていたのかは不明)。『フィロカリア』に付されたこの印刷許可証の文言も、固有名詞の部分を除いてすべて当時の定型表現に即している。(以下、写真はすべてパリ Institut français d'études byzantines〔IFEB〕所蔵の初版『フィロカリア』より著者撮影。)

二　『フィロカリア』編纂の背景

(一) オスマン帝国下のキリスト教

『フィロカリア』が編纂・出版された一七八二年、ギリシアはオスマン帝国からの独立戦争（一八二一〜二九年）に向かう大きな時代の流れの中にあった。マカリオスとニコデモスの思想的背景を知るためにも、当時のギリシアのキリスト教徒たちが置かれていた状況について簡単に眺めておきたい。

ヘシュカスム論争終息からほぼ一世紀後の一四五三年、ビザンツ帝国はオスマン帝国軍によって滅ぼされるが、当時オスマン帝国は信仰する宗教ごとの共同体（ミッレト）[14]制分割統治を行っており、セム系一神教の伝統を共有するユダヤ教徒とキリスト教徒は中でも「啓典の民」として一定の敬意を持って遇され、人頭税（ジズヤ）や地租（ハラージュ）の支払い義務の代わりに生命と財産の安全および宗教の自由が保障される庇護民（ズィンミー）であった。その中でも正教徒のミッレトは統治者であるイスラームのミッレトに次ぐ規模を誇り、コンスタンティノポリス総主教は正教徒の民を監督し、民法レベルの日常業務に関しては裁量権を持ったという。このように、オスマン帝国の比較的緩やかな分割統治政策により、キリスト教徒はかなりの程度の自治を認められていたと言える。第四回十字軍によってコンスタンティノポリスを奪われ、ラテン帝国の建国を許すという苦い過去を持つ正教徒の中には、「都にはカトリックの大司教の冠《ミトラ》よりも、トルコ人のターバンがはびこる方がましである」というルカス・ノタラス大公の言葉に共感する者も多かったという。[15]

しかし、それでもムスリムに比べればさまざまな待遇上の差別があり、[16]またエリート兵士や官僚としてオスマン帝国に仕えるため、バルカン半島のキリスト教徒の家庭から最も見栄えのよい利発な子が不定期に徴発され、イスラームに改宗させられた。また、自治権の見返りに、総主教はスルタンの臣下として忠誠を誓わなければならず、スルタンは総主教の叙任権をもった。総主教職が替わるたびに、スルタンの首相は巨額の賄賂を受け取るようになり、総主教の側でもその支払いのために賄賂を受けざるを得ず、こうして賄賂の受取が横行し、少なくとも高位聖職者層において当時の正教会内部は腐敗し、聖職売買と派閥人事にまみれていたという。[17]事実、ビザンツ帝国がオスマン帝国下に入った一四五三年から『フィロカリア』編纂の一七八二年までの約三三〇年間でコンスタンティノープル総主教となった人物の数はのべ一一六人で、一八世紀のあるアルメニア人銀行家は「ギリシア人は下着を取り替えるよりも多く総主教を替える」と皮肉を述べている[18]。

他方、一八世紀後半には、ギリシア系知識人のあいだで、新たなギリシア＝ヘレニズム主義（民族運動）が広まっていた。この運動は、当初は反キリスト教的というわけではなかったようだが、ビザンツ（キリスト教）時代を通り越して古代ギリシアにその理想を見いだしたという[19]。商人たちの金銭援助を得たギリシアの若者の多くは西欧（とくにドイツ）に留学し、そこで留学生たちは「啓蒙主義やフランス革命思想やロマン主義的なナショナリズムなどの急進的な思想に接し、ヨーロッパの教育ある同時代人の精神に古代ギリシアの言語や文化が驚くほど浸透しているのを知った。トルコクラティアの時代、古代ギリシア世界についての知識は絶えかけていたが、芽吹いたばかりの知識階級は西欧の古典研究から刺激を受け、自分たちが文明世界では普遍的に崇められている遺産の継承者であるという自覚を持つようになった」という[20]。つまり、もはや正教徒としてのアイデンティティではなく、西欧的価値観を経由したギリシア人としてのアイデンティティが彼らを支えたのである。正教神学においても、当時、西欧という眼鏡（価値基準）を抜きに自らの伝統を眺めることは難しかったとK. Wareは指摘する。正教神学者と呼びうる人々は、意識的にせよ無意識にせよ、西欧における議論の枠組みと用語を用いて思考し、西欧でも評価されている教父・師父たちに偏った研究がなされていたという。当時の正教神学者の多くは「カトリック化派閥（Latinizers）」と「プロテスタント化派閥（Protestantizers）」に大きく二分しており、アトス山の修道士たちに読み継がれてきたグレゴリオス・パラマスの著作などは、当代きっての正教神学者たちにさえ読まれていなかったという[21]。

このような当時の正教会内部の高位聖職者層の腐敗と西欧化傾向、世俗の知識人らにおけるギリシア＝ヘレニズム主義の蔓延が、マカリオスやニコデモスらコリュヴァデスと呼ばれる人々に伝統的な正教信仰に基づく霊性復興の必要性を強く認識させたのである。『フィロカリア』の編纂・出版事業も、大きな意味ではコリュヴァデスの主導したこの霊性復興運動の一環だったのである。『フィロカリア』編纂者のマカリオスとニコデモスは、コリュヴァデスのいわば第二世代の中心人物であったと言える。それでは、次に、このコリュヴァデスと呼ばれる人々について、時計の針を『フィロカリア』出版の一七八二年より少し前に戻して概観してみよう。

(二)　コリュヴァデス論争[22]

修道司祭パタピオスと大主教クリュソストモスによると、一四世紀におけるヘシュカスム論争以来、アトスの修道院共和国を揺るがした最大の事件がコリュヴァデス論争であるという。事の発端は一七五四年アトスの聖アン修道院で起きた死者の追悼の儀式を行う曜日を巡る論争であった。古くから、正教会では死者の追悼儀礼を土曜日、もしくは週日に行っており、当時のアトス山では土曜日の朝に行われるのが通例であった。というのも、日曜日は、主の復活と死に対する勝利を表象する——永遠の生命と死からの脱却を希望する喜びの日——と考えられていたからである。ところが、聖アン修道院内の一部の修道士が、修道院内に建築中だった共同教会の完成を急ぐために、死者の追悼儀礼を日曜日に行うようになった。この動きに対して、日曜日に死者の追悼儀礼を行うことは古来よりの伝統からの逸脱であり、すぐれて教会の聖なる伝統の護り手であるべき修道院の性格に全く反するとして反対の陣を張ったのがコリュヴァデスである[23]。

この論争はただちにアトス山全体に広まり、伝統に基づく霊性復興を訴えるコリュヴァデスを反対派は攻撃し、彼らを追放するよう動いた。この時期、実際に多くのコリュヴァデスはアトスを離れ全ギリシア（とりわけエーゲ海の島々）に散らばったが、ニコデモスの場合がまさにそうであるように、これは結果として全ギリシアにコリュヴァデスの思想や教育を広める結果となる（後述）。事態の鎮静化を図るための総主教の二度の布告[24]や地方公会議の決定[25]にもかかわらず、一八二一年のギリシア革命前夜まで、コンスタンティノープルのファナリオトス階級をも巻き込んで争いは続いた。一八一九年、総主教グレゴリオス五世はこの論争を完全に終わらせるために、追悼儀礼が「他の週日同様、土曜日と日曜日の区別なく行われるよう」命じ、この論争に終止符が打たれた。

また、死者の追悼儀式の曜日と平行して、聖体拝領の頻度をめぐる問題も生じていた。その中では、悔悛の時を除いて奉神礼ごとに聖体拝領をすべきだという意見と、聖体拝領は適切な間隔を置いて年に数回程度なされるべきだとの意見が対立し、当時のギリシアにおいて実態は後者に近いものであった（つまり、奉神礼には参加しても、聖体拝領はしないという信徒が多かったということであり、現在でも正教圏の国では年に数回程度しか拝領しない信徒は多い）。しかし多くのコリュヴァデスは、前者の意見に与し、特にマカリオスとニコデモスは『頻繁な聖体拝領について』という冊子を『フィロカリア』とほぼ同時期に出版してその中心的役割を担った。この著作に対して、反コリュヴァデスのグループから激しい反対運動が起き、この運動に圧された総主教は同書を断罪した。その後一七八九年には再調査が行われ、先代の総主教による断罪が解かれて、この著作が教義に即しており、すべてのキリスト教徒に薦めるものであるとの布告がされている。[26]以上、大まかにコリュヴァデス論争の経緯を理解したうえで、次にマカリオスとニコデモスの人物像に迫ってみたい。

（三）　マカリオスとニコデモスの人物像

コリュヴァデスの霊性復興運動の第二世代を牽引し、『フィロカリア』の編纂および出版を成し遂げたマカリオスとニコデモスとはどのような人物であったのだろうか。以下、C. Carvanos による両者の伝記を中心に、概観したい。[27]

ニコデモスは一七四九年にエーゲ海のナクソス島に生まれ、その地で初等教育を受けている。そこでのニコデモスの師は、聖コスマス（Cosmas of Aetolia, 一七一四～一七七九年）[28]の兄弟で修道院長でもあったクリュサントスであった。ギリシアの人々を道徳的霊的に目覚めさせ、平易で直接的かつ情熱的な言葉づかい（ニコデモスは一〇〇以上に及ぶ膨大な数の作品のほとんどを民衆語で著している）で人々を教化するという後のニコデモスの思想の基礎は、クリュサントスを介した聖コスマスの影響によるところが大きいと Carvanos は評価している。卒業後、ニコデモスはスミルナの福音学校（上述）に通っている。[29]これらの学校では正教教育と世俗教育が組み合わされており、スミルナでは外国語教育もされていたので、ニコデモスは卒業までにラテン語、イタリア語、フランス語を習得した。このことは彼の西欧思想やカトリック教会への理解を助けることとなる。[30]卒業後ナクソスに戻り、地元の司祭の秘書として働いていたころに、ニコデモスはマカリオスとの最初の出会いを果たす。すでに道徳的霊的学識の高さで評判だったマカリオスは、そこでニコデモスの修道士になりたいという希望を後押しし、また、両者は将来、オスマン帝国下で抑圧された同胞の啓蒙のために協力することで一致したという。この時期、ニコデモスはヘシュカストでありビザンティン神秘家たちの思想によく通じていたシルヴェストロスという人物に出会う。彼の推薦書を携えて、二六歳の時にニコデモスは聖山アトスに向かうことになるわけだが、アトスに向かう前にもう一つ重要な出会いがあった。それがグレゴリオス、ニーフォン、アルセニオスという三人のコリュヴァデスとの出会いである。先述のとおり、当時多くのコリュヴァデスはアトスを追われてギリシア中に散らばっており、各々の滞在先で彼らの教えを説いていた。この三人のコリュヴァデスも、ニコデモスに正教の伝統の厳密な固持を訴えたという。

アトスでニコデモスとの再会を果たしたマカリオスは、彼に『フィロカリア』『エウエルゲーティノス』、『頻繁な聖体拝領について』の三作品の編纂・校訂の仕事を任せた。[31]彼らの書物は大きな議論を巻き起こし、マカリオスはアトスを去ることになるが、彼らはその後も、正教会の伝統を復興し、ギリシアの人々を古の教父師父たちおよび初代キリスト教徒の実践へと回帰させることを使命として、砂漠の師父たちからビザンティンに至るまでの教父や師父たちの著作の収集・編纂・出版および教育に力を注いだ[32]。マカリオスらコリュヴァデスたちはギリシア各地でその思想を伝え、説教や修道院の創設を通じて当地の人々にとっての霊的覚醒者、改革者となったという。『フィロカリア』は、彼らの企ての最初にして最大の成果であったのである。

三　『フィロカリア』における神化概念の拡がり
――ニコデモスによる「序文」および最終話「グレゴリオス・パラマスの生涯から」の考察を通じて――

以上をもって、『フィロカリア』編纂の背景を概観したこととして、ここからは『フィロカリア』に付された「序文」および最終話「グレゴリオス・パラマスの生涯から」の考察を通じ、同書に託された編纂者マカリオスとニコデモスの思想に迫ってみたい[33]。

先にも述べた通り、『フィロカリア』の「序文」はニコデモスによって著されたと考えられており、各収録作品の冒頭に付された説明を除いて唯一、彼ら編纂者の意図が明確に表現されている箇所である。また、『フィロカリア』の末尾を飾るべく編入された「グレゴリオス・パラマスの生涯から」という小作品は、パラマスの弟子で後にコンスタンティノポリス総主教となったフィロテオス・コッキノスによる『グレゴリオスの生涯』を下敷きにしたもので、その著者は明らかになっていないものの、パラマスの思想に造詣が深くマカリオスやニコデモスとも深い交流があったパロスのアタナシオスでないかと言われている（上述の通り、アタナシオスはパラマス全集の刊行を意図して草稿をニコデモスに渡しており、その中に本作品が含まれていたとしても不思議ではない)[34]。いずれにせよ、「グレゴリオスの生涯から」が『フィロカリア』の締めくくりに位置づけられていることからしても、その内容と『フィロカリア』編纂意図との間には密接な関係が推定されるのである。

これら二つの作品（「序文」も一つの作品に数えることにする）を貫くものは、一言でまとめるならば、「一般信徒も絶えざる祈りによって神化に与ることができる」という信念である。しかし、本章の冒頭で指摘した通り、神化とは絶えざる祈りのうちで心身を浄化し、ついには神と一つになることであり、アトス山のような俗世から隔絶された修道士たちがその修行のなかで目指すものであった。実際、『フィロカリア』に収められた作品の著者たちはいずれも厳しい修道生活を経験し、その経験を基に言葉を紡いだ人々であった。とするならば、俗世のただ中に生きる一般の信徒にとって、絶えず祈ることや、まして神化に与ることなどは不可能であるように思われる。果たして、『フィロカリア』編纂者たちは修道士と一般信徒という一見埋めがたい両者の立場の違いどのように克服するというだろうか。この疑問は、『フィロカリア』を編纂・出版し一般信徒の読者によって読まれることを願った編纂者たちのまさにその意図に密接に関わってくるのである。

（一）　神化への招き

上述の通り、『フィロカリア』に付された副題には「正教徒の共通の利益のために」同書が出版されたことが記されており、続いてニコデモスによる「序文」が以下のように始まる。

神、至福な本性、すべての完全性を超える完全性、すべての善と美の創造主でありながら、善と美を超える原理。その神は、永遠の昔から、その神的原理において人間の神化を決定しておられ、始めからこの目的を自分の内で考えておられたが、好機到来と思われた時に人間を創造した。

「序文」冒頭から強調されているように、ニコデモスはここで神が人間の神化をその創造以前から意図していたこと、そして人間存在にとっては神化されることが究極の目的であることを主張している。続く箇所でも、ニコデモスは「神は永遠に人間本性の神化を意志しておられ、その心の思いは世々につづく」、「もしひとが神法を守るなら、むくいとして人格に深く根差す神化の恩恵を受けるわけである。その恩恵とは、神と成り、最も浄い光において永遠に輝くことである」など、神化を人間のめざすべきものとして繰り返し提示している（原文でわずか六頁の文章中に、神化 θέωσις という単語が名詞形・動詞形あわせて一七回、「神との一致」という単語も含めると二一回も用いられている）。

しかし、同時にニコデモスは、人間の神化という神の当初の意図を顧みる者が少なくなったということを嘆いてもいる。

かつては、世俗に生きた多くの人々、つまり王自身や王宮ですごした人々は、毎日生活上の責任や配慮で多忙であったが、唯一の同じ業、つまり心の中で絶えず祈ることを実行していた（史実に多くの例が見出せるように）。けれども今日、怠慢と無知が原因で、残念なことにこのような〔霊的な〕人々を俗人の中にも、修道士の中にも、隠者の中にも見出すことはまれで難しい。……しかも驚くべきことには、われわれはたとえ恩恵が他の人に働いていると聞いても、嫉妬するばかりであり、今の世に恩恵のエネルゲイアが働いていることさえ信じないのである。

ニコデモスは、世俗の人間はおろか修道士や隠修士までが絶えざる祈りの実践をおろそかにしていると当時の状況を批判している。かつてグレゴリオス・パラマスが説いたような神のエネルゲイアの思想も、もはや人々の心から離れてしまっているようである。本章の第一部で概観したような教会の高位聖職者の汚職、世俗の人々のキリスト教信仰の軽視、アトス山におけるコリュヴァデス論争など、当時ニコデモスを取り巻いていた状況が透けて見えるような概嘆ぶりである（実際、『フィロカリア』の翌年に出版された『エウエルゲーティノス』においては、教会当局へのより直截な批判が展開される[35]）。そんな中、ニコデモスらにとって、古の師父たちの言葉は魂のよすがのごとく映ったのであろう。次のニコデモスの言葉には、先人たちの作品に対する深い敬意と、それにもかかわらずそれらの作品が人々に忘れられてしまっていることへの危機感を読み取ることができる。

> 大多数の師父は……その著作の中で覚醒《ネープシス》への注意を語り、覚醒的と呼ばれており、真実に知恵への愛を伴って、ディオニュシオス・アレオパギテースの言う浄化・照明・完成の営為について探究している。同時にこれらの書はすべて、一つの方向すなわち人間の神化を目的としており、そのための必要な手段であり仲介者なのである。それなのに、これらが古くて稀少なことから、あえて言えば、編集されたことがなかった。
>
> 見よ、ここに以前決して刊行されなかったものがあるのだから。見よ、ここに闇に棄て置かれ隠されていたもの、棄てられ虫に食われあちこちに散逸していた書があるのだから。見よ、ここに心の浄さと知性《ヌース》の覚醒とわれわれの内なる恩恵への呼びかけとさらに神化への呼びかけ、これらすべてに向けて知識の方策によって導くものがあるのだから。親愛なる読者よ、あなたはこの霊的な書物を手にしている。覚醒の宝物、知性《ヌース》の見張

り、観想へ導くまがうことなき指針、……一言で言えば、神化の方策である書物を。

このように、『フィロカリア』にはまさに神化へ至る教科書・手引書としての役割が期待されていたのであり、当時振り返られることの少なかった先人たちの教えを編纂・出版することで、人々に神化という人間の目的を再認識させることをニコデモスは意図しているのである。

また、ここでニコデモスが名前を挙げているディオニュシオス・アレオパギテースは、その神秘思想によって東西両キリスト教会に絶大な影響をもつ人物であるが、彼は神化をはじめて定義した人物とも言われる。『フィロカリア』本文中にディオニュシオスの作品は収録されていないが、ニコデモスはここで「大多数の師父は……ディオニュシオス・アレオパギテースの言う浄化・照明・完成の営為について探求している」との見解を示し、ディオニュシオスの強い影響下にあった証聖者マクシモスやグレゴリオス・パラマスの作品群を『フィロカリア』中で最も多くの頁数を割いて収録し、また、先に見た『フィロカリア』副題中でも「知性《ヌース》の浄化・照明・完成」というディオニュシオスの提示した浄化の段階を踏襲している。このことから、ニコデモスがディオニュシオスを神化概念の大成者として特別の敬意をもって遇していることが見て取れる。

(二)　神化概念と救済概念の重なり合い

ただし、ニコデモスの「序文」中に表れている彼の神秘概念のもう一つの特徴は、神化と救いを同義としている点である。このことを、ニコデモスは次のように表現している。

もし知性《ヌース》が神化されなければ、人は聖とされ救われることはできない。ここで聞くだけでも空恐ろしいことは、神的知恵の啓示によると、救われることと神化されることは同じだということである。

神化が救いと同義とされることによって、神化はアトス山の修道士のような一部の宗教的エリートのみならず、一般の信徒ひとりひとりに関わることとなる。ニコデモスは、読者が『フィロカリア』に収められた各作品を、聖人伝のように自分とはかけ離れた超人的な人々の話としてではなく、それぞれの救いに関わる問題として、読者ひとりひとりが切実な思いで受け取ることを願ったのである。このような神化概念の拡がりとその救済概念との重なり合いは、すでにグレゴリオス・パラマスが一般信徒に向けてなした講話の中にも見いだされ、ニコデモスにおけるパラマスの影響を窺わせるものと考えてもいいだろう(36)。

(三)　すべての人が絶えず祈るべきこと

それでは、具体的に神化とはいかにして達成されるのか。それは、絶えず祈ることによってである。ニコデモスの言葉は、キリストに信を置くすべての者が絶えざる祈りを実践し、神化すなわち救いに到達するよう鼓舞している。これこそ、フィロカリアの副題に記された「正教徒の共通の利益」という言葉が指している内実なのである。

〔『フィロカリア』編纂・出版の〕仕事に到達したのは、自分の考えに従ってではなく、模範から出発してのことなのである。一方では、それは聖書の模範である。それは区別なくあらゆる信徒に対して、絶えず祈ること（「一テサロニケ」五・一七）、常に主を自分の眼前に仰ぐことを求めている。そこに何か障害があるとか、聖霊の掟を担うのは不可能だとか言うのは、偉大なバシレイオスによると不敬虔なことである。

かつては、世俗に生きた多くの人々、つまり王自身や王宮ですごした人々は、毎日生活上の責任や配慮で多忙であったが、唯一の同じ業、つまり心の中で絶えず祈ることを実行していた（史実に多くの例が見出せるように）。

神の宴を軽蔑しない人々よ、福音書における人々（ルカ一四・一八～二〇）とは反対に、田畑や牛や妻を口実とはせずに（宴に来る）人々よ。あなたがたは来たれ。来て、この書にある知恵の覚知的なパンを食べよ。そして心を知性的に楽しませ、他方で自己超出による神化を通して、すべての感覚的かつ可知的な書物から離脱させるブドウ酒を飲みたまえ。そして真実の覚醒した酩酊で酔いたまえ。来たれ。正統信仰（orthodoxos）の呼びかけに与るあなた方よ、一般信徒そして修道士よ。

さらに、『フィロカリア』の末尾を飾るべく編入された「グレゴリオス・パラマスの生涯から」は「キリスト教徒はおしなべて絶えず祈りをなすべきこと」という副題が付され、次のような叱咤激励ではじまっている。

私の兄弟なるキリスト教徒よ、司祭と修道士だけが絶えず、そして常に祈りをしなければならず、この世に暮らす人（俗人）はそうではないと考えないように。いやいや、まったく違う。おしなべてキリスト教徒全部がいつも祈りの状態にあらねばならないのだ。

（四）　いかにしてこの世（俗世）に居ながらにして絶えず祈るのか

しかしながら、いかに使徒パウロが「絶えず祈れ」（一テサ五・一七）と命じたと言っても、実際にこの世に生き、日々の暮らしに追われる人々は一体どうすれば「絶えず祈る」ことができるのか。『フィロカリア』に収められた修道士たちの教えを、具体的にどのように生かすことができるのか。そのヒントを、『フィロカリア』の編纂者たちはこの最後の「パラマスの生涯から」に込めているように思われる。

この作品に登場するパラマスの友人ヨブは、まさにこの疑問をわれわれに代わってパラマスにぶつけている。

この聖人〔パラマス〕は……彼〔ヨブ〕になおこう言った。われわれは聖人たちの命令に忠実で、われわれがいつも祈るだけではなく、他の人全部、つまり修道士や俗人や知者や愚かな者や男や女や子供にも共通して教え、彼らに絶えず祈ることを勧めなければならない、と。かの長老ヨブはこれを聞いて、それが新奇なことと思え、異議を申し述べ、聖人にこう言った。いつも祈ることは修徳を心がける修道士やこの世の外にあって、気散じから離れた修道士にのみ属することで、色々の気遣いや労働に携わるこの世の人にはかかわらないものだ、と。

仕事や日常生活に忙しい俗人が、どうして絶えず祈ることなどできようか、というわれわれの気持ちを代弁するかのようなヨブの問いである。物語の中では、その後「すべての人間を救おうとされる」神から遣わされた天使が現れ、キリスト教徒の救いに資することがらに抵抗したとヨブを咎め、今後はこのような魂に有益な業に反対するようなことを語らないようにと命じる。天使の出現によって心を入れ替えたヨブはパラマスに許しを乞うて一件落着するのだが、われわれとしてはどうも納得がいかない。それを見透かしたかのように、パロスのアナタシオスと思しきこの作品の著者は次のような読者への投げかけを挿入している。

私の兄弟よ、なべてキリスト教徒が小さな者から大きな者まで常に霊的な祈り、つまり「主、イエス・キリスト、私を憐れんでください」と祈らねばならないこと、そしていつも彼らの知性《ヌース》と心がそう唱えるのに慣れなければならないことがわかるだろうか。

しかしこの世に暮らす人は何と言うだろうか。「われわれはこの世の様々なことや心配事の只中にある、それでどうして絶えず祈れようか」、と。さて私は彼らに答えよう。神はわれわれに不可能なことを要求しない、われわれが出来うることをわれわれに命じられるのだ。したがって自らの魂の救いを苦労して求めようとする者ならその域に達することが可能である。

そして、ここからが一層興味深いところなのだが、著者は共に宮廷で職に就いていたパラマスの父コンスタンティノスとエウドキモスという二人の俗人の例を挙げるのである。そして、彼らコンスタンティノスとエウドキモスは、身体は俗世にありながらも心は絶えず神と共に在って祈っていたと強調する。少し長くなるが、『フィロカリア』の編纂者たちの意図を最も的確に伝える文章であると思われるので、以下に引用する。

「絶えず祈れ」（一テサロニケ五・一七）と言った使徒の目的は、われわれの知性《ヌース》とともに祈るようにということであって、それはいつでもすることが可能なものである。というのは、われわれが手仕事をしているときでも、歩いているときでも、座っているときでも、食べているときでも、飲んでいるときでも、いつもわれわれの知性《ヌース》をもって祈ること、そして神に喜ばれる霊的で真実の祈りをなすのは可能だからである。われわれは体をもって働き、魂をもって祈る。外なる人間は身体的務めを果たす、他方、内なる人間は何をさしおいても神へ崇拝を捧げ、その業からこの霊的な祈りをはずさない。福音書において神人イエスが、「あなたは祈るとき、あなたの小部屋に入り、その戸を閉め、隠れてあなたの父に祈りなさい。」（マタイ六・六）と言ってわれわれに命じているように。魂の小部屋とは体である。われわれのその戸とは五感である。知性《ヌース》がこの世のことでそこかしこにさ迷わず、われわれの心の中にあるのが見出されたとき、魂はその小部屋（体）に入る。感覚的なものや目に見えるものに釘付けにならないようにするとき、われわれの感覚は閉じ、閉じられたままにとどまる。そのやり方でわれわれの知性《ヌース》はこの世の様々なことから自由になり、隠れた、霊的な祈りとともにあなたの父なる神と一致する。……霊的な比類ない恵みよ。これは人をして常に神と語らせる。驚くべき、かつえりすぐりの真なるものよ。あなたは人と体という点でともにあり、神と霊という点でともにある。……兄弟よ、あなたもあなたの部屋に入り、戸を閉めると、つまりあなたの知性《ヌース》があちこちと散らばらないで、あなたの心の中に入り、あなたの感覚がしっかり閉じ、この世のことがらに集中しないで、さらにいつもあなたの知性《ヌース》をもって祈るとき、そのとき聖なる天使とあなたの父に似たものとなる。

右の文章からは、『フィロカリア』を手にするであろう俗世に生きる読者への直截なメッセージが読み取れる。それは、この世界で生き、働き、日常生活を営む者であっても、常に霊的な祈りに留まることは可能だという主張である。五感を通じて外界の事象に彷徨い出てしまう知性《ヌース》を身体（とくに心臓）の内に引き戻し、霊的な祈りに集中するというヘシュカストの祈りの技法を踏まえつつも、そのような祈りをアトス山の修屋に籠る修道士の特権

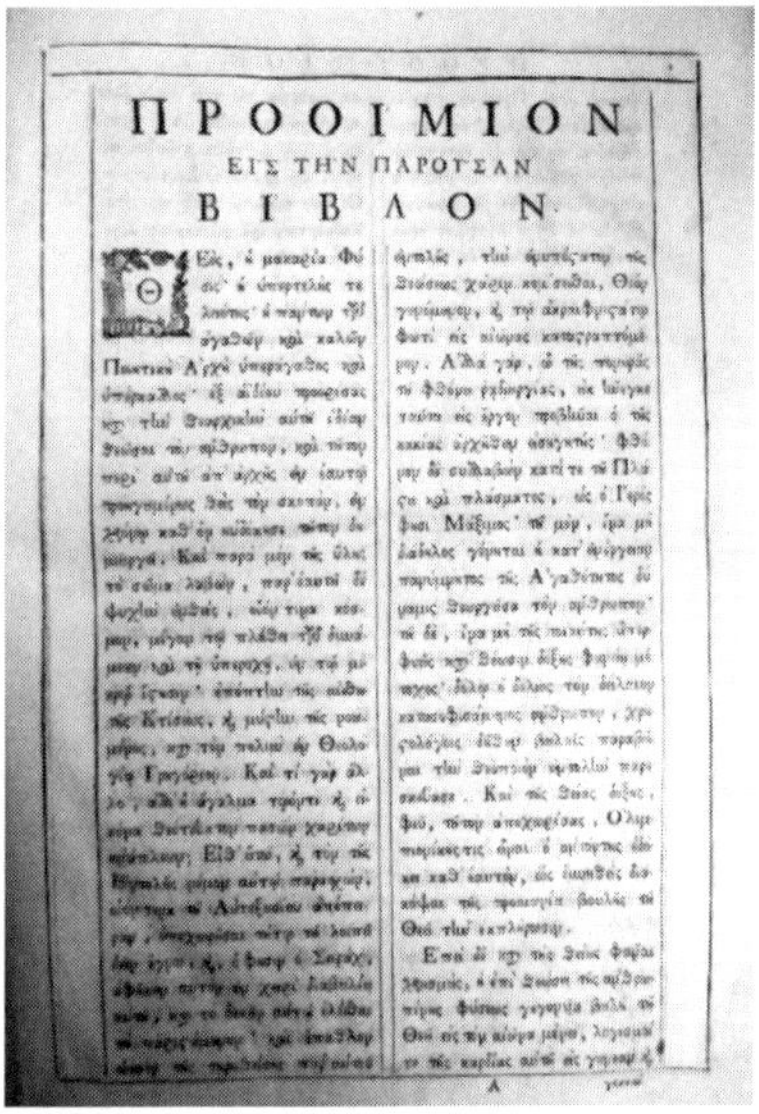

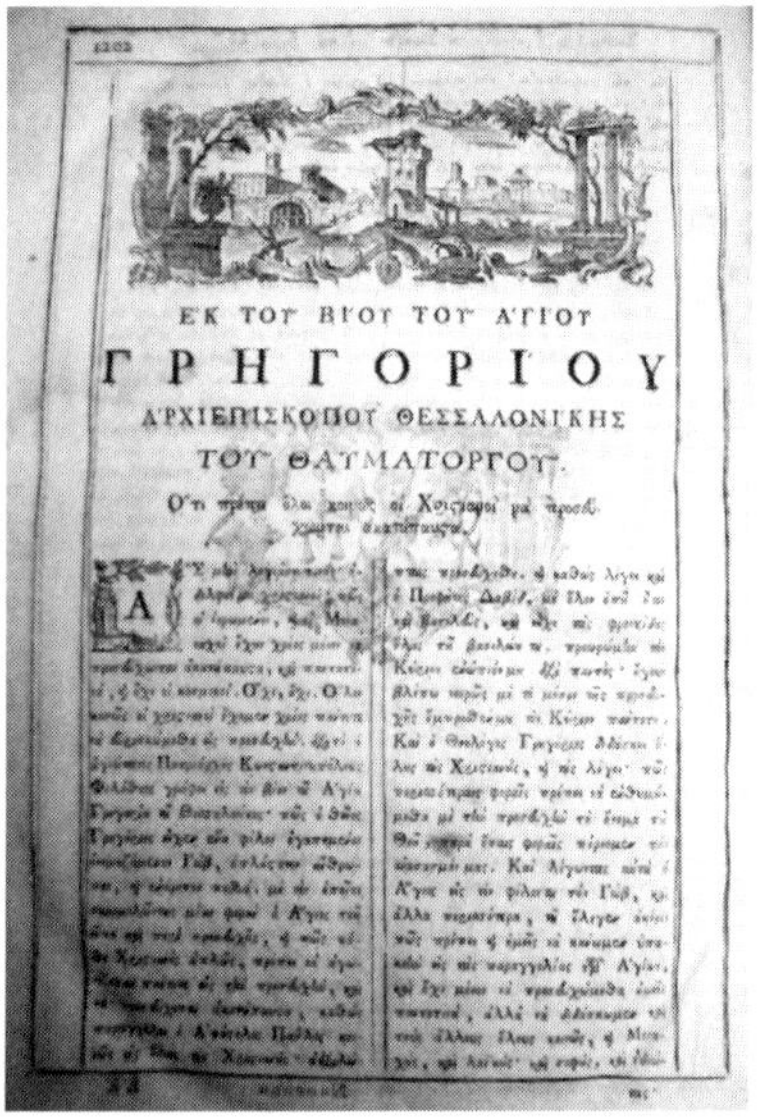

初版『フィロカリア』の最初に置かれた編纂者ニコデモスによる「序文」およびその最終話として収録された「グレゴリオス・パラマスの生涯から」のそれぞれの冒頭頁。

とせず、俗世界に生きる一般信徒であっても、一つ一つの生活の所作の中で常に神に思いを馳せることによって、いわば「絶えず祈る」ことが可能となる、著者はそう訴えているのであろう。

四　『フィロカリア』の翻訳と影響

一七八二年の初版『フィロカリア』の出版以降、一七九三年にはモスクワで教会スラブ語版『ドブロトリュービエ（*Добротолюбие*）』が出版され、並行してルーマニア語訳が、さらに一八七七年にはロシア語訳が出版されるなど、正教圏諸言語で広範な読者を得た（それに対し、ギリシア本国では初版『フィロカリア』は当初さほど大きな成功は収めず、一八九三年になるまで再版されることもなかった。その後、一九五七～一九六三年および一九七六～一九八四年にかけてアテネで再版。現代ギリシア語訳の出版は一九八四～一九八七年。このようなギリシア本国における『フィロカリア』への冷淡とも思える当初の反応の原因については上述の通り）。また、西欧では『無名の順礼者：あるロシア人順礼者の手記』（原題 *Откровенные рассказы странника духовному своему отцу*、日本語訳は重訳）によってすでに『フィロカリア』の存在は知られていたものの、J. Gouillard による仏語抄訳 *Petite philocalie de la prière du cœur* が一九五三年になって出されると大きな反響を呼び、同書はドイツ語、スペイン語、イタリア語、アラビア語に訳された。また J. Gouillard の仏語抄訳に先立つ一九五一年には、E. Kadloubovsky と G. E. H. Palmer によってロシア語訳からの重訳ながら英語抄訳 *Writings from the Philokalia on Prayer of the Heart* が出版され、その他にも確認できる限りでも英語、ドイツ語、フィンランド語、ポーランド語による部分訳が出されている。『フィロカリア』へのこのような高まる関心に後押しされるかたちで全訳作業が各国で始められ、上述した正教圏における諸翻訳の他に英語（Palmer *et al.* 1979-1995、第五巻は未刊）、フランス語（Bobrinskoy &Touraille 1979-1991；Clément 1995）、イタリア語（Artioli & Lovato 1982-1987）、ドイツ語（Würzburg. 2004）、フィンランド語（未見）訳がこれまでに出版されている。[37] 本邦では、上述の *Writings from the Philokalia on Prayer of the Heart* の翻訳（つまりロシア語訳からの重訳のさらに邦訳）として『修徳の実践　心の祈り（イエスへの祈り）に関する著述』が一九九五年にエンデルレ書店から出され、二〇〇七年以降は新世社から全訳が刊行、二〇一三年に本文の翻訳がすべて完成、出版された。

むすびとひらき

俗世から隔絶されたアトス山のヘシュカストを中心とする修道士たちによって、霊的師父の指導の下に実践されていたこのような修行のための導きが、なぜ一冊の書物として纏められ、出版されたのか。その目的はいかなるものであったのか。この問いに答えることが本章の目的であった。

本章での考察を通じ、『フィロカリア』が編纂の背景には、当時のオスマン帝国下の正教会高位聖職者の腐敗と西欧化傾向、知識人らのキリスト教信仰の軽視が存在し、それらがマカリオスとニコデモスらコリュヴァデスと呼ばれた人々に伝統的な正教信仰に基づいた霊性復興の必要性を感じさせたこと、またコリュヴァデス論争の中で、アトスから追放される危険性に晒されながら編まれた『フィロカリア』という書物が、単に祈りの専門家としての修道士のみならず、追放された先々の地において一般信徒をも霊的に目覚めさせ神化へと導くための手引書の役割を当初から期待されていたことも確認されたと思う。『フィロカリア』に収められた作品群の多くは、修道士によって修道士のために著されたもので、一般の読者には一見あまり関係のないように思われる厳しい戒律や修行についての内容も含まれ、一二〇〇頁以上にわたる全体のなかには似たような記述が繰り返されることもあり、読者を戸惑わせることもあるだろう。しかし、同書は特殊な世界を対象とした教導的作品の単なる寄せ集めではなく、ニコデモスらの明確な思想の下に編まれた、強いメッセージ性を帯びた書物であるということが、本章で試みたニコデモスによる『フィロカリア』「序文」や同書巻末の「グレゴリオス・パラマスの生涯から」の分析によって明らかになったのではなかろうか。救いとは教会や司祭によってもたらされるものではなく、個人個人がその責任を負うものであるという意識をもち、絶えず祈ること。さらに言えば、一般信徒は精神修養などせず、それは修道士に任せておいて、自分は教会に行って司祭の説教を聞いていればよいという或る意味で中世的な信徒像から、自らの救いを教会や修道士任せにしない自発的近代的信徒像への転換を編者ニコデモスらは訴えかけているのであり、それこそが近現代のキリスト教世界で同書が東西の別なく広く支持された理由であったのだと考えられる。一七八二年の初版出版当初から、ロシアをはじめ正教圏で広い読者を獲得したこと、さらに二〇世紀に入ってからは西欧世界においても熱烈に歓迎されたことは、『フィロカリア』のこのような性格からして当然の成り行きだったのかもしれない。その意味で『フィロカリア』の編纂と出版は、ヘシュカスムの歴史にとって重要な出来事であっただけでなく、キリスト教世界における近代を、より広くは信仰と近代の問題を考える上で多くの示唆を与えるものであると言えよう。

註

（1）本稿は、二〇一二年に発行された『パトリスティカ――教父研究』第一六号に収録されている拙稿「『フィロカリア』編纂とその意義」に、二〇一四年六月に上智大学で開催されたシンポジウム「『フィロカリア』の風光」での発表原稿（発表時題目は「『フィロカリア』のメッセージ――『グレゴリオスの生涯』の考察から」）を加えた上で、大幅な加筆修正を施したものである。

（2）日本語で読めるものとしては、邦訳『フィロカリア』第一巻の大森正樹による「総序『フィロカリア』――その成立と特質」がある。『フィロカリア』第一巻、新世社、二〇〇七年、一一～三六頁。

（3）東方キリスト教世界においては、本稿で扱う『フィロカリア』以外にも、カエサレアのバシレイオスとナジアンゾスのグレゴリオスによって編纂された、オリゲネスの著作からの選集がよく知られている。

（4）著作者たちの大きな区分（砂漠の師父、七～一一世紀の神学者や著作者、ヘシュカストとパラマスの徒、初心者に必要な教え）およびそれらの一七八二年の初版『フィロカリア』における頁数は V. KONTOUMA (-CONTICELLO), The Philokalia, in A. CASIDAY (ed.), *The Orthodox Christian World*, Routledge, 2012, p. 457-8 に依った。また、名前の表記は基本的に新世社から出ている『フィロカリア』の邦訳（第一巻から第九巻、二〇〇六～二〇一三年）に従ったが、長音記号や敬称等は省略した。

（5）V. KONTOUMA (-CONTICELLO), The Philokalia, op.cit., p.453-465 ; E.CITTERIO, V. CONTICELLO, *La Philocalie* et ses versions, dans C.G. CONTICELLO and V. CONTICELLO, *La Théologie byzantine et sa tradition*, Turnhout, Brepols, 2002, p. 999-1021. 後者にはギリシア語原文（ヴェネチアで印刷された一七八二年の初版と一九五七～六三年のアテネ版）、教会スラブ語訳（一七九三年版および一九九〇年版）、ロシア語訳（一八七七～八九年版および一九六三～六六年版）、現代ギリシア語訳（一九八四～八七年版）、ルーマニア語訳（一九四六～九一年版）、フランス語訳（一九七九～九一年版と一九九五年版）、英語訳（一九七九～九五年版）、イタリア語訳（一九八二～八七年版）における収録作品の異同をそれぞれ頁数とともに一覧表にまとめられている。

（6）V. KONTOUMA (-CONTICELLO), The Philokalia, op.cit., p. 459.

（7）Ibid., p. 453-6.

（8）Ibid., p. 454. なお、このパラマス全集は、草稿が印刷所に送られる段階にまでこぎつけたものの、印刷所の急な閉鎖によって実現されなかった。ニコデモスの時代に至るまでのパラマスの著作の出版状況とその経緯、およびニコデモスにおけるパラマスの影響に関しては A. RIGO, Nicodemo Aghiorita e la sua edizione delle opere di Gregorio Palamas, in N. KAUCHTSCHISCHWILI et al., *Paisij lo storec*, Qiqajon, 1997 ; id., Nicodemo l'Aghiorita, la 'Filocalia' e Gregorio Palamas, in E. CITTERIO et al., *Nicodemo l'Aghiorita e la Filocalia*, Qiqajon, 2001 に詳しい。

（9）V. KONTOUMA (-CONTICELLO), The Philokalia, op.cit., p. 459.

（10）Cf. ibid., p. 456.

（11）Ibid., p. 455-6.

（12）先に言及したパロスのアタナシオスとニコデモスはこの学校で共に学んでいる。

（13）この人物はこれまでワラキア（現ルーマニア）の皇子ヨアンネス二世マウロコルダトス（一七一二～四七年）と取り違えられることもあったが、全くの別人物である。

（14）オスマン帝国には、イスラームに並んで正教会、アルメニア教会、ユダヤ教のミッレトが設けられており、後にはカトリックのミッレト、一九世紀にはプロテスタントのミッレトも存在したという。ただし、ミッレト制が制度として定められたのはかなり後のことであり、コンスタンティノポリス占領直後に征服者スルタン・メフメトが正教会に与えた特権の正確な中身ははっきりしていないと言われている。Cf.『岩波イスラーム辞典』岩波書店、二〇〇二年、項目「ミッレト」、R. CLOGG, A concise history of Greece, Cambridge, 2013, p. 10-11.（リチャード・クロッグ『ギリシャの歴史』高久暁訳、創士社、二〇〇四年、一四～六頁）

（15）R. CLOGG, op.cit., p. 7.（邦訳一三頁）

（16）たとえば、キリスト教徒の武器所持は禁じられ、法廷においてイスラーム教徒に反論することは認められず、キリスト教徒とイスラーム教徒の結婚もできなかった。Ibid., p. 14.（邦訳一八頁）

（17）R. CLOGG, op.cit., p. 13, 36-7.（邦訳一六～七、四九～五〇頁）; T. WARE, *The Orthodox Church*, London, 1963, p. 98-9.

（18）R. CLOGG, op.cit., p. 13.（邦訳一七頁）

（19）この運動には、①西洋の古典研究への尊敬、②ヴォルテールやフランス百科全書派を中心とする啓蒙主義、③フランス革命思想（フランス革命は『フィロカリア』出版の七年後）、④フリーメーソンの擬神秘主義の影響があると言われている。Cf. K. WARE The Hesychast Renaissance, in C. JONES, G. WAINWRIGHT (ed.), *The Study of Spirituality*, London, 1986, p. 255-258.

（20）R. CLOGG, op.cit., p. 25-7.（邦訳二五～六頁）

（21）Cf. T. WARE, op.cit., p. 101-102.

（22）以下コリュヴァデスについては Hieromonk PATAPIOS and Archbishop CHRYSOSTOMOS, The Kollyvades Movement and the Advocacy of Frequent Communion, in *Manna from Athos The Issue of frequent Communion on the Holy Mountain in the Late Eighteenth and Early Nineteenth Centuries*, Peter Lang, 2006, p. 27-52 ; C. CARVANOS, *St. Macarios of Corinth*, op.cit., p. 15-29.: G.PODSKALSKY, *Griechische Theologie in der Zeit des Türkenherrschaft* 1453-1821, Munich, 1988, p. 329-385 を参照。

（23）死者の追悼儀式の最後に割って食べられる煮た小麦コリュヴァから。彼らは追悼儀式の土曜日における遂行の固持から土曜日派《サバッティアノイ》とも呼ばれるが、どちらも敵対者による蔑称である。

（24）一七七二年、総主教テオドシオ二世「土曜日に追悼儀礼を行う者は、古代からの教会の伝統を守っており、正しい。だが他方、日曜日に行う者も罪を犯してはいない」。後のサミュエル・カンチェレス総主教「スキートで霊的生活を送る修道士は、その修道院に属し服するのであり、追悼儀礼に関しても自らの属する修道院の規則と慣習に逸脱することなく従わねばならない」。C. CARVANOS, *St. Macarios of Corinth*, op.cit., p. 17.

(25) 一七七四年、アトス地方公会議「総主教の決定を受け入れないものは破門する」、一七七六年コンスタンティノープル地方公会議「追悼儀礼は土曜日曜の区別なく行われなければならない」。Cf. Ibid., p. 17.

(26) Ibid., p. 21.

(27) ニコデモスとマカリオスの生涯について詳細は C. CARVANOS, *St.Nicodemos the Hagiorite*. Vol.III in *Modern Orthodox Saints*, Belmont, 1974, p. 11-63 ; *St.Macarios of Corinth*. Vol.II in *Modern Orthodox Saints*, Belmont, 1975, p. 11-41 を参照。

(28) 聖コスマスはギリシア啓蒙運動の著名な人物で、正教徒に学校建設とコイネーの習得を奨励し、それによって各自が聖書理解深め霊的道徳的成長をとげるべく尽力した。彼は六〇年間にわたって一〇〇以上の学校を建設したと言われている。Cf. C. CARVANOS, *St.Cosmas Aitolos*. Vol.I in *Modern Orthodox Saints*, Belmont, 1971.

(29) V. Kontouma によれば、それは一七六五～七〇年にかけてであった。V. KONTOUMA (-CONTICELLO), The Philokalia, op.cit., p. 455.

(30) 後にニコデモスはローマ・カトリックの精神性に関心を抱き、Giovanni P. Pinamonti 版によるイグナチオ・ロヨラの『霊操 *Esercizi Spirituali*』、Lorenzo Scupoli の『心戦 *Combattimento Spirituale*』をギリシア語訳し、大幅な削除と加筆を加え、聖書と教父に基づく注釈を施した上で出版している。

(31) マカリオスとニコデモスのアトス到着の時期については、資料によって異同がある。Cf. V. KONTOUMA (-CONTICELLO), The Philokalia, op.cit., p. 455.

(32) その中には、『詩篇註解』や、『階梯』と呼ばれる教会法の編纂といった、その後の正教会で必要不可欠の手引書となる書物も含まれている。

(33) 以下、引用は邦訳『フィロカリア』第一巻、新世社、二〇〇七年、序、三七～五〇頁および同第九巻、新世社、二〇一三年、一九三～二〇一頁に拠ったが、本稿での用語に合わせて一部訳語を変更した。

（34）V. KONTOUMA (-CONTICELLO), The Philokalia, op.cit., p.458 ; A. RIGO, Nicodemo l'Aghiorita, la 'Filocalia' e Gregorio Palamas, op.cit., p. 151-2.

（35）他の正教圏での熱烈な受容に比して冷淡とも思える当時のギリシア国内における『フィロカリア』出版に対する反応は、マカリオスやニコデモスによるこのような教会当局への批判的姿勢や彼らの『頻繁な聖体拝領について』が一度は断罪されたことの影響によるものであるとも考えられる。さらに、V. Kontouma は当時の正教神学界における、より古典的な作家（バシレイオス、ナジアンゾスのグレゴリオス、ヨアンネス・クリュソストモス、ディオニュシオス・アレオパギテースなど）への偏向をその一因として挙げている。V. KONTOUMA (-CONTICELLO), The Philokalia, op.cit., p. 459.

（36）パラマスの思想における神化概念と救済概念の重なり合い、とくにその一般信徒に向けられた講話の中で示されたものを扱った論考として、拙稿「グレゴリオス・パラマスのエウカリスティア理解」、『エイコーン』第四六号、教友社、二〇一六年、七七〜一〇一頁。

（37）日本以外の各国における『フィロカリア』翻訳の経緯については邦訳『フィロカリア』第一巻の大森正樹による総序、新世社、二〇〇七年、一七〜一九頁および V. KONTOUMA, The Philokalia, op.cit., p. 453-465 を参照。また、各国語訳における収録作品の異同については本稿注の五参照。

第9章　『フィロカリア』を読む
――イブリン・アンダーヒルの霊性を手がかりに――

金子　麻里

はじめに

イヴリン・アンダーヒル（Evelyn Underhill, 1875–1941）は、二〇世紀初頭から戦間期にかけて、神秘思想・霊性に関する数多くの著作を残した著述家として知られている。そして英国国教内では黙想会の指導者として奔走しながらも、分け隔てなく人々の霊的な悩みに真摯に応じることに徹した一信徒であった。

彼女が一貫して強調したのは、「祈り」と「実践」との一致である。彼女にとって「霊的生活」とは、この現実の世界において具体的な役割や関わりを担うことを必然的に伴うものであり、神の愛に応え、神の創造に参与する「実践的生活」を意味した。そうした「統合的生」（the Unitive Life）を、既存宗教が本来の意味を失いつつあった近世において、歴史上の神秘家や聖人たちの残した膨大な資料から一般の人々にも接近可能な形で示し、誰にも可能な生き方であることを彼女は生涯を通じて説いたのである。

さて、砂漠の師父たちの遺産である『フィロカリア』が日本において刊行されるにあたって、「内在的な読み」

の必要性が既に指摘されている。[1] つまり、この『フィロカリア』を読む者は、単なる研究対象としてそれを受容するのではなく、同時にそこに示される霊的精神のすべてを「己の現実に引き寄せ、自らの霊性の糧とし、内面的に変化していくこと」[2] が問われている。では、このアンダーヒルという英国人女性の残した著作は、『フィロカリア』の受容、特にその「内在的な読み」において、いかなる意味をもつのだろうか。『フィロカリア』が提示する霊的精神は、アンダーヒルという人物を介して、いかなる示唆を我々に与えてくれるのだろうか。

本章では、その問いの手がかりとして、次の三点について順を追って考えてみたい。第一に、アンダーヒルの著作群を、その執筆された年代に従って三つに区分し、各区分の主な著作において東方キリスト教に関する叙述がないか、彼女自身の足跡を追いつつ概観する。第二に、『フィロカリア』の意義が、「伝統への回帰と伝統に基づいた霊性の覚醒」にあることに着目したい。[3] アンダーヒルが一貫して問うているのは、まさにその「伝統への回帰」を前提とした「霊性の覚醒」であり、それは「伝統」の再評価という形で結実した。『フィロカリア』の意義と、アンダーヒルの執筆活動の意義との連関を「伝統」「正統」「カトリシズム」という語を鍵として考察する。第三は、アンダーヒルが取り組んだ時代要請が、当時の日本を代表する思想家たちにも共有されていた、という点である。本章ではアンダーヒルと同じくフォン・ヒューゲルから指導を受けた岩下壮一を一例として挙げる。大きく異なる両者の足跡をたどり、当時の事情や周辺の人々との交わりも含め「共通の連関」を見出す作業そのものが、おのずと東方の遺産たる『フィロカリア』の現代的意義の探求へと私たちを巻き込み、自分らの問題として引き入れる「内在的読み」へと導いてくれるのではないだろうか。この最後の点に関しては、簡略ながら、提示した問いへの答えというよりは、むしろ新たな問いが生まれることの確認となるだろう。

一　東方キリスト教への言及――神秘主義から典礼へ

アンダーヒルは三九年間にわたる執筆生活のうちに、四〇冊の書籍（増刷・著作集を含む）、三五〇以上の論文・小論・書評を残した。一般的に彼女の著作は、初期から晩年にいくにしたがって、内容の特徴が「新プラトン主義」から「受肉的信仰」へと変化していったと説明される。また、彼女自身の内的成長に伴い、初期の作品群に頻出する「神秘主義」という語の代わりに、「霊的生活」「祈り」「聖霊」といった語が用いられるようになる。やがて晩年の主著である『礼拝』（*Worship*, 1936）の執筆をきっかけに、ロシア正教への関心が深まった、というのが、彼女の著作活動の推移に関して一般的に言われているところである。

しかし、事実はそれとはやや異なる。『フィロカリア』に関する直接的言及はないものの、初期の著作においても「観想」の文脈の中で、教父の名が挙げられ、「神化」についての言及がみられる。また単純にそれと観てわかる言及のみならず、彼女の説く霊的生活――それは実践と不即不離であるものだが――のあらゆるところで、霊的書物から学ぶ姿勢が随所にみられる。以下、便宜上区分した三つの著作群を概観するが、彼女が説く「霊的成長への道行き」を追うと共に、彼女自身の足跡もたどることによって、『フィロカリア』で中心課題とされる問題、即ち、祈り、祈り、祈りの方法、情念の排除、徳の涵養、柔和さ、神化といった「主題」と、彼女の著作の「意図」との重なりもおのずと見えてくるだろう。

（１）「神秘主義」を中心とした執筆活動（一九一一～一九二五）

この時期の主な著作は以下の通りである。
『神秘主義』（*Mysticism : The Nature and Development of Spiritual Consciousness*, 1911）
『神秘への道』（*Mystic Way : A Psychological Study in Christian Origins*, 1913）
『実践する神秘主義』（*Practical Mysticism: a Little Book for Normal People*, 1915）
『聖霊の息吹く生と今日の生』（*The Life of the Spirit and the Life of Today*, 1922）
『教会の神秘家たち』（*The Mystics of the Church*, 1925）

表題からも明らかなように、「神秘主義」を扱った著作がほとんどである。中でも特に著名な書は、『神秘主義』（一九一一年）で、この書をきっかけに、彼女の名は「神秘主義」の専門家として知られるようになった。一九世紀中頃から二〇世紀初頭は、神秘主義への関心が高まった「霊性復興」の時代とも言われ、先行研究も多く為されていた。具体的には、W・イング（William Inge, 1860-1954）の『キリスト教神秘主義』（一八九九年）、W・ジェームス（William James, 1842-1910）の『宗教的経験の諸相』（一九〇一年）の他、F・フォン・ヒューゲル（Friedrich von Hügel, 1852-1925）の『宗教の神秘的要素』（一九〇八年）、H・ドラクロワ（Henri Delacroix, 1873-1937）の『神秘主義の歴史と心理』（一九〇八年）等が挙げられる。そんな中、従来の研究や著述とは異なる視点から、神秘家たちが残した膨大な文献資料を精査し、真なる「神秘主義」を示したことが彼女の業績の一つと言われている(4)。

私生活においては、長い婚約時代を経て、一九〇七年、三二歳の時に幼馴染みのヒューバート・スチュアート・ムア（Hubert Stuart Moore）と結婚するが、著述活動はアンダーヒルの名で行った。正式な教育としては、ロンドンのキングス女子大（King's College for Women）で歴史学と植物学を学んだ以外は、特に神学や宗教哲学における専門的な指導を受けたことはない。彼女の父は法廷弁護人として成功した人物で、彼女は比較的裕福なプロテスタント（英国国教会）の中流階級の家庭に育った。彼女の両親は特に宗教的に敬虔ではなかった。また一人娘の彼女の才能にも全く無関心で、彼女は父親の書斎にある哲学書を独学で学び、特にプロティノスを気に入って精読していたという。

アンダーヒル本人は、カトリック教会の信者になることを強く望んでいたが、婚約者のヒューバートはこれに猛反対した。[5] 時を同じくして、カトリック教会内ではモダニズムに対して教皇ピウス一〇世による回勅が発せられた。アンダーヒルにとってこれは何よりも受け入れ難く、結果として、彼女は結婚を機に英国国教会の方を選ぶこととなった。最初は抵抗感があったものの、やがて「カトリック教会全体」の一員として英国国教会に属することに納得し、一九二一年から信徒としての自覚をもって動きだす。彼女は、「教会」という全体的な枠を超えて自らにレッテルをはらずにいることを信念とした。のちに知人の書簡にも、そうすることで自身の働く場を限定せずに「お粗末ではありますが、あらゆる種類の、あらゆる意見をもった人びとの抱える内的な問題に関わること」が自らの使命だと明かしている。[6] こうした現実世界での帰属先に関する経緯からも、彼女の霊的成長の方位が伺えるのと同時に、彼女にとって「カトリシズム」、「正統性」という枠における東方キリスト教の受容が全く抵抗なく、必然であったことも説明しうるのではないだろうか。

結婚した後、二人はアンダーヒル家のすぐ近くのヒューバートの実家に新居を構えた。ヒューバートが法廷弁護人だったこともあり、二人は結婚後もアンダーヒルの両親と共に集い、ヨット等を楽しんだ。アンダーヒルは母親のアリスとは全く似ていなかったが、同じ法曹界に働く夫をもつことで共通の話題には事欠かなかったのだろう。ごく普通の母娘らしく頻繁に昼食を共にし、定期的にヨーロッパも一緒に旅行したという。特にイタリアの宗教遺跡や芸術作品を鑑賞することを、娘のアンダーヒルはこよなく愛していた。そうした芸術への情熱や旺盛な知的好奇心が、のちに信仰の糧となり、数々の著作へと実を結んだ。
彼女にとって最初の東方キリスト教との出会いは、彼女がローマに旅行している際に参列したビザンティン教会の聖餐式だった。彼女はその時の素朴な感想を、友人への手紙で次のように記している。

十字のストール（ストラ）を身につけた輔祭（Deacon）が、一〇世紀の受胎告知する天使の絵画のように片手をあげて、イコンの前に立っているのを見れば、だれでも何世紀も昔に戻ったかのように感じるはずです。金のダルマティカをまとった一風変わった人たちがいて、お辞儀をして、十字を切るたびに床に触れて。そして、時おりイコノスタシスのヴェールがおろされると、中にいる司祭がホスティアを掲げているのが見えて、それが本当に素晴らしいの！(7)

更に彼女はこの旅で、イースター前夜に「東方帰一ギリシア教会」（the Church of Uniat Greeks）を訪ねている。そこは「東方正教会の儀式や精神を損なわれないままに保持している」教会で、その時の光景は彼女にとって忘れがたい経験として刻まれ、十数年後の一九二六年に出版されたニコラス・アルセーニフ（Nicholas Arseniev）の著作『神秘主義と東方教会』（*Mysticism and the Eastern Church*）に寄稿した彼女の序文にも描かれている。

時として儀式は、複雑な外観の下にある、生き生きとした心を明かしてくれることがある。（中略）そこ（教会）は人びとで溢れかえり、その中から歩いてきたのは、ニケア公会議でも場違いにならないような衣をまとった、ひげを蓄えた荘厳な聖職者だった。彼の後には二人の小さな少年が、あふれんばかりの水仙、さくら草、野生のシクラメンの入った大きな籠をかかえて続いた。その聖職者は、腕一杯の花々を人々の頭上に向かって投げた。ギリシア語で「キリストは甦られる！」と叫びながら。[8]

彼女がその光景に感じたのは、「花に満ちた春のような気持ち、甦りと勝利に生きることへの歓を極める確信、自然世界の再生と密接に結ばれたキリスト中心の脱自」[9]であったことが、その序文に記されている。このことからも、彼女の示す神秘主義と詩学・芸術との近接性への着眼や、秘跡や典礼への深い理解は、彼女の中では論理的な帰結というより、こうした出会いや交わりを通して培われ、やがて自らの痛みをもって結実したものであることが垣間見られる。誤解を恐れず換言するならば、彼女にとって、すべては自らの救いに関わることだったと言っても過言ではない。同時に、彼女の普通ではない旺盛な探求心があったからこそ、東方キリスト教も（当然のこととして）含む膨大な量の歴史的文献に精通していただけではなく、当時の哲学や心理学における研究動向にも敏感に応じ、援用することも可能であったと言ってよいだろう。

ⓐ『神秘主義』(*Mysticism*, 1911)

では『神秘主義』（一九一一年）において、具体的にどのような言及が見られるだろうか。

この書は二部構成となっており、第一部「神秘的事実」（The Mystic Fact）は、「形而上学、心理学、シンボリズムの視点から次々に神秘主義を示すことによって、いま現在、様々な言語で書かれた小論や教科書に散在している情報を一つにまとめ、神秘主義の学び・研究と密接に関連している各諸問題に関する初歩的な事実を、小さくまとまった形で学ぶ者に提供する試み」[10]とされている。それに続く第二部「神秘的道」（The Mystic Way）は「人間の霊的または神秘的意識の特質と発展に関するいくぶん詳細なる研究を含む」[11]ものである。

第一部の、第三章「神秘主義と心理学」では、当時の心理学的研究を援用しつつ、「霊的感覚」について考察されており、ディオニュシオス・アレオパギテースの『天上位階論』[12]、『神名論』[13]からの引用がある。第五章の「神秘主義と神学」では、「神化」について「流出」と「内在」、そして「受肉」との連関において触れられている。[14]また、教父たちの名——アレクサンドリアのクレメンス、エイレナイオス、ニュッサのグレゴリオス、ディオニュシオス——を挙げて、「西方教会の神秘家たちが『神の都』の塔と基盤の足場を支える、あの頑強なシステムを保つことに貢献した」と指摘した上で、「こうしたキリスト教の哲学の持つ美徳とは——より冷やかに自己完結したギリシアの体系を超えていることを示し——形而上学の真理を人格という観点から語りなおしたことにある」[15]と述べている。

「神化」に関しては、第二部の第十章の「神との一致にある生」（the Unitive Life）でかなり詳細に説明されている。[16]神秘家たちによる「神との一致」の叙述では、二通りの象徴的表現（「神化」と「霊的婚姻」）を用いるが、求める「絶対者」が非人格的かつ超越的な形而上的神秘家は、探求の成就を「神化」、つまり神における自己の完全なる変容を描く、と記されている。[17]更に次のような説明が続く。

「神化」という言葉は無論、科学的用語ではない。それは人間の理解力を遥かに超え、それゆえ人間の言葉ではそれに相当するものは何一つない一つの超越的な事実を暗示しようとする隠喩であり、芸術的な表現なのである。（中略）我々が〈神の本質〉（the Being of God）というものを知らない以上、魂が神のなかで変容されるという言明のみでは人をうっとりさせるような暗示はあっても、正確な情報は決して与えられることはない。（中略）こうした観想家たちが用いる「神化」に関する率直かつ直接的な語法は、神秘主義的でない人びとの間では、他のいかなる教理や実践にもまして反感を呼び起こしてきた。その表面的な言葉の意味だけを問題とすることによって、こうした語法を冒涜的と呼ぶことは、当然ながら容易い。そしてそのように冒涜と安易に見なす誘惑は、滅多に退けられることはなかった。しかし、正しく理解されるならば、この教理はあらゆる神秘思想のみならず、多くの哲学、大方の宗教の根幹に根差すものであり、それらの重要な諸原理を推し進めた、ひとつの必然的な結果（a logical end）である。（中略）東方キリスト教はこれ〔神化〕を常に認め、典礼において表現してきた。シメオン・メタフラシスは言う。「〈神の体〉が私を神化し、私を養う。理解しえない方法で、それは私の霊を神化し、私の魂を養う」と。[18] キリスト教の神秘家たちは、この人の神化という教義（dogma）を、「神の受肉」――神が人となること――の必然的な結論として示すことによって、正当化している。この議論を擁護する際に、彼らは教父の権威を引用する。「我々が神となるように、神は人となった」と、聖アタナシオスは言う。[19]

『フィロカリア』への直接的言及はないものの、現在ほど東方キリスト教の研究書や一次資料が多くない当時の英国において、東西キリスト教の神秘家たちの言述から抽出された形で、『フィロカリア』が扱う主題に触れることのできる書としては珍しい著作であったことが伺える。

ⓑ『神秘への道』（*Mystic Way*, 1913）
　『実践する神秘主義』（*Practical Mysticism*, 1915）

一九一三年に刊行された『神秘への道』は、前述の『神秘主義』で得た評価に反して、批判の多い著作であり、アンダーヒルは余儀なく自らの立場を弁護することになった。ではその立場とは何か。この書の狙いは、「神秘の道、及び神秘的意識の発展に関する自らの理解をキリスト教の源泉にも適用し、キリスト教が最も純粋な形での神秘的運動（a mystical movement）として始まった」ことを明らかにする点にあった。また、「キリスト教神秘主義の源は、新プラトン主義にあるのではなく、イエスその人にあると示すこと[20]も彼女の意図に含まれていた。その序文には、霊的な成熟を深めていく成長としての「道」、すなわち表題にもある*Mystic Way*が存在することは、「いわゆる敬虔な意見ではなく、ひとつの事実」であり、それは「いかなる時代や宗派の数限りない神秘家たちによって証言・証明され」、「現代においては宗教哲学の大方の学徒たちによって認識されている」と記されている。またその事実は、「初期のキリスト教文献を我々が理解する上で、最も重要であるということが、概して看過されてきた」と彼女は指摘する。[21]

考察の対象とされている時代は、キリストの時代から四世紀までである。まず福音書に記述された「キリストの生や教えの神秘的かつ心理学的側面」に関する考察から始まり、初代教会における「神秘的衝迫（a mystical impulse）の具現化された三つの形」に関する考察が続き、最後に「キリスト教世界の神秘的意識」の独特な芸術形式であるミサの典礼に関する一考察で結ばれている。初代教会に関しては「アレクサンドリアと観想の道《アート》」、「修道院の理想」、「砂漠の神秘家」といった章があり、必然的に、初代教父への言及、そして「神化」といった課題を扱っている箇所も多い。

「アレクサンドリアと観想の道《アート》」では、アレクサンドリアのクレメンス、オリゲネス、大マカリオスが扱われている。[22]新プラトン主義との比較における「神化」への言及、[23]大バシレイオス、ディオニュシオス・アレオパギテースからの引用も頻出し、[24]『不可知の雲』、ダンテ、聖テレサ、十字架の聖ヨハネといった名が、「観想における神秘的意識を語る上でアレクサンドリア的思想（Alexandrian thought）に負うところの多い神秘家たち」として挙げられている。[25]「修道院の理想」では、コプト教会の聖人たち、エジプトの聖アントニオス、大マカリオスの名が並び、[26]主に大マカリオスの教えが要約されている。

『神秘への道』が最も批判を浴びた点は、イエスを優れた神秘家たちよりも劣るものとして位置づけた、という点である。彼女は友人からも手厳しく非難された。それに対して彼女は、「イエスは、すべての聖人たちが倣い、目指しながらも、決して手に届くことのなかった完全なる達成を象徴する」のであって、換言するならば、それは「人間の成長というコンテクストにおいて、いかに啓示が為されたのか」という「受肉」の問題である、と記している。[27] そして彼女はその友人への手紙に次のように結んでいる。

私が問題としているのは、「霊的なもの」の切迫による「物質的なもの」の変容ではなく、「魔術的トリックの理論」に反しての「成長の理《ことわり》」についてです。個人的には、もし生きること全体が「聖霊」の業であると思っていなければ、私はすべてを諦めているでしょう。このことは私の信念（creed）の核心です。そして、あまりに鮮明であるがゆえに、我々にとって忌々しく、惨忍で、不条理に見える事柄が――それがあることは否定しませんが――「聖霊」に逆らってできることは何もないのです。[28]

『実践する神秘主義』（一九一五年）において、初代教父が引用されているのは、ディオニュシオス・アレオパギテースのみである。[29] しかし、最終章の結びにも見られるように、この書全体が「霊的感覚」について書かれたものである。[30] また題名の「実践」という語に対置しうる「思弁的」な神秘主義をアンダーヒルは想定していたのではなく、一般の人々にも接近可能な成長の道として神秘主義を説明している。その途上においては、「徳の涵養」が必要であること、また最終的な「神との一致」という目標としての「神化」が神との協働に関する文脈において触れられている。また、この書は第一次世界大戦前夜に書かれたものであり、現実世界における窮状において、希望を失わずに神秘主義で説かれている教えを実践することの意味を、アンダーヒル本人に突きつけたのである。

結果として「人類初の総力戦」となった大戦は、アンダーヒルの生活にも暗い陰を落とした。親戚を戦場で失い、最も近しい親友が重い病に倒れ亡くなるまで、毎日彼女は病院に通ったという。夫のヒューバートとは仲睦まじい関係にあったが、彼女の深い霊的な悩みを明かせる友人を失い、帰属する教会の問題も未解決のまま、彼女は孤独の中で過ごしていた。しかしこうした内的葛藤を通して、特に一九一八年にヤコポーネ・ダ・トーディの伝記を執筆し始めたころから、彼女は神秘主義に対する組織的宗教の役割について認識を新たにし始める。(31)

ⓒ　『聖霊の息吹く生と今日の生』(*Life of the Spirit and the Life of Today*, 1922)
　　『教会の神秘家たち』(*The Mystics of the Church*, 1925)

戦争も終わり、一九二〇年に彼女は正式に英国国教会に所属することを決意し、翌年二一年からは、精力的に講演活動を行うようになった。中でもオックスフォード大学のマンチェスター・カレッジのアップトン講義(the Upton lectures)では、女性として初めて宗教分野で講義をすることとなった。それが一九二二年に刊行された『聖霊の息吹く生と今日の生』(一九二二年)である。その中心にあるモットーは「賜物が様々に異なっていたとしても、あるのは同じ聖霊である」と記されているように、この書は霊的生活を擁護すると同時に、今日の宗教にみられる「すべてを社会的福音に還元する傾向」に対して警鐘を鳴らすものであった。(32)一見すれば、東方キリスト教への言及はないが、過去の統合でもあり、その後の彼女が(東方キリスト教を含め)伝統的宗教を再評価していく序章となる書でもある。

『教会の神秘家たち』(一九二五年)は、アンダーヒルにとって、神秘主義を表題として扱った最後の書であると同時に、神秘家が活動した歴史的・組織的背景、即ち「教会」という主題に重ねた書である。第三章の「初代教会における神秘主義」では、カッシアヌス、聖アウグスティヌス、ディオニュシオス・アレオパギテースが扱われている。(33)

以上のように、上記二冊の書は、彼女にとって移行期の著作であり、仕事でも私生活でも彼女は転機を迎える。一九二一年から、アンダーヒルはF・フォン・ヒューゲル男爵に霊的指導を依頼するが、その四年後のヒューゲルの死をもって指導は終了する。また、一九二四年には、英国国教内で初めての黙想会の指導者となり、以後、執筆活動に加えて、彼女の生活は多忙を極めることになった。それは同時に、彼女の内面生活の闇の始まりでもあった。

(2)「聖霊」の強調——黙想会・講演活動(一九二六〜三五)

前述したように、この時期は彼女の人生の中で最も多忙であり、最も暗い時でもあった。一九二四年から始まった黙想会は、年々数が増え、彼女に何らかの霊的な助言を求める人びとの数も増えていった。そして、一九二九年には「スペクテイター」誌(*The Spectator*)の宗教担当者にも任命され、更に多忙な日々が続いた。この間の主な著書は以下の通りである。

『衷なる生活』(*Concerning the Inner Life*, 1926)
『金色のセクエンツィア——霊的生に関する四重の考察』(*Golden Sequence: A Fourfold Study of the Spiritual Life*, 1932)
『カリタスの修養——キリスト教教理の黙想』(*School of Charity: Meditation on the Christian Creed*, 1933)

いずれも、黙想会や講演での内容が刊行されたものである。また、彼女の書簡や残された手記を見る限り、私生活においても多くの人々から霊的な助言を求められ、それに応じつつも、自らの限界と苦闘していた姿が垣間見られる。つまり、この間の著作や論考は、具体的な場で具体的な他者に向けて、彼女自身の内的葛藤というフィルターを通して発せられた言葉である。

中でも最も重要な著作は、実際に彼女にとっての「聖霊論」にあたる、『金色のセクエンツィア』（一九三二年）である。しかし、彼女自身はこの書を、完成されたものでもなく、「論文」（a treatise）でもなく、彼女の数年にわたる思索の「沈殿物」（precipitation）のようなものであると記している。とはいえ、「実在の探求、そして、教義的宗教においてよく知られた言葉や象徴《シンボル》の解釈に対する私の情熱を分かち合う人びとのために[34]」書かれた、彼女自身にとっても大切な位置づけにある書である。題名の由来は、聖歌にもなっている「聖霊よ、来たりませ」（*Veni Sancte Spiritus*）であり、本の構成も「その底知れぬ意味へとより深く入り、そこに示されている顧みられることのなかった教理をより広く、より豊かに、より柔軟に解釈し、その成句（phrases）を人間の内なる経験と直に関わりあるものにする試み[35]」として書かれている。内容は、「創造された霊」（the created spirit）と「創造されえぬ聖霊」（the Spirit Increate）との四重の（fourfold）関係になぞらえた構成となっており、主題からあちらこちらへと離れる箇所があるとしても、それを執筆したアンダーヒル自身にとって、「聖霊の祈り」の調べが常にそこにあったし、読者もその調べを耳にしてほしい、と述べている[36]。

また、この書ではあえて「隣人愛」と「奉仕」、即ち「今日では、生きたキリスト教の現れ（symptoms）としてではなく、実体（substance）としてしばしば見なされる活動」についてはほとんど触れないことも記されている[37]。

なぜならば、隣人愛や奉仕は人における霊的生の表現であって、本質ではないからです。聖人たちは聖霊に委ねられているがゆえに、隣人愛と奉仕に溢れ、そして生との関連において神をみるのではなく、神との関連において生を見ます。その結果、彼らは生のいかなる状況をも、「神の愛《カリタス》」（Charity）を表現する素材として、歓喜してとらえるのです。この最も重要な原則、こうした「聖霊」の優先への自己放棄、そして、超越的感覚

ブルガーコフ(左)とフロロフスキィ(Georges Florovsky)と共に。1937年の会議にて。

を活気づけるような柔和な祈祷の実践や象徴的な行為といった信仰の具現化。これが現代の世界において霊的に欠けている主なものであると、私は信じています[38]。

当時の彼女の霊的指導者であった英国国教会主教のW・フリア(Walter Frere)は東方キリスト教会に深い理解と関心を寄せた人物であり、その影響から彼女は一九三五年に「聖アルバン・聖セルギウス協会[39]」(Fellowship of St. Alban & St. Serugius)の会員となった。そして、会議を通してニコラス・ゼーノフ(Nicolas Zernov, 1898-1980)、セルゲイ・ブルガーコフ(Sergei Bulgakov, 1871-1944)等と出会っている[40]。

(3)「礼拝」「典礼」「祈り」へ(一九三六〜四一)

この時期の主著は、以下の通りである。

『礼拝』(*Worship*, 1936)

『アッバ――主の祈りの黙想』(*Abba : Meditations Based on the Lord's Prayer*, 1940)『礼拝』(一九三六年)の第一部では、「キリスト教の礼拝における基本的な特徴」として、その目的、神中心的かつ受肉的特質、そして儀式、象徴、秘跡、犠牲が礼拝に取り込まれる方法と程度について扱われている。第一部は、礼拝の叙述的歴史的研究に関するもので、こうした原則を、主要な典礼の型において具現化されているように、単に明示することを目的としている。[41] 第二部は、ユダヤ教、原始キリスト教、カトリック(西と東)の礼拝、新教、自由教会、英国国教会における礼拝について言及している。特筆されるのは、ユダヤ教と東方キリスト教を扱った点であるが、アンダーヒルにとっては執筆時から自らの立ち位置について困難が多かったことが序文からも伺える。

これらの章を既に目を通した友人や仲間の学生の中には、自分たちの属さない礼拝の形式に関する私の説明が、「あまりに好意的で、無批判であると」私を非難したいような人々もいました。私が「キリスト者として徹底してユダヤ教の欠点を弾劾し損ねている」と指摘されましたし、「西方カトリック教会と東方正教会の礼拝に残存する原始的(primitive)で迷信的な要素をほとんど気づかれないように書いている」であるとか、「プロテスタントの宗派の典礼的・秘蹟的欠損を強調しきれていない」といったことも指摘されてきました。[42]

注目すべき点は多々あるが、章立てにおける東方キリスト教の位置づけからも、彼女の「カトリシズム」理解が伺える。第一二章の「カトリックの礼拝：西方と東方」では、四つある節の内、最初の節が東西カトリックの礼拝の特徴、第三・第四節が東方キリスト教の礼拝を扱ったものである。彼女にとって東方キリスト教との出会いは、エキュメニズム運動によって触発されたものではなく、まだ無名の若かりし頃に旅行先で訪れた礼拝から始まり、そこから人々との交わりを通して知識と理解が深められていったのである。この書は、彼女の伝統理解の表出とも言えるだろうが、その源泉は、あくまでも自らの信仰生活における経験や交わりである。「エキュメニズム」という語が頻出するあまり、無反省に使用されることの多い現代にあって、その点は決して看過されるべきではないだろう。

以上、簡略ながら主な著作を概観したが、アンダーヒルが東方キリスト教の精神を単なる知識にとどまらず、豊かな霊的遺産として自らが咀嚼していたことは指摘した通りである。また、彼女にとってそのことは執筆家、指導者、信仰者としての成長の必然の結果であり、彼女の著作をたどれば『フィロカリア』の内在的な読みへの予備的な助けとなることは明白かと思われる。

二　伝統への回帰と霊性復興

では、彼女の著作活動の意義と、『フィロカリア』の意義との間にはどのような内的連関があるのだろうか。それが第二の鍵となる。まず、『フィロカリア』は、「伝統への回帰」とその伝統に基づく「霊性の覚醒」の必要性を説く精神状態から編集・刊行されたと言われている(43)。アンダーヒルが一貫して問うているのは、まさにその「伝統への回帰」を前提とした「霊性の覚醒」にあり、それは「聖霊」「典礼」「教会の権威」の再評価という形で結実した。彼女の友人でもある詩人T・S・エリオットは、彼女の研究の着想は、主として「忘れられた天才たちの研究者、また擁護者としてのものではなく、今の世の中に観想的要素（the contemplative element）が嘆かわしいほど必要とされているという自覚にあった(44)」と記している。その「観想的要素」を、キリスト教を中心とした伝統に見出し、いまだ現代を生きる人間にとっても必要なものであり、また誰にとってもそれは同じであることを彼女は生涯を通じて説いたのである。

彼女自身は「伝統」という語を使用することはあまりなかったが、彼女にとっての「伝統」とは、まさに教理史家J・ペリカンが指摘するところの「死んだ者の生きた信仰」[45]と同義ではないだろうか。彼女の業績は、エリオットのいうように、その伝統という遺産を今日の必要性に応じて再び価値あるものとして示したことにこそあり、彼女はそれを確実に「敬虔によってなしうる事業」（a work of piety）[46]として捉え専心していた。つまり、既存の宗教的組織（特に典礼を重んじる教会）に留まることが「伝統主義」、ペリカンの言葉を借りるならば「生きている者の死んだ信仰」の一形態と見なされうる時代において、自らが信仰者としての生を生きることをもって、「伝統」を再吟味し、「生きている者の生きた信仰」の糧として甦らせるべく献身したということである。

初期の頃から彼女の関心は宗派を超えて（時としてキリスト教という枠を超えて）神秘家たちの残した文献から学ぶべきことを示している。その姿勢から生まれた彼女の著述手法は、ベルクソンやヒューゲルからは評価されたが[47]、宗教心理学の権威からは批判を浴びたという[48]。また、同じ「霊的覚醒」を目指しているはずの同胞のキリスト者からも、必ずしも受け入れられていた訳ではなかった。そのことを伺える一例として、プロテスタント著述家のルーファス・ジョーンズ（Rufus Jones, 1863–1948）[49]とのやりとりを参考に、アンダーヒルの「霊的書物を内在的に読む姿勢」、「伝統の捉え方」を浮かび上がらせ、彼女の意味する「伝統への回帰」の方位を示したい。予示的なことを言えば、それは彼女にとってカトリシズム、あるいは正統性の問題、即ち、自らの救いと召しをめぐる格闘だったのである。

（1）「真の神秘主義」「秘蹟」をめぐって

前述した通り、二〇世紀初頭は、宗教的経験や神秘主義への関心が高まり、「霊性復興」が求められた時代であった。アメリカ人クェーカー（キリスト友会）のR・ジョーンズは、そうした流れの中で、神秘思想に関する著作を多く残した人物の一人である。

クェーカーリズムの立場から見ると、神秘主義への関心の高まりはどのように見えたのか。一九一五年に学術誌に寄稿した小論「今日の宗教における神秘主義[50]」で、彼は次のように述べている。

宗教において今日みられるような伝統的要素の崩壊は、神探求の方向性を内なる道（inner way）へと変えることにおいて、多大なる影響を与えてきた。科学は、「空の上、特別な創造物の背後にある神」という幼稚な夢物語から厳しく人を目覚めさせてきた。（中略）ついに、精神の抑えがたい成熟によって、世界は教会という理論（theory）――それによって教会は「自らを」、永遠の命や来るべき来世という恐ろしい諸問題に関する真理の、偽りなき「保証人」としてきたのだが――から、ついに脱却したのである[51]。

彼にとって「教会」とは、自らの権能によって科学とは相反する真理の「保証人」としての自己認識をもった「理論上の産物」であったが、科学の発展により、その産物は捨てられる運命にある。その結果、人は「自らのうちに真理の源と生の拠り所を見出すか、または、そうした容易ならざる試みにおいて失敗し、不断なる光、沈むことなき星々とは無縁の霧の中でさまようことを強いられていると知るに至った[52]」というのが彼のもつ大まかな歴史観である。その意味において、ジョーンズは当時の状況を評価しているが、神秘主義の復興は不十分であることを、神秘的経験の直接性を基準に主張する。彼にとって理想は、「宗教改革前の幕開け、スペイン・イタリア・フランスにおける反宗教改革、一六・一七世紀の霊的改革者たち」にみられる三つの異なる神秘的運動である。この三つの運動の指導者とそれに続く擁護者たちは「自らが自身の経験を解釈した啓発的な神秘家たち」であるが、それとは対照的に、「現在ではそうした直接的体験に基づく神秘的宗教の預言者はほとんど現れていない」。したがって当時の復興の動きは、「死んだ預言者たちの残した自叙伝や仲介において示されるような神秘主義の、歴史的・心理学的解釈に限定されている」が、「もっともこれは、内なる道という宗教（a religion of the inner way）への、より完全なる回帰（return）に必要とされる予備的な段階かもしれないし、恐らくそうである」[53]とジョーンズは述べる。つまり、たとえ神秘家の一次資料であっても、生の「神秘的体験」をもつ指導者及び、直属の後継者を介さない限り、それは「死んだ預言者たち」の残したものであり、そこから示されるのは真の信仰への予備的な段階の「神秘主義」にすぎない、というのがジョーンズの見解である。

更に、ジョーンズが問題としたのは、そうした最近の著述家たちが提案する神秘主義の定義の不明瞭さであり、「その真なる領域（射程）や本質について、途上の人を混乱させたままにする」[54]実例として、アンダーヒル、ヒューゲル、ドラクロワの著述が挙げられる。しかし、主にジョーンズが標的としたのは、皮肉にもアンダーヒルがそういった混乱を避けるために提示した『神秘主義』第一部にある（定義というより）幾つかの叙述である。

例えば、彼女が「神秘主義という語が適用されると有益な意味を持たなくなる事がら」として、魔術、霊媒師による作業、聖人の恍惚《エクスタシー》、精神治療（menticulture）等を列挙し、彼女の意味する「神秘主義の真の特徴」との峻別を（可能な限り）試みた箇所である。[55]「超感覚的理論・実践をすべて神秘的であると曖昧に考えるに至る」初学者に向けて、次のように記されている。

神秘主義は、その純粋な形態において、「究極的事がらの理」（the science of ultimates）、「絶対者との一致の理」（the science of union with the Absolute）であり、その他の何ものでもありません。そして、神秘家とは、この一致に到達する者であって、それについて語る者ではない、ということです。それ「について知ること」（to *know about*）ではなく、「在るということ」（to *Be*）が、その真なる参入者の徴なのです。[56]

前後の文脈も含め問題とされているのは、「一致」とは感覚や理性を超えて絶対者と結ばれることであり、ここでの「絶対者」とは、狭義の哲学的な意味での絶対者ではない[57]。つまり、神秘家にとって「一致」とは、絶対者を相対化し、その絶対者について知り・語りうる地平を超えたものである。また science は、一般的な狭義の「科学」の営みを超えた、究極的な次元での「秩序」「調和」、救済史的な「摂理」を射程に入れた語として用いられている[58]。しかし、そうした地平の境界というものは識別困難であるがゆえに、彼女はその一致への道を「神秘への道」「神秘道」（the Mystic Way）[59]、又は古の比喩を借りて「巡礼」（pilgrimage）と呼ぶ。その途上では、集中力の訓練や主我性を滅却する努力（感覚・意志の浄化）も必要とされるが、それは活きた神との交わりにおいてのことであり、そうした各々の巡礼の目的、準備にも、注意が払われなければならない。その意味で巡礼は意識的歩みだが、「闇」「深淵」を用いて目的地が知性や感覚を超えることを更に強調する次の箇所も、ジョーンズの批判の対象となった。

神秘家が目的として定めているのは、活きた「絶対者」との「意識的な一致」（conscious union）であると既に述べました。神秘家が自らの探求の目標として時に語る、かの「神的闇」（the Divine Dark）、かの「神性の深淵」（the Abyss of the Godhead）とは、この「絶対者」（the Absolute）、「創造されぬ光」（the Uncreated Light）であり、まさに万物はそのうちで浴しており、そして――人間のあらゆる表現力を超越しているがゆえに――神秘家は「闇」としてしか私たちに説明できません。

ジョーンズは神秘家がしばしば苦行の技法として用いる禁欲生活を「中毒」「自己陶酔状態」と捉え、神秘家や関連した書物に書かれている「浄化」、「照明」、「観想」といったような霊的段階などの記述に関しては「およそ興味がなかった」という。[61] したがって、こうした否定神学的用語や巡礼といった語を援用するアンダーヒルの意図を評価する余地はなく、「いかにそれがなおも意識的な一致でありうるのかを見いだすのが、心理学的に困難になる」[62]と一蹴する。同じく彼女の science の用法に関しても、「科学と呼ばれた瞬間に、それは神秘主義が抵抗する、あの知性主義（intellectualism）そのものに引き渡されることになる」と批判する。彼の批判は熱を帯び、形而上学や否定神学から初代教父に由来する伝統にも及ぶ。

「歴史的神秘主義」は、アンダーヒルの最初の定義――神秘主義は「根本原理の科学」「絶対者との一致の科学[63]」――にも示唆されているように、神の形而上学的な概念を伴い、さらに神との一致への「方法」（way）という、いわゆる「学説・主義」（a doctrine）を齎すことになる。神は、「歴史的神秘主義」の基盤となる形而上学的な概念によれば、絶対的な「実在」（the Reality）、かの「在る」もの（that which Is）、「純粋存在」（Pure Bing）である。神のそうした絶対性を維持するためには、神の不変性と神の単一性を、二元性、或いは多様性、或いは他者性のすべてに反して、力説する（insist）ことが必要に見える。したがって、神を見出すためには、探求者は、有限なすべての事柄、うつろうすべての出来事、すぎゆくすべての精神状態、今ここにあるすべての事柄、見られ・感じられ・知られ・名づけられうるすべての事柄から、厳格に顔を背けなければならない。「絶対者」は、消去の過程によって、「名もなき無」（an nameless Being）、「未分化の一者」（an differentiated One)、「深淵なる暗闇」(an abysmal Dark)、「誰もいない神性の静寂なる砂漠」(the Silent desert of the Godhead where no one is present)として、最もよく理解されるようだ。新プラトン主義の影響を受けたすべてのキリスト教神秘主義は——聖アウグスティヌスからギュイヨン夫人まで、ローマ・カトリックの神秘家たちの全体をほぼ含むのだが——その中心に、こうした特徴のない「絶対者」によって深く特徴づけられている。そして、結果として、神へと向かう唯一の上昇の道として、「否定の道」(*via nagativa*)へと傾倒している。この否定的道(negative way)は、多くの解釈者たちによって、神秘主義の真の特異性として理解されており、神秘的な過程全体が、「ただひとり、唯一なる神といる」(alone with the Alone)[64]——いわゆる抽象的自己の、いわゆる抽象的「絶対者」への没入という「巡礼」として考えられているのである。[65]

主著『神秘主義』がヒューゲルと共に「歴史的神秘主義」の系譜に位置づけられたことに驚くか、失笑するとしたら、それは誰よりもアンダーヒル本人だっただろう。というのも、彼女の『神秘主義』には教会史的視座がなく、その初版原稿を一読したヒューゲルからは「(最初の四つの章に関して)多くの人々、または一部の人々にとって、制度によって組織化された(institutional)、歴史的(historical)宗教が不必要だと想定されていることに関して、入念なる再吟味が必要である」と、指摘されていたからだ。[66] また、ローマ・カトリック教会に限定せず、キリスト友会の創始者のジョージ・フォックスの『日記』(*The Journal*)やスーフィズムの神秘家の著作からの引用も頻出するが、ルーファスがこだわるのは、文脈に応じて援用されている「形而上学的思考の根底にある神秘的上昇の梯子、即ち、そうした道における注意深く分類された階層」といった叙述の伝統であり、それは「宗教的な経験から生まれたものではなく、理論的体系(弁証法)の産物」だとする。[67]「知も生も、経験の一つの要素や側面に還元するには、あまりに豊かであり、多くの段階を有する」にもかかわらず、アンダーヒルを含む現代の解釈者たちの示す神秘主義には、抽象的な表現を用いることで「神秘的体験の直接性を犠牲にした無味乾燥な解釈が生じる」と批判は続く。[68]果たして、彼が「歴史的神秘主義」と称して彼女を批判する真意とは何か。それは小論の結びに書かれている。

神秘家が肯定的な貢献として我々に伝えるのは、自らの経験の一つの解釈であって、その経験そのものではない。そして、神秘家が我々にもたらす何かは、彼以前の人々の霊的労苦において太古の昔に獲得されたものに、重々しく苦しめられている。神秘主義は、その完全に歴史的意味において、芸術、文法、数学のように、時間のかかった付着物、集団における産物と同じなのである。しかし、神秘的経験そのものは、魂に向かって飛び出すのと同じように、〔魂を〕統合し、融合し、強化する内奥の出来事（inward event）である。（中略）この動的な〔内奥の〕出来事は、特異な考えのいかなる蓄えにも依存せず、宗教の範囲と通常呼ばれるものにも限定されない。（中略）真なる神秘主義の復興にあたって、宗教的な生の初歩的な側面として真なる神秘主義が復興し、いわゆるエゾテリックな「神秘道」を定式化するのではなく、「神秘主義」が手を結ぶ、いわゆる身の丈にもう合わない形而上学にしがみつくのではなく、神秘的な経験の実在性を強調し、そのような動的体験が呼び起こし実現しうる様々な道を示すことで、我々は時代に最も貢献しうるのである。[69]

ジョーンズにとって、伝統や歴史は、神秘的経験の自由で統合的な働きを背阻む「縛り」である。この見地に立てば、新プラトン主義の用語の枠を極め、その限界をも超えて信仰の内実を伝えようとした教父たちの「愛智と信仰」という遺産は、「克服されるべき過去の無用の長物」に過ぎない。こうした彼の態度に対して、アンダーヒルが選んだのは、論争ではなく、成長という経験の実在性に触れた以下の書簡だった。

「道」(way)を、単なる「いわゆる学説・主義」(a doctrine)と見なすことはしたくありません。私にとって、むしろ、生命という一つの全体としての構造(a whole system of life)、そして神に向かう魂の成長の記述(a description)は――私たちがいかにそれを真なるものとするかを知っているのと同程度に――真実であるように見受けます。この意味において、このことは生物学(biology)における記述と同じぐらいに「科学的」だとも思えます。この点においてあなたが同意されないことはわかっています。しかし、時が経過し、より多くの人々と触れ合うようになるにつれて、霊的生活にむかって懸命に努力する人びとが――もちろんよりささやかで、より印象の薄いやり方ではありますが――私たちが偉大な神秘家たちに見出すのと大体同じような発達段階をたどるというありように、私は非常に感動させられてきました。そして、法則化したいということではなく、このことは「神秘への道・神秘道」(the Mystic Way)というものが、空間における行為において魂の正常な進化の、あるひとつの図式であることを示唆していると、私は強く思うのです。その視点に基づいて最初から行動していれば、私が他の人たちの困難な問題に応じる際に――そして私自身の扱いにおいても!――はるかに間違いは少なくて済んだでしょうに。[70]

実際にアンダーヒルのジョーンズとの交流は続き、アンダーヒルが「スペクテイター」誌の宗教担当者になった際にもジョーンズに原稿を依頼する等、いくつか書簡も残されている。[71] 一九三五年にジョーンズが渡英した際には、本人だけでなく同行した彼の妻にも会うなど、[72] 彼女のそうした人柄だけは、彼も認めていたようだ。のちに彼女の大著『礼拝』が刊行され、それを読んだジョーンズは、友人に宛てて次のような感想をもらしている。

これは重要な本ですが、彼女は秘跡のないクェーカーの礼拝のありかたを正しく評価することも、理解することさえもできないのです。このことについて彼女としばしば語りあいましたが、我々の言い分をどうしても理解してもらえませんでした。彼女は生まれて以来ずっと権威ある教会に所属し、彼女の信仰生活は誇り高いものなのです。とはいえ、彼女はすばらしい人物です。[73]

ジョーンズは「キリスト教徒が何世代にもわたって表面的しきたりにしたがっておこなってきた救済は十分に評価に値する」[74]とも記しているが、果たして「権威ある教会」にとどまり続けた彼女の意図は、いかなる点にあったのだろうか。

一九三〇年『神秘主義』の第一二版の刊行にあたって、過去約二〇年間の神学・哲学・心理学における発展・変化に応じて、彼女自身が強調したい点も変化したことを新たな序文に記している。[75]しかし、自身のその後の研究と祈りを通じても、神秘思想の存続に必要と思われる決定的立場に関しては「本質的には変わらない」と述べ、その立場を守るために、ヒューゲルの哲学が密接に関わっている点にも言及している。[76]ジョーンズの眼には「秘蹟などの表面的しきたり・伝統主義に固執する誇り高きアングリカン」と映ったアンダーヒルの内奥には、「伝統」——即ち、いまここに生きる周囲の人々、そして彼女自身の信仰を生き生きとしたものとすること——に、自らの働く場があるという確信があった。では、そうした彼女の使命の下支えとなる立場とは、いかなることにあり、いかに培われていったのだろうか。

(2) 有限と無限——経験の二元性

前述した『神秘主義』（第一二刷）序文において、アンダーヒルは初版に修正を加えるとしたら、「贈与性」

（given-ness）をより強調するべきだったとして、次のように述べている。

> 人間の神秘的歴史に関するいかなる心理学的または進化論的扱いも、贈与性という要素を無視するならば、妥当でありえないと、ますます感じています。神秘的生とは有機的成長を意味しますが、最も重要な語（the first term）は、存在論（ontology）において探求されなければなりません。（中略）というのも、そうした生の真なる聖性とは、本来その生の主体のはかない（束の間の）諸経験や変容された人格にすらあるのではなく、その主体が感知する、形而上学的な「客体」（the Object）にある、ということです(77)。

彼女のいう「贈与性」とは、「人間の発達における、『超自然』（the Supernatural）の自由かつ先行的な働き（action）による優位的な役割(78)」、神学的には「恵み」を意味する。彼女は単なる進化的、又は霊的な超越性に関する新興の理論の全てに対して、その神の愛の先行性・絶対優位性を強調したいとも述べている。確かに初期の著作に「恵み」という語は頻出せず、その強調の仕方が十分ではない可能性があるが、全くなかったという訳ではない(79)。本稿ではその点に関して詳細は避けるが(80)、それが問題となる文脈で暗示されるのは、二律背反の識別である。彼女にとって神秘的生における二律背反が意味するものは何か。前述の序文では、約二〇年間の思想状況を振り返りつつ、更に次のように記している。

> 二〇年前、私は既に、人の霊的経験における諸々の事実が、「限定的二元論」（a limited dualism）を示していると確信していました。つまり、それは、人の対比的な理解（contrasting apprehension）――「絶対的」（Absolute）のものと「偶発的」（Contingent）なもの、「存在」（Being）と「生成」（Becoming）、「同時的なも

の」（Simultaneous）と「連続的なもの」（Successive）――を理解するということに根拠を与える図式です。更に、そうした霊的経験の諸事実には、人の内にも、ある二重性（a certain double-ness）が存在するということ、すなわち、「高次」であり「低次」であり、「自然的」であり「超越的」である自己――この自己とは神秘家たちが常に自らの特殊な経験の手段として常に主張してきた、「火花」あるいは、魂の尖頭、に該当するような「何か」なのですが――が関わっていると確信していたのです。[81]

ここでいう、「限定的二元論」は、アンダーヒルの師、ヒューゲルの思想的立場と言われる「批判的実在論」（a critical realism）とほぼ同義とみていいだろう。[82] それは、ヒューゲルが「主観的観念論」に対して、自らの立ち位置・深い信念を言明する際に用いた術語であり、「二方向の哲学」（a two-step philosophy）とも説明されている。アンダーヒルは、初版刊行当時、自らの立場を批判するのは「科学的決定論」（scientific determinism）だったが、一九三〇年の時点では、むしろそれは「自然的一元論」（a naturalistic monism）、即ち、「全く適切ではない超越理解によって均衡を失った、浅薄な内在の教理（a shallow doctrine of immanence）」であり、「霊的生の最も崇高かつ高潔な広がりを扱う余地を残さないという点において、神学を変質させてしまう恐れがある」[83]と述べている。そうした変化に対応するには哲学的背景として「生気論」よりも、「批判的実在論」（a critical realism）の方が、人間の十全なる経験の「二元性」（duality）を説明する上で「よりよき備え」となるであろうことも指摘している。[84]

実際にアンダーヒルが本格的にヒューゲルに霊的指導を依頼したのは一九二一年であるが、それ以前からも二人は同じ地区に住んでいたこともあり、（対等な関係ではなかったが）親交は深かった。ヒューゲルはアンダーヒルの霊性を形づくったのか、強化したのか。その議論については見解が分かれているが、[85] ヒューゲルが彼女の資質を早くから見抜いていたことは確かなようだ。一九一六年初め、四〇代を迎えたアンダーヒルに彼は次のように書いている。「長い間感じていたことだが、君の表現の仕方《スタイル》の稀なる魅力、膨大な文学的知識、人柄の繊細な面白さをもって、どれほど多くの人々の魂が、善かれ悪しかれ、導かれていくだろうか、と。（中略）君がこの私に影響を与えうる以上に、君は多くの人々に影響を与えることができるし、現に与えているのだよ」[86]。恐らく、彼女の抱える感情的な飢えを感じ取った上での励ましの言葉であろう。

いずれにしても、彼女は初期の頃から枚挙にいとまない位に、神を叙述する際に「可視的」と「不可視的」、「内在」と「超越」、「存在」と「生成」という、相反する表現を用いてきた。そしてそれに応じて人間の「感覚に条件づけられていながらも、超感覚的なものを渇望し、永遠の命を生きることが可能でありながらも時系列に根を下ろす」二重の本性には、二重の「義務、必要、充足」が伴うことにも深い洞察を見せている。しかし、その「伴うこと」を可能にしている「神の受肉」を何よりも活きた事実として彼女が見出したのは、ヒューゲルの人柄の中だったという[87]。

やがて、彼女は神と人間との関係に関する叙述においても、「教会」や「制度」といった視座が加わり、三位一体論についても言及するようになる。一九二一年のアップトン講義で、「霊的覚醒」(spiritual awareness) の三つのタイプを次のように要約している。

一つ目は、私たちの外に、私たち超えた無限なる「実在」を知るという「宇宙的」「形而上学的」「超越的」方法であり、私たちは自らの外に、そして自らを超えた「無限なる実在」を知るのです。二つ目は、「人格的」方法であり、神と触れ合うと同時に、自らの愛の活きた応答しうる対象として神を知る方法であり、そして三つ目は、「動的」(dynamic) な方法であって、私たちのうちに住まい、そして私たちを息吹く力として神を見出すのです[88]。

この三つは排他的知ではなく、相互補充的な理解であり、「知性、感覚、意志に目的を与える[89]」と、彼女は説明を加えている。ここで注目すべきは、知性、感覚、意志は神との一致にある生において、排除されるのではなく、むしろその一致に向けて結集される。また、身体性も排除はされていない。知性、感覚、意志のすべて、即ち、全身全霊をつくして神を知り、神を愛し、神によって息吹かれる、ということである。更に彼女は三つの方法の中に三位一体の教理を見出す。

霊的生の完全なる特徴を吟味するすべての試みにおいて、これら三つは考慮にいれられなければなりません。そして、この生は、ある程度において、この三つ全てがない限り完成には程遠いのです。（中略）、私には、何よりも、キリスト教の三位一体の教理にあるものが、私たちの神との単純なる接触が、私たちによって現実のものとなる三つの方法を結晶化したものであり、（その三つの）精神による解釈であるように見えます[90]。

これは机上の空論でも、単なる理念でもなく、実際の経験に結びついた事実である。そこから生まれるのは、芸術を愛する彼女らしい、次のような問いである。

この捉えがたい調べが、その三つの互いに完成しあう旋律とともに含まれている、あの天上の交響曲とは、一体何でしょうか。私たちは自らのありよう（situation）によって全体を知ることから妨げられているがゆえに、このことを知ることはできません。私たちが確かに耳にしているこうした旋律ですら、そこに含まれる命、力、美の可能性が私たちには考えるにもいまだ及ばないことを、ただ確信させるのです。（中略）聖霊の息吹く生（the life of the Spirit）の第一の契機が、「永遠の命」（Eternal Life）を人が認識することにあるならば、第二の契機は――それなしに第一の契機は人にとって殆ど意味をもたないのですが――その「超越的な〈実在《リアリティ》〉」（transcendent Reality）に人が応えることから成るのです。その〈実在《リアリティ》〉を知覚することによって、人はその大気の内に生き、可能な限りそこに生きる意味を果たす責務を負うのです。そしてこのことは、ある一定の（a certain）[91]内なる変容、困難な成長や変化というものを伴います。したがって、新生と再生の意味は、常に人の神との出会いと密接に結びつけられてきましたし、また絶えずそうあるべきだと私は思います。そして魂の真なる道は、直覚（直観）から始まり、崇めること（adoration）を通して、徳を養う努力（moral effort）へと到達し、そしてそこからカリタス（charity）へと通ずるのです。（中略）

そして人は、自身の最も高い発展において、与えられた経験の豊かさを最大限に用いる限りにおいて、人は行為と観想との間を行ったり来たりとするように自らが投じられることを見出すでしょうし、見出すべきなのです。「超越」、「神のもたらす、理解を超えて崇めるに値する生における単純な自己喪失」への召しと、「神との協働者の生気あふれる奮闘における、（その人自身の生の）完全な、豊かな、多様なる実現」への召しとの間には、ある逆説（paradox）があります。さらにそれは、「魂がもつ超越的な愛への深遠なる感覚」と「魂が感じる内在的愛の把握、それに対して果たすべきと感じている義務」との間の逆説でもあり、その逆説を説明しうるのは、何らかの形の受肉的哲学（incarnational philosophy）だけです。[92]

彼女がヒューゲルの人柄から学んだ核心は、彼の二つの姿――「アルプスの如く」そびえる厳粛さ、そしてロンドンの道端で愛犬を連れ散歩をする家庭人の暖かみ――の「均衡」、即ち、真なる「中庸」である。やがて彼女自身も、その「均衡」の意味――痛みをもって自らの働く場を見出すこと――を学ぶことになる。一九二一年に彼女の依頼からヒューゲルの霊的指導は始まったが、彼の健康の悪化もあり、指導はたびたび書簡を通して行われた。当初、彼女は自らの召しに関して、次のように記している。

この道の唯一可能な結果は完全なる無条件な自己献身であることは、はっきりすぎるほど分かっています。そして私はそれに似合った勇気も、人格も、深みもないのです。何かの間違いに違いありません。私の魂はそれには小さすぎますが、それでいながら、根底ではそれが唯一私の真に望むものです。自分が相反する衝動や激しい短所の寄せ集めでありながら、あえて決して飛び込みたくない断崖に向かって、あたかも後ろから押されているように感じることがあるのです。[93]

彼女の性癖である過剰なまでの自己批判は、その後も彼女を苦しめる。特に、私生活や社会生活での責任が多忙な彼女に重くのしかかり、それは更に激しくなった。しかし、ヒューゲルに導かれ、集中するべきは「自らの欠損」ではなく、「神へ愛における離脱」(detachment in attachment)にあることを彼女は学んでいく。

あらゆる種類の愛情に欠けた反応への、絶えずつきまとい和らぐことすらない誘惑を、常に私は嫌っているのだが、それに対して抵抗できないことがよくある。その誘惑――神が私に求める全てと真っ向から対立する私の衝動的な性質の全体――が、大きな内面的な苦しみをもたらす。そしてさらにまた今夜、あまりに深く、おののきで貫かれるような包括的な、神の感覚が訪れ――まさに十全に内在的でありながら、まさに別個で――あたかも緊張と、誘惑と、鮮明な光との間を揺れ動くかのようだった。男爵〔ヒューゲル〕の祈りの重みは、私を彼のような自覚へとせきたてる。[94]

「男爵の祈り」とは、師であるヒューゲルが「仲保者」としてのキリストに倣う道へと彼女を導いた、その導きの内実である。こうしてヒューゲル男爵の死が差し迫るなか、彼女は真に献身を誓う時機を迎え、召しを感じたことも手記に残している。(95) それは霊的生活に誰もが招かれていることを、日常の言語で語りなおすことにあった。「謙虚であり、身構えのできていること」が、ヒューゲルが「霊的読書」と「祈り」において求めた質であった。(96) それは、「小さく貧しき私たち人間の実在（神）経験は、常に変動するに違いなく、いかによくても不確かさを孕んでいる」という深い人間理解に基づく教えであり、何よりも「自己放棄」（self-abandonment）の教えでもあった。(97) ヒューゲルに教えを乞う人が彼の前で信仰上の熱情や熱烈さを誇示してしまうようなことがあれば、必ずやその人は「ガードニングか、針仕事をするように、屈辱的にも求められそうだ」(98) と、アンダーヒルも自戒を込めて回顧している。彼の考える「均斉のとれた霊的生活」において、一見宗教的でないことに関心をもち、それに専念することは「言は肉となった」という神の受肉を真に理解する上でも重要な位置を占めていたからである。

「中庸」「均衡」の追及は、他者との関係にあっては自らの信仰の「正統性」を問う道でもある。正統とは「何かしら鈍重で、単調で、安全なもの」と信じられているが、これほど「危険に満ち、興奮に満ちたもの」はなく、「正気であること」、「荒れ狂って疾走する馬を御す人」のごとき「平衡」であると、同時代を生きた批評家チェスタトンは言う。(99) それはアンダーヒル、彼女を導いたヒューゲルにおいても同様であった。

『フィロカリア』を通して語られるのは、「己の心の監視をせよ」との師父たちの勧めである。それは「己の心のありようを正確に伝えて、その美点も欠点もともにわきまえ、神からともすれば離反しがちな人間の弱さから防御せよ(100)」との賢慮ある導きであり、「危険に満ちた」道を進む人びとへの励ましでもある。アンダーヒルは次のように述べている。

信仰に関する古代の言語は、当り前のこととして扱われなくなってしまいました。そうした用語の永遠なる価値が理解されるべきだとしたら、それらの用語は再吟味されなければなりません。そして、これを行うとしたら――つまり我々の霊的「楽園」(*Patria*)と霊的資産のしるしを再び価値あるものとするには――これは確実に、敬虔さにまつわる事業(a work of piety)となります。[101]

アンダーヒルの霊性が何かしらの意味をもつとすれば、彼女がそうした事業を担ったこと、即ち、師父たちの教えを聴き入れる「虚心」の大切さを、彼女自身が「正統」という危うい道を進み、「伝統」を再吟味することによって、今を生きる人びとにも知らしめるべく身をもって示したことにあるのではないだろうか。

三　時代要請の共有――キリストの神秘をいかに伝えるか

『フィロカリア』の内在的読みにおけるアンダーヒルの著作の意義を考察する上で、第三の鍵となる点は、彼女が応えようとしていた時代要請は、同時代の日本を代表する思想家たちにも――それと分かる形ではないにしろ――共有されていたのではないか、という問いにある。その問いの手がかりとなるのが、アンダーヒルと同じくヒューゲルから教えを受けた岩下壮一である。本章では詳細には踏み込まず、ヒューゲルの出会いから進んでいった両者が使命として感じていたカトリシズムの方位を探るのみにとどめ、今後の課題としたい。

宗教の歴史性を重んじるヒューゲルの立場が、セクト主義的な偏狭な意味でのカトリシズムではないことは、アンダーヒルが英国国教会に留まったという事実からも明らかである。そのことについて、一九三三年に、彼女は友人への書簡に次のように記している。

問題はどこが自分を魅了し、助けてくれるかではなく、どこで最も神に仕えることができるのか、ということです。（中略）祈ること、そして他者を助けることが出来る人材が英国国教会に求められていることは明らかです。その職務を、ローマ・カトリック教会の信心深い敬虔な雰囲気が魅力的であるという理由から離れるのは、最前線を放棄して兵舎に戻るのと同じです。もしオックスフォード運動の論者全員がニューマンの霊的わがまま（spiritual selfishness）に倣っていたなら、（中略）英国の宗教は今ごろ死んだ羊肉のようになっていたことでしょう！[102]

最後の一文は、深い尊敬の念から生じる英国人らしい辛辣な冗談であるが、その真意は以下の通りである。

私は英国において、正気なカトリシズム（sane Catholicism）の復興を軌道にのせることに、大きな使命を感じていますし、それは神の働き（a work of God）によるものであると確信しています。[103]

岩下壮一は、一九二〇年に英国に渡り、ヒューゲルから直接指導を受けている。ヒューゲルの健康状態からいって、岩下が師を介してアンダーヒルに出会うことはなかっただろう。[104]「堅実で、単純で、しらふの魂」（solid, simple, sober souls）を好んだと言われるヒューゲルの眼には、岩下の限りない可能性が見えたに違いない。岩下は一九二五年に留学から戻り、目覚ましい執筆活動を行うが、周囲の期待に反して一九三〇年一一月より神山復生病院の院長に就任した。院長として奔走するなか、一九三八年に彼は次のような言葉を遺している。

真に道徳的なるもの、神聖なるもの、形而上的なるものへの霊的視力と要求とを失いかけた現代人が、キリストの神秘に近づきうるためには、幾多の精神的療知が前提とされねばならない。キリストの探求にはすべての秩序ある探求に於けると同じく、その対象にふさわしき認識能力の批判から出発しなければならない[105]。

「日本の知識層がカトリシズムを通じてキリスト教を見直す」という課題に燃えていた岩下が、患者の死を前に哲学書を暖炉に叩き込む衝動にかられ、「霊の救ばかりでなく、肉体の復活なくして、この現実が解決できるのか[106]」という問いのほとばしるような生活の中で書いた言葉である。ヒューゲルとの出会いを契機に「スコラ哲学」と和解し、西洋古代・中世の哲学的伝統を取り入れ「独自のキリスト教的哲学」を建設するという彼の目標は、生々しくも現実的な救いの問題と重ねられていく。

一方、アンダーヒルは、ヒューゲルが亡くなった七年後の一九三二年、「宗教の未来にとって、今は非常に重要な時代である」ことを、以下のように指摘している。

宗教は、一方では底浅い内在論、「今ここに」という現実の偏重へとますます傾き、「憧憬」が「利他主義」に、「カリタス」が「人道主義的な感傷」へと取って代わっているのです。この「信心深い自然主義」（pious naturalism）は「よき行い」にあふれています。しかしそれは、力の永遠なる源にのみ由来する創造的エネルギーに欠けています。他方では、「超越」の新たな認識、神への畏敬の念に打たれる感覚、「聖なるもの」の預言者的な強調は、オットー、バルト、ブルンナー、そして後に続く数多くの弟子たちによる著作を特徴づけるものですが、その特徴と共に、押しつぶされるような――例えば、「行為」と「観想」、「人間的なもの」と「神的なもの」との間の超え難い溝となる「無力感」を齎してきました。この溝を埋めるのは、キリスト教の聖霊の教義という独特のはたらきです。[107]

神学的に言えば、ここでいう「底浅い内在論」とは、自由主義神学の流れ、即ち近代プロテスタント神学の創始者であり先駆者であるシュライエルマッハーの神学が救いを論ずる教理史にもたらした一つの結果ともいえるだろう。自由主義神学はバルト等によって修正されるが、バルトに傾倒する人びとにもアンダーヒルは問題を見出していたことは、上述の文だけでなく、彼女の書簡からも伺える。彼女にとって聖霊の働きの強調の必要性は、「均衡」、すなわち「正統」「カトリシズム」の問題へと波及する。

恐らくアンダーヒルと岩下とは面識がなく、英国と日本、英国国教会とローマ・カトリック教会、平教徒と神父、女性と男性といったように立場は大きく異なるが、ふたりは同じ時代の空気を感じ、同じ師を通して近接した問題を共有していたのではないだろうか。護教論的な意味でのカトリシズムではなく、アンダーヒルは「嘆かわしいまでに欠乏している観想的要素」を均斉のとれた信仰へと取り戻すべく、一般の人びとに向けて警鐘を鳴らした。日本においても「真に道徳的なるもの、神聖なるもの、形而上なるものへの霊的視力と欲求の欠乏」を憂い、「心を澄ませ耳を傾けて聴かんことを欲すること」を「良心と救いの全人格的問題であって、単なる知識のそれではない」との認識から、[108]岩下はキリスト教の本来の教え、即ち伝統を伝えるべく奔走した。「カトリシズム」を共通の鍵語として、両者の生きた足跡を追うことも、『フィロカリア』を日本に生きる「己の現実」に引き寄せて「読む」という営みと無関係ではないように思われる。

むすび――心を地獄におき、なおも絶望せずにいること――

ロンドンの閑静な住宅街であるハムステッドの一角に、アンダーヒルは夫と共に住んでいた。夫婦には子供はなく、二人とも社交的で来客の絶えない家庭だったが、平日の夜と日曜の午後は共に過ごすのが日課だったという。そこに突然助けを求めに来訪する友人もあったようだ。その一人が、詩人T・S・エリオットである。急きょアンダーヒルの親友が呼ばれて、夫のヒューバートの話の相手をしてほしいと頼まれたというエピソードが残っている。エリオットはアンダーヒルについて、次のように記している。

虚弱な健康状態と絶えず続く病の中にあって、彼女は自身が指導を行った黙想会と、日常生活の交わりにおいて、多くの人々に自らを捧げた。彼女は訪ねてくる人びと全てにいつでも応じ、特に若い人たちには、生きとユーモアを交えた関心をもって接してくれた。彼女は、謙虚であるがゆえに、自らが助けたと気づきうる以上に、その賢さと単純さにおいて、多くの人々の霊的生活を支え助けてきたのである。(109)

彼女が自分の内面を記した手記には――恐らく公表されるとは思っていなかっただろうが――次のようなことが記されている。

私が召されているのは混濁とした生（a mixed life）だ。神は私のところに来られるが、それは祈りの時だけでなく、愛や自己放棄を要するあらゆる機会に――自宅であったり、三番地〔両親の家〕であったり、クララ〔友人の名〕や、貧しい人々と共にいる時、仕事や案件を抱えている時にも。私自身がけだるく不毛な時にもお構いなしに、「喜びという内なる気力」や「苦しみを厭わない気持ち」を保つべき「あらゆる軋轢・機会」のいたるところで神は望まれる。私にはこれはほぼ不可能に思えるが、いずれにしても理想として諦めてはいけない。(110)

「混濁とした」というのは、単に雑事や責務が重なり忙殺される状態では決してない。実際にはいずれを選択することにも痛みを伴う「相反する要求」が交錯するなかに、あえてわが身を置き、闇の中にとどまり、「受容的」かつ「能動的」に生きることを意味する。実際には、著述家、指導者という立場だけでなく、一人娘、妻、友人として日々強いられる献身的努力とそれに応じきれない自らの限界との狭間で、彼女は引き裂かれるような苦しみを味わっていた。のちに彼女はそれを「傷」と呼び、その痛みを伴う「混濁とした生」を自らの使命として病床に伏すまで担った。彼女の霊性とは、祈りのときのみならず、今ここに――愛と自己犠牲を最も要する困難なときにこそ――つねに訪れる神との出会いの深まりゆく「道」に他ならなかったのである。

英国国教会の神学者アルチン（A. M. Allchin）は、彼女の「道行き」を、聖シルワヌの言葉のようだと評している。(111)「お前の心を地獄におき、しかもなお絶望しないこと」(112)。アトスの山にいて聖霊の賜物を受けてもなお、度重なる悪魔の罠にかかり、独語する聖シルワヌへの、キリストの言葉とされている。地獄は今なお私たちにもある。アンダーヒルの葛藤を通して『フィロカリア』に見出せるのは、古からの復活への希望をかけた闘い――深まりゆく闇のなかで闘うヤコブの姿、そして傷めた足をひきつつ光に浴する私たちの希望である。彼女が言葉にしなかった語りに耳を澄ませ、彼女の霊的精神に寄り添うこと。それは『フィロカリア』の「味読」ならぬ「身読」への招きに応じ、自らの行為が無私なる祈りを通して「聖霊の水路(113)」となるべく変えられつつゆく道にも通ずるのではないだろうか。その問いをもって本章の結びとする。

主要参考文献

（1）アンダーヒル著作

Mysticism : The Nature and Development of Spiritual Consciousness, New York: Dover Publications, Inc., [1911] 2002.（イーヴリン・アンダーヒル『神秘主義――超越的世界へ到る途』門脇由美子他訳、ジャブラン出版、一九九六年）

Mystic Way : A Psychological Study in Christian Origins, J.M. Dent & Sons, Ltd., 1913.

Practical Mysticism: a Little Book for Normal People, E.P. Dutton & Company, 1915.（イヴリン・アンダーヒル『実践する神秘主義』金子麻里訳、新教出版社、二〇一五年）

Life of the Spirit and the Life of To-day, Biblio Bazaar, LLC., [1922] 2020.

The Mystics of the Church, Eugene: Wipf and Stock Publishers, [1925] 2002.

Concerning the Inner Life, Oxford: One World Publications, [1926] 2000.（アンダヒル『衷なる生活』中山昌樹訳、教文館、昭和四年）

Golden Sequence: A Fourfold Study of the Spiritual Life, Wipf and Stock Publishers, [1932] 2002.

Mixed Pasture: Twelve Essays and Addresses, Wipf and Stock Publishers, [1932] 2015.

School of Charity: Meditation on the Christian Creed, Morehouse Publishing, [1934] 1991.

Worship, Wipf and Stock Publishers, [1936]1989.

Abba : Meditations Based on the Lord's Prayer, London: Longmans, Green & Co., 1940.

（2）アンダーヒル関連書（書簡集・手記等含む）
N. Arseniev, *Mysticism and the Eastern Church*, E. Underhill (trans.), Friedrich Heiler (Preface), St.Vladimier's Seminary Press, [1926] 1979.
A. Callahan, *Evelyn Underhill: Spirituality for Daily Living*, Lanham: University Press of America, 1997.
Dana Green, *Evelyn Underhill: Artist of the Infinite Life*. London: Darton, Longman, Todd Ltd., 1991
————, ed., *Evelyn Underhill: Modern Guide to the Ancient Quest for the Holy*, Albany: State University of New York Press, 1989.
————, ed. & intro., *Fragments from an Inner Life : The Notebooks of Evelyn Underhill*, A.M. Allchin (foreword), Wipf & Stock Publishers, 1993.
Carol Postol, ed., *The Making of a Mystic: New and Selected Letters of Evelyn Underhill*, University of Illinois Press, 2010.
A. M. Ramsy & A. M. Allchin, *Evelyn Underhill: Anglican Mystic. Including Eight Letters of Evelyn Underhill*, Oxford: Will Print, 1996.
C. Williams, ed. & intro., *The Letters of Evelyn Underhill*, Westminster: Christian Classics, [1943] 1989.

（3）その他（主要文献資料のみ）
原典資料
『キリスト教神秘主義著作集　第一巻　ギリシア教父の神秘主義』教文館、二〇〇二年（再版）。

『中世思想原典集成』一～三巻、上智大学中世思想研究書編訳・監修、平凡社、一九九二～一九九五年。

『フィロカリア』一～四巻、新世社、二〇〇六～二〇一三年。

ニュッサのグレゴリオス『雅歌講話』大森正樹、宮本久雄、谷隆一郎、篠崎栄、秋山学訳、新世社、一九九一年。

研究書
F. von Hügel, *The Mystical Elements of Religion As Studied in Saint Catherine of Genoa And Her Friends*, London: J. M. Dent & Co., 1908.

———, *Essays and Addresses, on the Philosophy of Religion: Second Series*, London: J. M. Dent & Sons Limited, 1926.

William J. Wolf, ed., *Anglican Spirituality*, Connecticut: Morehouse-Barlow Co., Inc., 1982.（W・J・ウルフ編『聖公会の中心——Anglican Spirituality』西原廉太訳、聖公会出版、一九九五年。）

岩下壮一『カトリックの信仰』講談社学術文庫、一九九七年（第六刷）。

同『信仰の遺産』岩波文庫、二〇一五年。

ミッシェル・エフドキモフ『東方の光——イコンに秘められた霊性』稗田操子訳、ドン・ボスコ社、一九九七年。

小坂井澄『人間の分際——神父・岩下壮一』聖母文庫、一九九六年。

重兼芳子『闇をてらす足音——岩下壮一と神山復生病院物語』春秋社、一九八六年。

G・K・チェスタトン『正統とは何か』（新装版）春秋社、一九九五年。

久松英二『祈りの心身技法——一四世紀ビザンツのアトス静寂主義』京都大学学術出版会、二〇〇九年。

モニック・原山編『キリストに倣いて——岩下壮一神父永遠の面影』学苑社、一九九一年。

同『続・キリストに倣いて——岩下壮一、マザー亀代子、シスター愛子の面影』学苑社、一九九三年。

E・ヴァイニング『友愛の絆に生きて——ルーファス・ジョーンズの生涯』山田由香里訳、教文館、二〇一一年。

J・ペリカン『キリスト教の伝統——教理発展の歴史』一、二巻、鈴木浩訳、教文館、二〇〇六年。

G・A・マローニィ『神のいぶき』古谷功監修、木鎌安雄訳、あかし書房、一九八二年。

J・メイエンドルフ『ビザンティン神学』鈴木浩訳、新教出版社、二〇〇九年。

A・ラウス『キリスト教神秘思想の源流——プラトンからディオニシオスまで』水落健治訳、教文館、一九九五年。

（参考文献として、アンダーヒルとヒューゲルへの言及が三四一頁にあり）

V・ロースキィ『キリスト教東方の神秘思想』宮本久雄訳、勁草書房、一九九九五年（第四刷）。

註

（1）『フィロカリア』第一巻「総序」大森正樹、宮本久雄・桑原直己訳、二〇一一年、三一頁。
（2）同上。
（3）前掲書、二二～二三頁。
（4）アンダーヒル『実践する神秘主義』訳者あとがき参照（特に二二二～二二三頁）。
（5）アンダーヒルは典礼を通して、カトリック教会が自らの場と悟るに至った。一方、ヒューバートが反対したのは単純な理由で、自分たちの結婚生活に（告解を通して）司祭が介入することを嫌ったと言われている。
（6）*The Letters of Evelyn Underhill*（以下、*The Letters*），p.209.（一九三一年三月一日付）
（7）*The Letters*, p.112.（一九一〇年三月一九日付）
（8）Arseniev, *Mysticism and the Eastern Church*, p.14. 初版は一九二六年刊行だが、実際に序文が執筆されたのは一九二四年頃と推察される。
（9）*Ibid*.
（10）*Mysticism*, xii.
（11）*Ibid*. ちなみに「いくぶん」とあるが、原典資料からの引用だけでも何百にも及ぶ。
（12）*Ibid*., p.46.『天上位階論』第六章・第二節、第七章・第一節への言及箇所。『中世思想原典集成3』三七四～三七六頁。
（13）*Ibid*., p.64-65.『神名論』第七章・第三節からの引用。『キリスト教神秘主義著作集1』一二三六頁。
（14）*Ibid*., p.99, 102.
（15）*Ibid*., p.104.
（16）*Ibid*., p.413-426.『神秘主義』三九二～四〇八頁参照。
（17）*Ibid*., p.415.『神秘主義』三九三頁参照。
（18）「東方正教会の聖餐式。聖体拝領の前の祈り。」という注が付されている。

（19）*Ibid.*, p.418-419.『神秘主義』三九八〜三九九頁参照。更にアウグスティヌスとエックハルトの例示あり。
（20）*Mystic Way*, viii.
（21）*Ibid.*
（22）*Ibid.*, p.278 以下。
（23）*Ibid.*, p.291.
（24）*Ibid.*, p.292-294.
（25）*Ibid.*, p.296.
（26）*Ibid.*, p.311-314.
（27）Dana Greene, *Evelyn Underhill: Artist of the Infinite Life*, p.65.
（28）*The Letters*, p.143.
（29）*Practical Mysticism*, p.142.『実践する神秘主義』一七五〜一七六頁。（ディオニュシオス『神秘神学』第一章第三節からの要約。『キリスト教神秘主義著作集1』三六七頁参照）
（30）*Ibid.*, p.168. 前掲書、二〇六頁参照。
（31）*The Life of the Spirit and the Life of To-day*, p.17. Greene, *Ibid.*, p.71 も参照。
（32）*Ibid.*, p.75-76.
（33）*The Mystics of the Church*, p.53-73.
（34）*Golden Sequence*, p. vii.
（35）*Ibid.*, p. ix.
（36）*Ibid.*「四重」とは（1）聖霊の実在性の啓示、（2）聖霊が私たちのうちに駆り立てる応答の動き、そして霊的存在として我々の使命を果たすために必要とされる方法としての（3）浄化、及び（4）祈り、という四つの構成と一致する。
（37）*Ibid.*
（38）*Ibid.*, p. x.

（39）一九一七年のロシア革命が契機となり一九二八年に設立された。現在の活動も含め、詳細な経緯に関しては協会ホームページ（http://www.sobornost.org/index.php）参照。
（40）初対面のブルガーコフに強い印象を与えたエピソードが残されている。Ramsey and Allchin, *Evelyn Underhill: Anglican Mystic*, p.16. こうした協会での交流を通して実を結んだ著作が『礼拝』（*Worship*, 1936）であり、その序文の謝辞にもそのことが記されている（p. xiii）。
（41）*Worship*, p. xi.
（42）*Ibid.*, p. xi-xii.
（43）『フィロカリア』第一巻、二二一〜二二三頁参照。
（44）H. Gardner, *The Composition of the Four Quartets*, London: Faber and Faber, 1978, p.69-70 参照。
（45）J・ペリカン『キリスト教の伝統1――教理発展の歴史』四四頁。
（46）*Golden Sequence*, p. viii.
（47）ベルクソン『宗教と道徳の二源泉』岩波文庫、平山高次訳、二七八頁参照。
（48）*Mysticism*, p. ix. 特に、アメリカのジェームス・ビセット・プラット（James Bissett Pratt）の名が挙げられている。彼の『宗教的意識』（*Religious Consciousness*, 1920）参照。
（49）彼は、良心的兵役拒否者による奉仕活動に尽力し、敗戦国への食糧支援、ユダヤ人救出を巡るゲシュタポとの直接交渉、そして戦後パレスチナに「神の休戦」をもたらすべく奔走するなど、その一生を隣人愛と平和主義に捧げたことでも知られている。また教育者でもあった。
（50）Rufus M. Jones, 'Mysticism in Present-Day Religion', *Harvard Theological Review*, Vol.8, No.2 (Apr., 1915), p.155-165.
（51）*Ibid.*, p.156.
（52）*Ibid.*
（53）*Ibid.*, p.156-157.
（54）*Ibid.*, p.157.
（55）*Mysticism*, p.72. その他、夢見がちな詩や中世美術、願かけや手相占い、グノーシス主義の教条的な過多、ケンブリッジ・プラトン学派の生ぬるい思索、が列挙されている。「精神治療」についてはジェームス『宗教的経験の諸相　上』岩波文庫、桝田啓三郎訳、一九六九年、二七四頁参照。

（56）*Mysticism*, p.72.

（57）アンダーヒルは神を様々に言い換える。（神を知ると同時に、知り得ないという逆説を孕んだ）神の絶対他者性を強調する文脈では、「絶対者」（the Absolute）を用いることが多く、神への自己放棄と神との協働を含む統合的一致を強調する際には、the Reality（本論では〈実在《リアリティ》〉と訳出）を用いる。

（58）本章では「理」と訳出したが、『実践する神秘主義』第七章（一一七頁）、訳注（一八）（一三五〜一三六頁）、及び第一〇章（二〇五頁）にも同様の用法が見られる（訳語は「摂理」）。一致への途上に伴う徳の修行を強調する際には、技（art）・道（way）が用いられる。狭義の「科学」に関する叙述は、第八章（一四〇頁）を参照。

（59）*Mysticism*（一九一一）の第二部も、Mystic Way という表題が付されている。『神秘主義——超越へと至る途』ジャブラン出版（一九九六年）は、その第二部の邦訳。

（60）*Ibid.*, p.73.「意識的」一致に関する重要な説明が続き、私たちからは否定の闇にしか見えないが、神秘家は神の完全なる愛を見ていることに言及した箇所。

（61）ヴァイニング『友愛の絆に生きて』一六一頁。

（62）Jones, *ibid.*, p.157.

（63）前述の引用文（脚注五六）を指す。括弧内の原語は同じだが（the science of ultimates, the science of union with the Absolute）、ジョーンズの文脈に合わせて前述とは異なる訳出をした。

（64）『実践する神秘主義』一七九頁。同じくプロティノスの著名な句を引用しているが、神との一致の過程をジョーンズが批判するような単純かつ抽象的な主客関係に還元させて捉えていたのではないことが、全体の文脈からみても明らかな箇所。

（65）Jones, *ibid.*, p.161-162.

（66）Greene, *Evelyn Underhill: Artist of the Infinite Life*, p.39. 他の問題点も指摘されており、アンダーヒル自ら吟味するか、或いは出版社に増版の延期を要求し、ヒューゲル本人が全作品を一か月間入念に調べることを喜んで約束する、というかなり威圧的な内容である。アンダーヒルはいずれも受け入れなかったが、ここでの指摘が彼女のテーマとなっていった。

（67）Jones, *ibid.*, p.164-165.

（68）*Ibid.*, p.164.

（69）*Ibid.*, p.165.

（70）C. Poston (ed.), *The Making of a Mystic*, p.214.（ジョーンズはこの小論をアンダーヒル本人に郵送しており、それに対する彼女からの返事：一九一五年五月二五日付）

（71）*Ibid.*, p.250-251.（一九二九年六月七日付）

（72）*Ibid.*, p.282-283.（一九二五年三月九日付）

（73）ヴァイニング、前掲書、三二八〜三二九頁。傍点は論者による。

（74）ヴァイニング、前掲書、三二八頁。傍点は論者による。

（75）*Mysticism*, Preface to the Twelfth Edition, p. vii-viii.

（76）*Ibid.* ヒューゲルがキリスト友会の創始者G・フォックス（George Fox,1624-1691）の *Journal* を試金石として、宗教における歴史・制度について自身の哲学的見地から論じた *Essays and Addresses on the Philosophy of Religion* (1926) 所収の、On the Place and Function, within Religion, of the Body, of History, and of Institutions も参照。一九〇五年に「ロンドン宗教学学会」（The London Society for the Study of Religion）で読まれた論文。

（77）*Mysticism*, p. viii.

（78）*Ibid.*

（79）「贈与性」については、本書の他の箇所でも重要な点として触れられている。例えば、*Ibid.*, p.332.（『神秘主義』二五九頁。訳語は「被付与性」となっている。）

（80）大方の研究者は初期のアンダーヒルを「新プラトン主義者」と位置付けるが、その点に関しては、当時の思想状況（特にヒューゲル）、及び晩年の彼女の思索の方位（「聖ヨハネからホワイトヘッドまで」*The Golden Sequence*, p. vii）も含め、更なる研究が必要とされる。

(81) *Mysticism*, p. ix.
(82) 一九三二年にアンダーヒルがヒューゲルの哲学的な業績に関して執筆した、Finite and Infinite: A Philosophy of Baron Friedrich von Hügel では、「批判的実在論」、「限定的二元論」、「二方向の哲学」（a two-step philosophy）が同意語として並べられていることからも（*Mixed Pasture*, p.211）、同義と考えるのは妥当かと思われるが、初期のアンダーヒルが新プラトン主義者であるという前提から、この第一二版序文での「批判的実在論」の意味について論じている文献として、Callahan, *Evelyn Underhill: Spirituality for Daily Living* の巻末 p.237-239 を参照。
(83) *Mysticism*, p. viii.
(84) *Ibid.*
(85) Callahan, *ibid.*, p.79. 著者は「強化」の立場をとっている。（p.70 参照）
(86) Greene, *ibid.*, p.78. ヒューゲルからの書簡（一九一六年六月二六日付）。
(87) *Mixed Pasture*, p.210-212.
(88) *The Life of the Spirit and the Life of To-day*, p.25.
(89) *Ibid.*
(90) *Ibid.*
(91) 「その人の可能性に応じた」という照応性を示唆している。
(92) *Ibid.*, p.25-26. 逆説の緊張の中に受肉があることの語りなおしとして、W・J・ウルフ編『聖公会の中心』も参照（一八四～一九一頁）。
(93) *Fragments from an Inner Life*（以下、*Fragments*）, p.65-6.
(94) *Ibid.*, p.65.（一九二四年七月一三日付）
(95) *Ibid.*（同年一〇月一六日付）
(96) *Mixed Pasture*, p.231.
(97) *Ibid.*
(98) *Ibid.* 彼女の場合は、ガードニングと書籍の製本に専心した。

(99) チェスタトン『正統とは何か』一八〇頁。
(100) 『フィロカリア』第一巻、二八頁。
(101) *Golden Sequence*, p.viii.
(102) *The Letters*, p.210.
(103) *Ibid.*, p.211.
(104) とはいえ、岩下『信仰の遺産』「カトリック的宗教態度」(一〇〇頁)にアンダーヒルの引用がある。
(105) 前掲書、「キリストは信じうるか」、三六頁。
(106) 前掲書、「ある患者の死」、四六四頁。
(107) *Golden Sequence*, p. viii.
(108) 岩下、前掲書、三七頁。
(109) *Fragments*, p.10-11.
(110) 一九二八年七月、黙想会での手記より抜粋。*Ibid.*, p.86.
(111) *Ibid.*, p.11.
(112) エフドキモフ『東方の光』「謙遜について」(「アトス山の行者シルワヌ」による)、九九頁。
(113) *The Life of the Spirit and the Life of To-day*, p.199.『聖公会の中心』一九一頁。当時の社会福音運動に多くみられる傾向に対する警鐘として書かれた箇所。

編者あとがき

本書は、二〇〇六年から二〇一三年にかけて新世社から刊行された邦訳書『フィロカリア』全九巻の別巻として当初は企画されていた研究論文集『フィロカリア研究』が、その後の紆余曲折を経て、ようやく日の目を見たものである。そもそも『フィロカリア』（ギリシア語で「善美なる神への愛」の意）とは、三／四世紀から一五世紀に至るまでの東方キリスト教圏の霊的師父による著作群が多数収められた一種の詞華集であり、単なる宗教書や歴史書の枠に納まり切らない豊かな精神性に裏打ちされた、いつまでも読み継がれるべき人類の至宝である（詳しくは本書所収の諸論考や『フィロカリア』第一巻の「総序」を参照されたい）。

振り返れば、我が国における東方教父研究を大きく前進させた草分け的存在であると同時に本書執筆者でもある大森・谷・宮本の三先生が、一九八八年晩秋に本邦初の東方キリスト教研究の専門誌『エイコーン』を創刊し、さらにその十三年後に信州蓼科で産声をあげた東方キリスト教学会の会員有志を募って『フィロカリア』全訳という壮挙に乗り出されてから、実に十数年の月日が流れたわけである。その間、『エイコーン』のみならず東方キリスト教関係の書籍出版に一方《ひとかた》ならぬ理解を示してくださった新世社の中山訓男氏のご尽力のおかげで、『フィロカリア』出版計画は着々と進められ、遂に全巻刊行に至ったのだが、諸種の事情により別巻の完成を俟たずに新世社の出版事業は幕を閉じることとなった。その後、新たな版元として教友社が名乗りをあげて下さったおかげで、幻の別巻は、『フィロカリア』全巻の総索引と研究論文集という二段構えの企画として再出発することになったものの、編集担当の私の非力さと怠慢のせいで総索引の作成に思いのほか手間取り、最終的には、ひとまず論文集のみが上梓されるに至ったという次第である。

本書の執筆陣は、『フィロカリア』各巻の翻訳に携わったベテラン組に若手を加えた七名と、新たに翻訳チーム以外から二名に加わっていただいた総勢九名から成る。各執筆者には、『フィロカリア』全九巻の中から一つないし数個のキーワードを選び出し、同書所収の一人ないし数名の師父がそのような枢要語をどのように位置付け、展開していったかを考察する、という本書の基本コンセプトに可能な限り則って執筆していただいた。さらにこうした『フィロカリア』内在的な研究論考を補完する意味で、まず第八章（袴田論文）前半では『フィロカリア』編纂にかかわる史的考察といういわば外枠からの調査研究が加わり、次いで第九章（金子論文）では現代における『フィロカリア』受容の一端が紹介され、同書の現代的意義の探求にまで話が及ぶこととなる。いささか手前味噌めくが、『フィロカリア』という人類規模の知的遺産がもつ豊かな可能性を（本書タイトル『善美なる神への愛の諸相』がまさに意味するように）多方面から多彩な切り口で描き出し、一般読者に提供したいという私たちの願いは、幸いなことにかなり実現できたのではないかと自負している。もちろん、本書の企ての真の成就は、本書を読んだ方々が、本書で光を当てられたキーワードや個々の師父たちをもっと知りたいと思ってくださり、実際に『フィロカリア』という神秘的な言葉の森に足を踏み入れていただくことである。その日に備え、残された最後の課題である『フィロカリア』総索引の作成をどんな形であっても実現させねばならないだろう。深い森のごとき『フィロカリア』探検への誘いが本書の役目だとすれば、総索引はそのような探検に不可欠な羅針盤となり得るはずだからである。

本書が成るにあたっては、まず何よりも『フィロカリア』翻訳書全九巻の刊行という世界に誇れる偉業を一手にお引き受けくださった中山訓男氏と新世社に深甚の感謝を捧げたい。かつて蓼科高原で毎夏開かれた東方キリスト教学会の合宿例会も中山氏のご後援があればこその楽しい思い出であり、『フィロカリア』翻訳という息の詰まるような孤独な営みに爽やかな高原の風を送り込んでいただいた気がする。

その後、東方キリスト教学会誌となった『エイコーン』のみならず、本書の刊行までも新世社から引き継がれた教友社の阿部川直樹氏には、終始変わらぬ行き届いたご配慮を賜った。同氏のキリスト教書刊行に向けられた熱い情熱と高い理念には、いつも教えられることばかりであった。心より感謝申し上げる。

最後に、極めて個人的ながら、東方教父学の研究領域に本気で軸足を移してからまだ十余年の私にとって、共著者という以上にまさに先達の師として、遥か後進の私を教え導き叱咤激励してくださる大森先生、谷先生、宮本先生に、透明な祈りにも似た感謝を捧げたい。願わくは、本書が一人でも多くの読者に恵まれんことを。

二〇一六年八月

土橋　茂樹

事項索引

ある特定の章に頻出する見出し語の場合、その見出し語の後に該当する章を［　］内に示し、その章内の頁数の逐一の指示は原則として割愛した。また、内容理解に資すると思われる限りで、見出し語がそのままの形で見出されない箇所を挙げた場合もある。なお、頁数の指示はあくまでそこで何が論じられているかを示す一つの指標であり、当該見出し語の網羅的列挙を目指したものではないことを予めお断りしておく。

⇒　指示された項目の方を見よ。
→　併せて参照せよ。

ア行

カ行

サ行

マ行

ラ行

人名索引

ア行

カ行

サ行

タ行

ナ行

ハ行

マ行

ヤ行

執筆者プロフィール
（掲載順）

大森　正樹（おおもり　まさき）
1945年生。南山大学名誉教授。中世哲学・東方キリスト教学。

谷　隆一郎（たに　りゅういちろう）
1945年生。九州大学名誉教授。教父学・中世哲学。

宮本　久雄（みやもと　ひさお）
1945年生。東京大学名誉教授。東京純心大学・教授。哲学・キリスト教学。

桑原　直己（くわばら　なおき）
1954年生。筑波大学人文社会系・教授。西洋中世哲学、西洋中世倫理思想。

鳥居　小百合（とりい　さゆり）
1966年生。岐阜県立羽島北高等学校教諭（音楽）。新神学者シメオン研究。

坂田　奈々絵（さかた　ななえ）
1987年生。日本学術振興会特別研究員。中世神学。

土橋　茂樹（つちはし　しげき）
1953年生。中央大学文学部・教授。哲学・倫理学・教父学。

袴田　玲（はかまだ　れい）
1982年生。日本学術振興会特別研究員。ヘシュカスム・東方キリスト教。

金子　麻里（かねこ　まり）
1968年生。著述家・翻訳家。キリスト教神秘思想。

カバー・扉挿画
Edward Lear, Mount Athos and the Monastery of Stavroniketes, 1857

善美なる神への愛の諸相
—『フィロカリア』論考集—

発行日………2016年10月14日 初版

編著者………土橋 茂樹
発行者………阿部川直樹
発行所………有限会社 教友社
275-0017 千葉県習志野市藤崎6－15－14
TEL047 (403) 4818 FAX047 (403) 4819
URL http://www.kyoyusha.com
印刷所………モリモト印刷株式会社

ISBN978-4-907991-27-2 C3016